广东省特色专业系列教材
编 委 会

广东省特色专业系列教材

GUANGDONGSHENG TESE ZHUANYE XILIE JIAOCAI

News Writing

新闻报道写作

夏德勇 李 宁等 著

暨南大学出版社

JINAN UNIVERSITY PRESS

中国·广州

图书在版编目（CIP）数据

新闻报道写作/夏德勇，李宁等著. —广州：暨南大学出版社，2014.6
（广东省特色专业系列教材）
ISBN 978 - 7 - 5668 - 0911 - 7

Ⅰ.①新…　Ⅱ.①夏…　②李…　Ⅲ.①新闻报道—新闻写作　Ⅳ.①G212.2

中国版本图书馆 CIP 数据核字（2014）第 016919 号

· ·

新闻报道写作

著　　者：夏德勇　李　宁等

策划编辑：杜小陆　史学英
责任编辑：史　阳　邓铃妹
责任校对：黄　斯　梁嘉韵

地　　址：中国广州暨南大学
电　　话：总编室（8620）85221601
　　　　　营销部（8620）85225284　85228291　85228292（邮购）
传　　真：（8620）85221583（办公室）　85223774（营销部）
邮　　编：510630
网　　址：http：//www. jnupress. com　http：//press. jnu. edu. cn
排　　版：广州良弓广告有限公司
印　　刷：佛山市浩文彩色印刷有限公司
开　　本：787mm×1092mm　1/16
印　　张：17
字　　数：325 千
版　　次：2014 年 6 月第 1 版
印　　次：2014 年 6 月第 1 次
定　　价：38.00 元

（暨大版图书如有印装质量问题，请与出版社总编室联系调换）

目　录

第一章 新闻报道写作的主体——记者

第一节 记者的概念及其在自媒体时代的嬗变

记者，有广义和狭义两种解释。广义的解释，是把记者、编辑、评论员、专栏作家等，都统称为新闻记者，甚至包括发行人员等，即泛指新闻从业人员、新闻工作者。狭义的解释，是专指那些经常在编辑部外进行新闻采访活动，以新闻报道为主要任务的人员。一般而言，因新闻采访是记者的主要工作，故业界、学界常取狭义的理解：记者是新闻机构中，从事采访报道的专业人员，特指搜集材料，采写和发表新闻的新闻从业人员。我国对新闻业进行管理的官方机构新闻出版总署，对记者也有一个权威的界定。根据新闻出版总署令，修订后的新版《新闻记者证管理办法》已于 2009 年 10 月 15 日起施行。其中进一步明确了新闻记者的定义：新闻记者是指新闻机构编制内或者经正式聘用，专职从事新闻采编岗位工作，并持有新闻记者证的采编人员。

这也是狭义的记者定义，只不过更多地体现了管理部门的色彩，比如，要有新闻机构的编制或者被新闻机构聘用，要有记者证。学术界和管理部门对记者的解释的共同之处在于，都认为记者是专职从事新闻采编工作的人员。本书采用狭义的记者概念，但是随着网络、手机等的普及，大众媒介进入自媒体时代，新闻传播也进入了"人人都是记者"的所谓公民新闻时代。记者的概念也发生了极大的改变。

记者的概念是个舶来品，它最早产生于 16 世纪的意大利。当时意大利港口城市威尼斯出现了资本主义的萌芽。那里的商人和手工业者急需了解商品原料产地、销售市场以及有关交通、政治、军事等情况，于是有些人就以采集和出售政治和宗教消息、商业行情、航船行期等新闻为专门职业，成为早期的新闻记者。现在比较一致的看法是，这些人就是最早的记者。

在我国，"记者"一词最早见于《清议报》（1898 年 12 月在日本横滨创刊）第七期（1899 年）。民国初期，职业记者有很大发展，优秀记者有黄远生、邵飘萍等。在民国初年，"记者"这一称谓已普遍被新闻界人士接受；用"记者"称谓后，其他称呼被陆续淘汰，只有"访员"还存在了较长时间。新中国成立前，在报馆做事，说"跑外勤"，通常是做记者工作；说"干内勤"，则通常是做编辑工作。

发展到现在，中国已经有持证记者 24 万人左右。（有两个略有不同的数据，一个是新闻出版总署的数据，据新闻出版总署统计，2012 年全国 6 678 家新闻单位，有 23.6 万采编人员持有新闻记者证；① 另一个是中国新闻出版网的数据，见下文）

中国记者队伍现状：持证采编人员近 25 万人

截至 2012 年 11 月 5 日，我国持有新闻记者证的新闻采编人员共 248 101 人，其中报纸、期刊记者 105 942 人，广播、电视、通讯社等媒体记者 142 159 人。

从性别比例上看，男性记者 140 684 人，女性记者为 107 417 人，男女比例为 57：43。从学历上看，目前 99% 的新闻采编持证人员均具有大专以上学历。从年龄结构看，中青年记者占了绝大多数，其中 21 岁～30 岁的记者 31 447 人，占总人数的 12.7%；31 岁～40 岁的记者 97 827 人，占总人数的 39.4%；41 岁～50 岁的记者 81 141 人，占总人数的 32.7%；51 岁～60 岁的共有 34 436 人，占总人数的 13.9%。②

这两个数据差别不大。这里讲的是在新闻机构工作的持有记者证的职业记者，除此以外，还有在新闻机构从事新闻采集但暂时没有拿到证件的、实际进行新闻采集的通讯员、高校校报的记者和编辑（按照中华人民共和国新闻出版总署第 44 号令，2009 年 10 月 15 日施行的《新闻记者证管理办法》规定，这些人不发记者证）。这个数量就远远不止 25 万。再加上约 6 亿计算机网民和 4.2 亿手机网民（这两个数字会有交叉，即一个人可以既是计算机网民，也是手机网民）中无法精确统计的新闻采集和发布者的数量，这个数字就异常庞大。也许，有人不承认网民也可以是记者，但是，看看以下这些事实：

1998 年 1 月 17 日，麦特·德拉吉向他的近 5 万名新闻右键订户发出了一条爆炸性新闻"一个白宫实习生与美国总统有染"。这个名不见经传的个人网页在短短的几天之内就创造了每天 20 万的访问记录。个人媒体的影响力开始为人们所关注。这也使得德拉吉获得全球最早的"公民记者"称号。2003 年，曾经做过纽约日报记者的克里斯·奥布瑞顿（Chris Allbritton），开设了一个个人网站，域名是"回到伊拉

---

① http://www.gapp.gov.cn/govpublic/93/117169.shtml.

② http://www.chinaxwcb.com/2013-01/08/content261463.htm.

克"（www. back-to-iraq. com），向对伊拉克战争感兴趣的网民出售独家新闻报道。他从342位新闻订购者那里得到了14 500美元，他用这些钱完成了到伊拉克的战地采访。他带到伊拉克的设备是一台笔记本电脑、一部数码相机、一套全球定位卫星装置、一部租来的卫星电话，还有足以保证采访活动、获取情报和应付各种麻烦事情的钱。在他的伊拉克战争报道发布期间，其网站用户发展到23 000人。有人称他为"第一位专业化的博客战地记者"、"第一位、独立的网络记者"。①

　　如果我们不把记者限定在新闻机构的职业新闻采集人，而把采集和发布新闻的人都看作记者，那么中国记者的数量就远不止20多万了。实际上，随着自媒体的普及和公民对新闻采集和传播的参与，"公民记者"和"人人都是记者"的说法已经是一个不可否认的事实。德拉吉和克里斯·奥布瑞顿的力量是Web2.0赋予的。如果说互联网的Web1.0时代属于门户网站的话，Web2.0时代就属于BBS、博客、播客甚至手机这些自媒体。在这些新型的技术平台上，公民从被动的信息接受者成为主动的信息传播者。这就使得新闻传播不再只是职业新闻机构拥有的权力，打破了专业新闻机构的垄断权，成为大众传播的一次民主化的革命。当然，不是所有自媒体的使用者都能够称为"公民记者"，一般认为，"公民记者"应该具备以下条件：首先，身份是非专业新闻传播者的普通民众；其次，在新闻事件中发挥了记者的作用。这就是说，得具备发现线索、记录事件和传播信息三个条件。公民记者的专业性还无法与专业的记者相比。因此，"公民记者"是专业记者的补充，二者可以相互补充、相互促进。那么，在"人人都是新闻记者"的今天，专业的新闻记者应该充当什么角色？我们认为，专业记者应该做权威信息的发布者和社会舆论的引导者。因为"自媒体"时代，网络上汇集着海量的信息。然而，在这些信息中，既有真实的信息，又有虚假的谣言。特别是进入微博时代，一些垃圾信息、八卦、恶搞乃至谣言被疯狂扩散。与自媒体相比，传统媒体具有无可比拟的优势，那就是它的可信性和权威性。面对真假混杂的网络信息，专业记者应该成为权威信息的发布者。这一点，是自媒体无法比拟的。另外，"自媒体"具有个人色彩强、传播速度快等特点，但也具有非理性、走极端等缺陷，而且，这种非理性、走极端的言论很容易被大量、迅速地传播，销蚀社会的正能量。因此，新闻机构的专业记者，要鼓励积极向上的做法，批评是非不分的言论，做社会舆论的引导者。

---

　　①　蔡雯. 媒体融合与融合新闻. 北京：人民出版社，2012. 129～130.

第二节 记者的角色与任务

记者的职责与任务，可以说是多方面的。但是大多认为是以下三点：第一，采写和报道新闻；第二，联系群众；第三，反映情况（写内参）。

第一点无需解释。第二点，联系群众有几方面的意思，一是联系和培养通讯员，因为通讯员可以提供他们所在单位或行业的新闻线索，甚至直接提供材料、采写稿件；二是了解群众的要求和反应；三是向读者组稿约稿；四是向群众采访。这并不是记者的日常工作。第三点，反映情况（写内参）也不是记者经常性的工作。内参是我国信息向最高层传递的一种特殊方式，而且也不是每个人都有资格写，写内参的记者们一般来自新华社、《人民日报》以及中共各级机关党报，他们报道的内容包括揭示社会问题、反映社会意见等，这些报道假如被认为不适于公开发表，便进入内参系统，有的直接送达中央最高领导层。因此，这个任务对记者不具备普遍性。可以说，记者的日常工作、最主要的职责就是采写和报道新闻。

记者最主要的工作，就是采集新闻，并且将这些新闻按照新闻价值、宣传要求、媒体定位等写成一篇篇新闻文本，如消息、通讯等，再交给编辑部，由编辑制作后，向受众进行传播。也可以说，记者的任务是代替广大的欲了解事实变化的民众前往事件发生的现场，或是接触新闻事件的当事人，并将事件的真相及其代表的意义，透过报道呈现于大众媒体之上，协助媒体达成守望、教育、讨论、娱乐等功能。

但是，这样一个看似简单的常识，在中国却经历了几十年的曲折才获得。据陈力丹等人的梳理，我国对记者角色的认知经历了以下变迁。

我国记者关于自身社会角色的认识，基本是从传媒的角色导出来的。30 年前，在长期"以阶级斗争为纲"的思维引导下，传媒的职能被定义为单一的政治宣传，因而记者自然是党的宣传工作者，而不是一种社会职业。20 世纪 80 年代以前，我国把新闻看作宣传，记者的基本任务就是政治宣传，新闻记者被称为"政治活动家"。

新华社对记者有这样的描述：无产阶级党报的记者是党的调查研究的专业人员，要有一定的政治素质和思想修养，不仅要宣传党的路线、方针和政策，还要努力反映人民的呼声、愿望和要求，帮助党了解情况和掌握政策。

1991 年的一本关于新闻学的书，一方面意识到信息社会的环境变化，另一方面却仍然局限在"阶级"、"先进"之类的传统概念之上，赋予记者职业不堪承受的社会义务：新闻记者，是在世界社会环境发生剧烈变动、国内外政治斗争日益复杂和

经济与科学技术文化快速发展的历史条件下，一定社会的统治阶级或先进社会力量，为了社会的运转与发展所需要的从事传播和评价事物最新运动状态信息和反馈信息的人才。

1993 年版的新闻学教材，开始呈现出脱离以往记者角色认识的倾向，把新闻工作者的职业特征描述为以下七点：①广泛地接触社会生活，以全社会为工作对象和服务对象，了解社会的需要和社会的心理；②思维敏捷，视野开阔，及时把握外界的新变化；③以独特的新闻手段向公众报道第一手材料；④以社会的新闻传播者面目出现，完成社会教育者的使命；⑤以巧妙的手法为一定阶级的利益服务，自觉地表明自己的政治倾向；⑥落笔成章的写作能力；⑦有效地运用一切传播技术手段。

在这些关于记者工作特征的描述中，对记者工作特点的要求显得太高了，但是毕竟是记者应该追求的，例如了解社会、思维敏捷、占有一手材料、社会的新闻传播者、写作能力、掌握传播技术。这些都显示了记者职业的特征，但是落实到记者工作的目的上，却是"完成社会教育者的使命"和"为一定阶级利益服务，自觉地表明政治倾向"，仍然没有摆脱记者凌驾社会之上的态势和从事的是政治工作这种认识窠臼。

20 世纪 90 年代中期对记者的描述为：新闻记者把握时代的最新动态，是新闻信息的传播者，是为公众服务的社会工作者。在整个社会活动中，他们扮演着公众利益的"守护神"、社会舆论的"导向人"的角色。这些对记者的特征描述已经接近记者的本质内涵，但同时充满一种对该职业的浪漫想象。其实，记者能把现实发生的事实清晰地讲述出来，就很不错了，若记者能够把握时代的脉搏，当"守护神"和"导向人"，那还需要各路社会精英和各级党政领导人做什么呢？

进入 21 世纪初期，人们才开始认知到记者是一种社会职业，记者的职业理想首先是记录，其次才是影响社会。这时人们的认识已经完全回归到记者的职业本身。不过，这时仍然存在把记者的角色拔高的看法，如 2006 年的一本教材，还把记者的角色定位于以下几点：为受众而产生、存在和工作的职业群体；信息流通的始点；反映时代、记录历史的人；大众和社会的"教师"；"文化人"；社会活动的活跃分子和专门家。这时，回归记者本质的意识开始显现，不过"教师"的比喻仍然显现出对记者作用过大的估量。

作为从事大众传播的一种职业，记者的职业定位可以从大众传播的职能大致推论出来：第一，对环境进行监测。这一条看起来很简单，不论你是党报党刊，还是自由主义的传媒，监测的范围、内容和角度可能有所不同，但是所有传媒都有这么一个基本职能。因此，记者的角色当然应该设定在监测环境、报道新闻这个基本任务之上。第二，使社会各部分为适应环境而建立相互关系。所有的媒体，尽管刊播的内容有所差异，但是最后的目的都是使社会各部分为了适应环境而不断地调整与外部的关系、建立相应的新的关系。第三，使社会遗产代代相传。这也是所有传媒都应承担的一个职能，但其往往是无意识的职能。第四，提供娱乐。

在这4种传媒的基本职能中，第一种亦是记者角色的要点。其他几种是由传媒整体运作来体现的。经历了30年，我们已经有条件让记者的角色认知回到简单而艰难的角色认知上。随着社会结构的完善，原来附加给传媒的各种不堪承受的"重任"，以及对记者职业的过高要求，应该由相应的党政部门和社会团体，以及职业教育家、专业学者来承担。记者的主要角色，是向公众及时、客观且全面地报告新近发生的事实。这一角色能够担当好，遵循职业道德，让公众满意，就是好记者。

为什么本来简单、清晰的记者角色，会变得如此复杂、多重化呢？我国千年来"文以载道"的传统，是为中央集权的专制制度服务的，因而与精神活动相关的所有文化和信息传播，都被赋予无限的政治伦理责任。记者职业虽然是现代的产物，但把它与传统的认知联系起来，是顺理成章的事情。再者，我国现在的传媒业，是建立在革命战争时期对党的宣传工作的基础上的，尽管社会早已进入和平建设时期，但是我们对于新闻工作的认知，长期停留在政治宣传的角色上，自然就得从党政机关的角度提出各种任务，把记者当作干部看待，而忘却了记者的本来社会分工和专业是什么。①

第三节　记者的类型

从不同的角度，可以把记者分为不同的类别。

（1）从职称来分，从低到高有四级：助理记者、记者、主任记者和高级记者。对于任职资格，各地要求不尽一致，但也有相似之处。助理记者是初级职称，一般负责采写划定区域的街区新闻、民生新闻，负责基层新闻线网，不得再兼职其他任何工作，本科或以上学历，具有相当的文字表达技能，有基础的新闻敏感和判断能力，不得超越新闻职业道德底线从事相关采写活动。记者是中级职称，要求熟练掌握新闻采访和写作的专业技能，能较好地处理和采编各种新闻体裁的稿件或节目，有较高的写作水平，能履行岗位职责；在完成本岗位定额任务的基础上，有个人独立采写、并被省级以上新闻单位评选的好新闻，或有在本报、本台发表、播出后有

---

① 陈力丹，江凌. 改革开放30年来记者角色认知的变迁. 当代传播，2008（6）.

一定影响的新闻作品；有发表的业务研究文章或业务报告等。主任记者是副高职称，一般要求能熟练掌握运用各种新闻手段采写各类稿件，并准确地体现有关政策，能胜任专版、专刊、专栏、专题节目的主编、主笔、主持、主要评论员等职责，能掌握宣传报道方针，完成重大宣传报道任务，有较系统的新闻理论和专业知识，能严格履行岗位职责，在本职岗位上有比较显著的成绩。高级记者是正高职称，要求也最高，一般要求能运用马列主义理论指导新闻工作的实践和新闻理论的研究，并有较深的造诣；能严格履行岗位职责，有一定数量的评论、通讯、报道、特写等较高水平的作品，有几篇在省级以上报刊发表的业务论文，或一部新闻作品集，或一部业务研究著作；熟悉并能正确宣传党的路线、方针和政策，能承担总编辑和编委会交给的高难度的采访和调查研究任务；能娴熟地运用各种新闻手段采写、拍摄有见解、指导性强、风格上有创新的报道、评论、文章、节目、图片等，发表、播出后有较大影响；能根据形势需要提出宣传方针、制订宣传计划、对某一时期的宣传报道提出决策性建议；能组织、指导、指挥重大题材、重要典型、战役性报道的采写和稿件审定；能解决采编工作中的重大疑难问题，并取得良好效果。

（2）从报道手段来分，有文字记者、摄影记者、广播记者、电视记者等，在媒体融合时代，则有全媒体记者（或称背包记者）。在媒介融合已经越来越普遍的情况下，记者的一专多能也逐渐成为大趋势，这就是所谓的全媒体记者。全媒体记者是指具备突破传统媒体界限的思维与能力，并适应融合媒体岗位的流通与互动的新闻传媒人才。在媒体融合时代，非常需要这种集采写摄录编、网络技能运用及现代设备操作等多种能力于一身的人才。这种记者能够同时为报纸采写文字稿件，为广播电台采写文字和录音稿件，为电视台拍摄新闻节目，为网站采写稿件，还要将某一媒体发布的稿件或节目转化或移植到其他媒体上。①

（3）按照活动范围和业务分工，有地方记者、机动记者、特派记者、特约记者、驻外记者等。其中特约记者是媒体为了完成一些特殊的采访而于编制之外聘请的人员，他们的任务是为聘请他们的媒体采访写作特定的新闻。如2003年伊拉克战争爆发时，新华社的记者撤离巴格达，但新闻不能断，于是他们临时聘请了伊拉克人贾迈勒做记者，并教会他使用电脑、海事卫星等先进通信工具，在战时保持巴格达与北京和开罗的通讯畅通。新华社巴格达分社按照总社的指示，在伊战爆发前及时进行了多次沙盘演习，由贾迈勒自己单独操作电脑和海事卫星，打通北京总社或开罗总分社的紧急电话进行发稿，为贾迈勒日后成功发稿打下了坚实的基础。3月

---

① 张从明. 全媒体新闻采写教程. 北京：北京大学出版社，2010. 10.

20 日巴格达当地时间凌晨 5 时 33 分，贾迈勒一听到警报声，几乎同时，他拿起预先多次演习过的海事卫星电话，拨通了事先设置好的号码，向新华社中东总分社报告"巴格达响起空袭警报"。然后他跑到楼顶，看到巴格达市区空中升起一团火球。随即，他又报告"巴格达响起巨大的爆炸声"。美国对伊拉克战争于巴格达时间早晨 5 时 30 分爆发，贾迈勒以最快的速度发出伊拉克遭到袭击的消息，新华社立即发出快讯，领先美国有线电视网（CNN）10 秒，快于法新社、美联社、路透社，在全球媒体时效战中夺得第一。这说明新华社对这位特约记者的训练非常成功。

（4）按照报道领域和题材，记者可分为时政记者、财经记者、体育记者、军事记者、外事记者等。

时政记者是主要报道时政新闻的记者，时政即时事和政治，时政新闻是关于国家政治生活中新近或正在发生的事实的报道，主要表现为政党、社会集团、社会势力在处理国家生活和国际关系方面的方针、政策和活动。它的政治性和政策性很强。时政新闻通常是硬新闻。采写时政新闻的记者需要有很高的政治、政策水平，具有大局意识，对国内外形势有较深的理解。

财经记者是报道财政、经济领域的记者，报道的题材如财政经济政策、股票与证券、税收、金融、房地产等各种产业。做好财经记者最重要的有三点：扎实的财经专业知识、较丰富的财经报道资源和较广泛的人脉。

体育记者主要报道体育领域的新闻，包括各种赛事报道和非赛事报道，如体育政策、体育人物、体育产业等。体育记者既要精通新闻业务，又要具备丰富的体育知识，否则写出来的新闻就很可能犯体育常识性错误，贻笑大方，更不可能做深做专。因此，体育专业知识是体育记者最基本的素质。体育记者需要掌握的体育专业知识包括：体育运动史、竞赛规则、竞技技巧、运动生理学和心理学等。当然，体育记者仍然需要术业有专攻，不可能也没必要成为全能体育记者，可以成为足球记者、篮球记者、极限运动记者等，但必须对这方面的体育知识达到精通和专家级水平。

当然，还可以有其他的分类，在此不一一赘述。

第四节　记者的素质

做记者需要什么样的知识和能力？是否所有人都可以做记者？

我国著名记者、新华社社长郭超人在《在写作技巧的背后》一文中曾说过："什么样的人当不了记者？什么样的人能当记者？什么样的人能当好记者？大多数

人能想到能做到的，而你想不到做不到，就当不了记者；大多数人能想到能做到，而你也能想到能做到，可以当记者，但不一定是好记者；唯有大多数人想不到做不到，而你能想到能做到，那么你就能当一个好记者。这几句话可能不太科学，但它们概括了我从事记者工作二十多年的深切感受和经验教训。"

关于记者的素质，谈论的文章和书籍数不胜数。

除了郭超人讲的，美国著名的新闻理论家麦尔文·曼切尔在《新闻报道与写作》一书中也说到，记者的素质包括：坚持不懈、公正、知识面广、进取心、勇敢、富有同情心。随后，他又解释道：记者生活于一个混乱无序、纷繁复杂的世界里。然而，他们努力地通过进取心、机智、精力和智慧接近事实的真相，把他们的认识用所有人都能理解的语言和形式表达出来。记者也会犯错误，但重要的是从错误中学到东西，而不要泄气。虽然错误会让人尴尬和丢脸，但它们是不可避免的。不要为犯错误而提心吊胆，那会限制你的发挥空间。

美国田纳西大学新闻学教授凯利·莱特尔在《全能记者必备》一书中说："对一个记者来说，最重要的素质——除了写作的欲望和能力外，也许就是永不满足的好奇心、灵活及随和的个性、善于总结经验的本领、在截稿期限压力下工作的气质和接受客观事实的宽容心。记者还必须胸怀大志、生气勃勃、意志坚定，而且首要的是能约束自我。"

人民日报社副总编辑梁衡说："有四种人做不得新闻。一是有私心、好忌妒，遇事不肯说人之好；二是少理性，缺思路，选材析理抓不住要害；三是爱偷懒，不吃苦，不深入采访，不认真剪裁，抓不到最本质最典型的材料；四是好卖弄，喜粉饰，为文总要喧宾夺主。"

这些中外新闻业界和学界前辈的话，从不同的角度、不同的侧面论述了新闻记者应该具备的素质。总体来看，在中国，一个记者应该具备以下素养。

（一）政治素养

政治素养包括正确的政治立场和坚定的党性原则，遵守政治纪律，具备政治敏感，有较高的政策理论修养，熟悉党和政府的方针政策等。在中国，政治素养可以说是一个记者最重要的素养。这是因为在我国，报刊、广播、电视等新闻媒体是"党的喉舌"，党在一个时期的路线、方针和政策都要通过各种新闻媒体向广大人民群众宣传、解释。宣传党的方针、政策不仅仅是党报、党刊和其他主流媒体的任务，其他类别的媒体也或多或少地要涉及政治和政策。一个政治素养差的人在中国是成不了好记者的。

（二）知识素养

记者的知识素养即要处理好"通"与"专"的关系，"通"是指广博的知识修养，"专"是新闻传播专业知识、专业技能和在某个领域精深的专业素养，记者的专家化是新闻人才培养的方向。

记者要与形形色色的人打交道，采访报道的领域和专业也多种多样。因此，从知识面说，新闻记者被认为是"杂家"，他们要通过各种途径对任何学科和领域都有所涉猎，天文地理、数理工程、财经法律、文学艺术等方面的知识都要有所了解，这样在采访和写作的时候才不会说外行话，才能报道得准确和深刻，才能为受众释疑解惑。尤其是在当今这个知识爆炸时代，经济全球化、政治多极化、高科技迅猛发展，受众的文化水平越来越高，如果新闻媒体工作者的素质跟不上形势发展的需要，就很难满足人们日益增长的文化生活需求。

另外，在报社和其他媒体，有的记者被分到各个"口"——社会生活的某个领域，比如财经口、教育口等。记者要报道好这个"口"，仅仅了解一些这个领域的皮毛是不够的。他要熟悉这个领域的历史和现状甚至未来走向，这样写出来的报道才能有深度。如工作通讯《金牌不是名牌》的记者对辽宁等地的企业现状、对市场营销理论的了解都相当深刻，这就是为什么这篇通讯对金牌产品销售不畅的原因分析和今后的解决之道能够令人信服。从新闻文体来说，工作通讯和深度报道尤其需要记者有专而深的修养，否则就无法使报道有深度，无法使报道具有指导性。

（三）能力修养

首先，记者最重要的能力就是敏锐发现、准确判断和采写新闻的能力，也就是高度的新闻敏感，这是作为记者必须具备的一种独特的职业能力。可以说，没有这种能力就不能做记者。这种能力不是天生的，而是在反复的实践中逐渐培养的。

其次是高超的交际能力。人们常常说记者是社会活动家。这是因为记者要获取各种新闻线索，不能总是等编辑部给，做"派工记者"，而是要自己发现。而发现新闻线索的渠道之一就是自己的社交网络，从社会的高层到基层，如果多一些社会关系，就会多一些新闻线索。另外，记者在采访时，也要与各种人打交道，记者要善于和不同的人交流，才能完成采访。

再次是优秀的表达能力（包含口头表达能力和书面表达能力）。记者要经常与人打交道，必须具备优秀的口头表达能力，否则就可能影响采访的顺利进行。记者还要有优秀的写作能力，才能把采集来的新闻素材按时写成合格的新闻作品。

最后，熟练的专业技术能力，主要表现为娴熟的业务素质及调查研究能力。新闻记者首先应该具有独立的新闻采访能力。具体地说，首先就是能按照编辑部的要

求，到被采访单位独立地完成采访任务。做好访前准备或者是写好采访提纲；在采访过程中，能根据需要，随时向被采访对象发问，提出各种问题；能把采访问题按照时间、地点、人物、事件、原因、结果等新闻要素完整地记录清楚；对所需要的各种写作素材、相关数据要核实、查对清楚，以便撰稿时使用。其次要具有较强的撰稿能力。能够按照报道目的，撰写出中心思想、层次结构清楚的文章，做到语言文字精练、贴切，能把被采访对象的情况客观、真实、及时地表现出来，不带有任何个人想象的因素，做到真实、准确、客观。最后，还要掌握娴熟的传播技术。记者将新闻采制完成后，大多需要发回编辑部，这就要求记者必须熟练掌握现在的各种新媒体技术，如卫星传播、3G连线（4G即将开始）、微博、微信等。这些技术通过短暂的学习就可以掌握。调查研究能力是记者的基本功，不是一朝一夕可以形成的，但它是记者必须掌握的核心能力。

（四）职业道德修养

记者采写的新闻影响面广泛，因此需要记者具备高尚的职业道德情操。

职业道德是职业活动中的行为规范，它可通过人们的职业活动、职业关系、职业态度、职业作风以及它的社会效果具体地表现出来。职业道德是社会生产和社会劳动分工深化的产物，是人们在职业实践中逐步形成的行为规范，是人类文明意识在职业活动中的体现，是一种高度社会化的角色道德。职业道德的实质和核心，是处理和协调职业活动中的责、权、利及个人、集体和社会的关系，从而正确地实现职业的社会职能。职业道德既是职业自身的也是社会的一种必要的生存和发展条件。随着社会劳动分工专业化的发展，职业道德越来越重要。新闻工作，是社会职业分工中的一种，也是整个社会众多职业中的一种不可缺少的重要职业。新闻职业道德是一般社会道德和阶级道德在新闻工作中用以调节各种人际关系和社会关系的行为规范。新闻职业道德和其他职业道德一样不具有强制力，它是靠社会舆论监督和人们内心信念的自律发挥作用的。新闻工作者的一言一行都影响着社会舆论，如果其不具有高尚的职业道德和全心全意为人民服务的精神，就免不了会犯错误，甚至在社会上造成极坏的影响，损害新闻事业的声誉。这些现象的出现，既有客观原因，也有主观因素。笔者认为其中最主要的是这些人在主观上淡忘了自己肩负的责任，淡忘了党和人民对自己的期望和重托。因此，我们每一位新闻工作者都应恪守《中国新闻工作者职业道德准则》，批评和纠正各种不正之风，提高职业道德素养，做一个有高尚道德情操的人。

附录1

中国新闻工作者职业道德准则

（中华全国新闻工作者协会第七届理事会第二次全体会议 2009 年 11 月 9 日修订）

中国新闻事业是中国特色社会主义事业的重要组成部分。新闻工作者要坚持以马克思列宁主义、毛泽东思想、邓小平理论和"三个代表"重要思想为指导，深入贯彻落实科学发展观，高举旗帜、围绕大局、服务人民、改革创新，贴近实际、贴近生活、贴近群众，用马克思主义新闻观指导新闻实践，学习宣传贯彻党的理论、路线、方针、政策，继承和发扬党的新闻工作优良传统，积极传播社会主义核心价值体系，努力践行社会主义荣辱观，恪守新闻职业道德，自觉承担社会责任，敬业奉献、诚实公正、清正廉洁、团结协作、严守法纪，做到政治强、业务精、纪律严、作风正。

第一条 全心全意为人民服务。要忠于党、忠于祖国、忠于人民，把体现党的主张与反映人民心声统一起来，把坚持正确导向与通达社情民意统一起来，把坚持正面宣传为主与加强和改进舆论监督统一起来，发挥党和政府联系人民群众的桥梁纽带作用。

1. 积极宣传党和政府的重大决策部署，及时传播国内外各领域的信息，满足人民群众日益增长的新闻信息需求，保证人民群众的知情权、参与权、表达权、监督权；

2. 牢固树立群众观点，把人民群众作为报道主体和服务对象，多宣传基层群众的先进典型，多挖掘群众身边的具体事例，多反映平凡人物的工作生活，多运用群众的生动语言，使新闻报道为人民群众喜闻乐见；

3. 积极反映人民群众的正确意见和呼声，批评侵害人民利益的现象和行为，依法保护人民群众的正当权益。

第二条 坚持正确舆论导向。要坚持团结稳定鼓劲、正面宣传为主，唱响主旋律，不断巩固和壮大积极健康向上的舆论。

1. 始终坚持以经济建设为中心，服从服务于改革发展稳定大局不动摇，着力推动科学发展、促进社会和谐；

2. 宣传科学理论、传播先进文化、塑造美好心灵、弘扬社会正气，增强社会责任感，坚决抵制格调低俗、有害人们身心健康的内容；

3. 加强和改进舆论监督，着眼于解决问题、推动工作，坚持准确监督、科学监

督、依法监督、建设性监督；

4. 采访报道突发事件要坚持导向正确、及时准确、公开透明，全面客观报道事件动态及处置进程，推动事件的妥善处理，维护社会稳定和人心安定。

第三条 坚持新闻真实性原则。要把真实作为新闻的生命，坚持深入调查研究，报道做到真实、准确、全面、客观。

1. 要通过合法途径和方式获取新闻素材，新闻采访要出示有效的新闻记者证。认真核实新闻信息来源，确保新闻要素及情节准确；

2. 报道新闻不夸大不缩小不歪曲事实，不摆布采访报道对象，禁止虚构或制造新闻；刊播新闻报道要署作者的真名；

3. 摘转其他媒体的报道要把好事实关，不刊播违反科学和生活常识的内容；

4. 刊播了失实报道要勇于承担责任，及时更正致歉，消除不良影响。

第四条 发扬优良作风。要树立正确的世界观、人生观、价值观，加强品德修养，提高综合素质，抵制不良风气，接受社会监督。

1. 强化学习意识，养成学习习惯，不断提高政治和业务素质，增强政治意识、大局意识、责任意识，努力成为专家型新闻工作者；

2. 深入基层、贴近群众、体验生活，在深入中了解社情民意，增进与群众的感情；

3. 坚决反对和抵制各种有偿新闻和有偿不闻行为，不利用职业之便谋取不正当利益，不利用新闻报道发泄私愤，不以任何名义索取、接受采访报道对象或利害关系人的财物或其他利益，不向采访报道对象提出工作以外的要求；

4. 尊重新闻同行，反对不正当竞争。尊重他人的著作权益，引用他人的作品要注明出处，反对抄袭和剽窃行为；

5. 严格执行新闻报道与经营活动分开的规定，不以新闻报道形式做任何广告性质的宣传，编辑记者不得从事创收等经营性活动。

第五条 坚持改革创新。要遵循新闻传播规律，提高舆论引导能力，创新观念、创新内容、创新形式、创新方法、创新手段，做到体现时代性、把握规律性、富于创造性。

1. 深入研究不同传播对象的接受习惯和信息需求，主动设置议题，善于因势利导，不断提高舆论引导能力和传播能力；

2. 认真研究传播艺术，利用现代传播手段，采用受众听得懂、易接受的方式，增强新闻报道的亲和力、吸引力、感染力；

3. 善于利用新载体、新技术收集信息、发布新闻，提高时效性，扩大覆盖面。

第六条 遵纪守法。要增强法制观念，遵守宪法和法律法规，遵守党的新闻工作纪律，维护国家利益和安全，保守国家秘密。

1. 严格遵守和正确宣传国家的民族区域自治制度、各民族平等团结和宗教信仰自由政策，维护国家主权和社会稳定；

2. 维护采访报道对象的合法权益，尊重采访报道对象的正当要求，不揭露个人隐私，不诽谤他人；

3. 维护未成年人、妇女、老年人和残疾人等特殊人群的合法权益，注意保护其身心健康；

4. 维护司法尊严，依法做好案件报道，不干预依法进行的司法审判活动，在法庭判决前不做定性、定罪的报道和评论；

5. 涉外报道要遵守我国涉外法律、对外政策和我国加入的国际条约。

第七条 促进国际新闻同行的交流与合作。要努力培养世界眼光和国际视野，积极搭建中国与世界交流沟通的桥梁。

1. 在国际交往中维护祖国尊严和国家利益，维护中国新闻工作者的形象；

2. 积极传播中华民族的优秀文化，增进世界各国人民对中华文化的了解；

3. 尊重各国主权、民族传统、宗教信仰和文化多样性，报道各国经济社会发展变化和优秀民族文化；

4. 积极参加有组织开展的与各国媒体和国际（区域）新闻组织的交流合作，增进了解、加深友谊，为推动建设持久和平、共同繁荣的和谐世界多做工作。

附则：对本《准则》，中国记协各级会员单位要结合实际制定相应实施细则，认真组织落实；全国新闻工作者要自觉执行；各级各专业记协要积极宣传和推动，欢迎社会各界监督。

附录2

美国职业新闻记者协会（SPJ）职业伦理规范

（1996年9月制定）

绪　言

职业新闻记者协会成员相信，公众的启蒙是正义的先驱，民主的基石。新闻记者的职责就是通过追求真实，提供关于事件和问题的全面公平的叙述，达到启蒙公众的目的。来自所有专门领域和媒体的有责任感的记者，都努力彻底和忠实地为公众服务。职业正直感是记者信誉的基础，协会成员因此对于职业道德行为产生共同认识，并采用本规范作为协会实践原则和标准的声明。

追求真实并加以报道

新闻记者应该忠实、公正和勇敢地搜集报道和转述信息。

新闻记者应该：

1. 检验来自所有来源的信息的准确性，小心避免无意的错误。绝不允许故意扭曲。

2. 努力找到报道的主体，给他们对于声称的错误行为作出反应的机会。

3. 任何可能的时候，都要指明消息来源。公众应该有尽可能多的信息来判断消息来源的可靠性。

4. 在承诺保证信息来源匿名之前，永远要质问一下信息来源的动机。要对为换取信息而作出的承诺中各种可能的情况都作出清楚的说明，一旦承诺，则遵守诺言。

5. 确保标题、导读和其他突出处理的材料、照片、音像、图表、声音和引语都没有错误表达。

6. 避免在转述和连续性的报道中误导。如果有必要转述其它媒体的一条新闻，可以这样做，但要标识清楚。

7. 除非传统的公开的方法不能得到对公众至关重要的信息，否则不得采用秘密的或窃听式的方法获取信息。如果使用了这样的方法，在报道中应该加以说明。

8. 永远不要剽窃。

9. 勇敢地讲述关于人类经验多样性和广泛性的报道，尽管这些经验可能是不经常有的。

10. 检查自己的文化价值观念，并避免将这些价值观念强加给别人。

11. 观察人时不要被民族、性别、年龄、宗教、种族、地理、性取向、是否残障、外貌或社会地位这些因素框住。

12. 支持公开的意见交流，即使这些意见自己很反感。

13. 让无声的人们发出声音；官方信息和非官方的信息被以同样价值对待。

14. 在鼓吹文章和新闻报道之间作出明确区分。分析性文章和评论应被明确标出，以免与事实和报道文本相混。

15. 对广告和新闻作区分，避免出现模糊二者界限的杂交式文章。

16. 认识到自己的特殊使命，要确保公众事务是公开处理的，而且政府记录可以公开查阅。

减小伤害

有职业操守的记者把新闻来源、采访对象和同事都看作值得尊敬的人。

新闻记者应该：

1. 对那些可能因为新闻报道而受到负面影响的人们表示同情。当面对孩子和没有经验的新闻来源或新闻主体时，要特别小心。

2. 当采访和使用悲伤中的人们的照片时，要特别小心。

3. 要认识到采集和报道信息会引起的伤害和不适，报道新闻并不意味着你就可以肆意妄为。

4. 要认识到，一般人比公共官员和追求权力、影响和希望引起人们注意的其他人，有更多的权利保有关于自己的信息。只有当有十分迫切的公共需要时，方可侵入任何人的私人领域获取信息。

5. 品位要高。避免迎合任何低级趣味。

6. 在指出青少年犯罪嫌疑人或性犯罪受害人时，要非常谨慎。

7. 在正式控诉文件出来之前指明犯罪嫌疑人时，要非常审慎。

8. 在公众被告知的权利和犯罪嫌疑人被公正审判的权利之间寻求平衡。

独立行动

除了公众的知情权之外，新闻记者不应该对任何其他利益负有责任。

新闻记者应该：

1. 避免自己的利益与采访发生冲突，不管是现实的利益还是可能的利益。

2. 不参加任何可能伤害自己公正和信誉的组织和活动。

3. 如果将伤害记者的正直感，拒绝一切礼物、好处、费用、免费旅游和特殊对待，并避免第二职业、政治涉入、在公共办公机构或社区机构工作。

4. 如果这些冲突不可避免，那么应将它们暴露出来。

5. 勇敢地要求那些拥有权力的人负起责任。

6. 拒绝广告商的优厚待遇和特殊利益，抵制他们企图影响新闻报道的压力。

7. 警惕新闻来源为了好处或金钱而提供信息，避免力求新闻出现的心理。

可 信

新闻记者在他们的读者、听众和观众的眼中是可信的。

新闻记者应该：

1. 澄清和解释新闻报道，就新闻界的行为邀请公众对话。

2. 鼓励公众说出他们对新闻媒体的不满。

3. 承认错误，并迅速纠正。

4. 揭露新闻记者和新闻媒体的不道德行为。

5. 遵守他们对于别人提出的高要求。

思考与练习

1. 自媒体普及的时代，记者出现了哪些新的变化？

2. 记者与其他人才相比应该具备哪些素质？

3. 你是否适合做记者？为什么？

延伸阅读

［美］莱特尔. 全能记者必备：新闻采集、写作和编辑的基本技能. 宋铁军译.
北京：中国人民大学出版社，2010.

第二章　新闻报道写作材料的获取
——新闻采访概述

第一节　新闻采访的定义和特点

一、什么是新闻采访

新闻采访作为全部新闻工作的基础和前提，是每个新闻工作者必须掌握的基本功，是新闻记者为了写作新闻报道，从相关客观事实中进行采集，进而分析出对受众具有知悉意义的信息的一种调查研究活动。新闻采访使处于原始状态的信息得到搜集、整理、分析和综合。

新闻采访是新闻活动的起点，是牵动一切新闻工作的龙头，新闻采访是新闻传播活动中最基础、最关键的一环，采访是新闻写作的先决条件。

何为新闻采访？新闻采访是新闻工作者出于大众传播目的，通过观察和访谈等手段，为搜集新闻素材而进行的调查研究活动，其包含对新闻写作材料的采集和对采访对象的访问。当然，对采访对象的访问也是为了获得写作材料。因为新闻采访无论采用什么方式和手段，最终都是为了获取关于新闻事实的信息，搜集新闻素材。

二、采访的特点

新闻采访作为一种对新近发生的事实变动信息的调查研究活动，具有与其他调查研究活动不同的特点，这种特点表现在：

（1）目的的差异性。

在社会生活中，调查研究活动有很多，如军事上的搜集情报、商业上的市场调查、法律上的搜集证据等，都是调查研究活动，但是，这些调查研究获得的材料都不是为了面向大众，相反有的还要保密，如军事上及商业方面的。而新闻采访是要通过记者的调查研究，搜集新闻素材，再写成各种新闻文本（如消息、通讯等），经过编辑部的编辑制作，再向受众进行传播。可以说，新闻采访是记者替他们的目标受众在打探消息、采集新闻，然后再传播给他们，使他们了解他们想知道、感兴

趣的事实变动的信息。

（2）时间的限制性。

新闻是最新的事实变动的信息，具有时效性的要求，也就是新闻传播者要尽快将新闻传播给受众，否则新闻就会成为旧闻，失去其价值。要做到快速传播，首要的任务就是在采访阶段做到快采，这样才能做到快写和快传。因此快采对是否能够做到快写和快传具有制约性。所谓抢新闻，首先表现为抢先采集新闻。这就意味着新闻采访不能像其他的调查研究活动那样今天不行等明天。其他领域的调查活动几天甚至几个月才完成没有关系，但是新闻采访不行（除非是少数深度报道）。

（3）活动的艰难性。

人们根据新闻报道的是事件、人物还是经验、现象等，把新闻分为事件性和非事件性新闻，事件性新闻又分为突发性事件和非突发性事件（可预知事件）。突发性事件如地震、洪灾、火灾、军事政变等，往往突然发生，为了抢新闻，要求记者尽可能第一时间赶到现场，尽快写作和制作新闻，尽早传播。因此，记者的压力是很大的。而且从事舆论监督的记者往往影响采访对象的利益或者可能断了别人的财路，为此采访对象往往会拒绝采访，或者给采访设置各种障碍，因此采访这类新闻的记者人身安全受到威胁的情况比比皆是，甚至有的付出生命的代价。如以揭黑报道而闻名的记者王克勤，就经常受到生命威胁。

三、新闻采访的地位和作用

没有采访，就无从发现新闻，就没有现代新闻事业，可以说，新闻采访是新闻业生存与发展的基本手段。具体来说，它的地位和作用表现在这些方面：

（1）采访是新闻报道的起点，没有采访，新闻写作就成了无源之水，新闻传播就可能传播虚假信息。业界常说的"七分跑三分写"或"七分采三分写"，强调的就是采访的重要性和艰辛。

（2）采访是新闻写作的前提条件。先有采访，后有写作；没有采访，就没有写作。采访要解决新闻写作的材料问题。采访的成败直接关系到新闻写作的成败。这是因为新闻的生命是真实，新闻写作的任何材料都要有采访的依据，不允许有任何虚构和想象。

第二节 采访的方式

采访的方式因面对的情况不同而不同，如无法与采访对象进行面对面采访，就可能用电话采访、网络采访等方式。采访的方式有：

一、直面采访

指记者直接面对采访对象进行采访，或称面对面采访，有的把它叫作个别访问。个别访问是最早采用、使用最多的采访方式。意大利著名女记者法拉奇采访 26 国政要的《风云人物采访记》就是个别访问的范例。本书第三章新闻写作素材获取的过程主要是就这种采访方式来讲的。

二、视觉采访

即用眼睛采访，也就是现场观察。在一些无法进行面对面采访的情况下，通过观察获得现场的事实信息，比如，进行中的体育比赛和文艺演出就只能用观察采访。在暗访中，观察也是必不可少的采访方法。在个别访问中，现场观察也经常作为提问、倾听的补充，以获得采访对象的反应和现场环境的信息（观察的具体要求参见第三章里"采访中的观察、倾听与记录"）

三、书面采访

指记者在同采访对象不能面对面交谈的情况下，通过书面提问的形式进行采访，得到书面答复。在通信技术和网络极为发达的今天，这种采访方式已经很少使用了，取而代之的是电话采访和网络采访。

四、体验式采访

即记者参与被报道者的生产实践和工作实践，亲身体验他们劳动的酸甜苦辣，并在体验中进一步采访，也称亲历式采访。记者在这种采访中可以暴露自己的身份，也可以不暴露自己的身份。不暴露记者身份和采访目的的采访，只以某种与采访事实有关的身份参与到事件进程中，从而获得新闻素材的方式也是体验式采访。不暴露记者身份和采访意图的体验式采访是暗访的一种方式，例如，记者以批量购买者的身份与贩卖病死猪肉的贩子进行交易，以查明病死猪肉的来源、数量、去向等信息。

五、隐性采访

又叫暗访。记者采访时，不公开自己的身份，也不暴露采访意图，而以自己的亲身感受或以偷拍偷录的方式获取新闻信息。当然这种观察或体验是以某种"角色"的身份进行的。例如，暗访不法商贩生产和贩卖注水肉，记者就以买家的身份进行采访。按照暗访中记者与新闻事实的关系，又可以把它分为两种，一种是旁观式，即记者不参与事件的进程，只在事件外旁观、记录。其好处是没有诱导之嫌，由于观察的对象处在自然状态下，一举一动，一言一行，尽在记者的视听范围内，所以容易获得真实情况。另外一种是介入式（体验式），介入就是参与，不过，这种参与不是以记者身份，而是以某种"角色"的身份参与。

隐性采访的积极作用：

（1）排除干扰，获得真实的第一手材料。这是在采访对象不知情的情况下进行的采访，没有任何干预和诱导，记者容易获得自然、真实的材料。

（2）感知深切，增强新闻的说服力。许多暗访是记者以介入的方式完成的，记者就在新闻中，新闻事实完全是通过记者的亲历和所见所感来采访的，现场感强。

（3）有助于培养记者扎实的采访作风。暗访的对象通常是一些负面的新闻事实，采访对象常常拒斥采访。记者为了获得新闻素材，必须亲自深入现场，有的还要介入到新闻事实中去，甚至要冒着危险与不法分子斗智斗勇才能完成采访。没有扎实的采访功底，是不可能完成暗访的。

隐性采访应注意的问题：

（1）选好题材。一般说来，凡是以公开方式能够获得新闻材料的，尽量不用暗访。只有用公开采访的方式无法采访而事实又涉及公共利益的材料才可以用暗访的方式采访。

（2）选好采访方式。隐性采访与其他采访方式一样，会综合运用现场观察、交谈、电话采访、体验采访等方式，但是它是暗访，因此要设计好身份。

（3）暗访与公开采访结合。

（4）必须在法律规定的范围内采访。在我国法律中，对于隐性采访是没有明文规定的，以至于隐性采访成了一个悬而未决的问题。确认隐性采访的合法性问题尤其显著，当然，确认隐性采访合法，并不是说进行隐性采访就毫无限制，相反，由于隐性采访涉及众多法律上的问题，特别是对公民、法人的权利的保护问题，新闻界认为对于隐性采访只能不得已而为之，因此就更应当受到严格的限制：①所要获取的信息对于公众利益至关重要。②没有别的办法可以获取这些信息。③这种伪装

21

欺骗所造成的不良影响比起揭露对方的行为所制止或避免的损害来显得微不足道。④记者在采取隐身手段前作了深思熟虑，对这种手段的必要性、给受骗的对方造成的结果、对新闻界公信力的负面影响、与自身任务的关系、可能涉及的法律问题等等作了全面考量。⑤事先向上司汇报并取得许可，必要时还应征询本公司法律顾问的意见。⑥行动不可超越法律界限。所谓不可超越法律界限，大致是指这些：a. 不可获取和泄露国家机密，包括军事机密。b. 不可泄露和侵犯商业秘密。c. 不可侵害公民的人身权利，主要包括隐私权、名誉权和肖像权等。d. 不可侵害未成年人和妇女的合法权益。e. 不得干扰法庭审判活动。f. 在采访手段上，不得非法使用窃听、窃照等专用间谍器材等。但是，权利主体对其所享有的权利，只要法律没有作出禁止性的规定，是可以依照权利人的意志行使这种权利的。因为隐性采访属于采访权利的内容，法律上没有禁止性的规定，并且受到公众的欢迎和认可，不应当认为新闻媒体不能使用隐性采访的手段进行采访。

（5）仔细甄别证据，防止伪证（假证词、假物证）。

（6）要受道德制约。通常认为不应该用欺骗的方法获取新闻。

（7）要会保护自己。首先必须在法律规定的范围内采访，其次，要学一些防身术，在采访中要有自我保护意识。如曾任《南方都市报》记者、著名独立调查新闻人石野是出身于海军陆战队的特种兵，特种兵的侦探技能对其暗访调查大有帮助。①当然出身于特种兵的记者毕竟极少，普通记者在暗访中更应注意自我保护，《中国青年报》记者张国、王俊秀在采访吉林松原高考舞弊事件时的做法值得借鉴。②

六、电话采访

即记者通过电话这种现代化的通信工具，同采访对象对话，了解情况，采访新闻。电话采访的最大优势是快捷，美国称之为"快餐式采访"。

七、网络采访

网络采访又称"在线采访"，是一种借助手机和计算机等终端在线服务进行新闻采集或借助公共或私有的数据库进行数据的收集与分析的采访方式，国外称为计算机辅助报道（Computer Aided Reporting，简称 CAR）。把它叫作计算机辅助报道已经不准确了，因为现在已经普及的智能手机也早就成了记者们常用的信息采集和传播的工具。

---

① 石野. 除了勇气还有什么？——"打虎记者"的擒拿术. 中国记者，2012（5）.
② 张国，王俊秀. "松原高考舞弊事件"潜伏采访记. 中国记者，2009（9）.

因此，这样定义网络采访可能更准确：记者用手机和计算机等终端，通过计算机网络和手机网络等通信技术，发掘新闻线索，采集、分析和搜集新闻信息的采访方式。

网络采访在采访中的作用主要表现在以下几个方面：网上寻找新闻线索；通过网络对新闻事件当事人或相关人员进行访谈；通过网络查询新闻事件相关人和事的背景材料；通过网络对相关信息进行核实；通过网络对人物进行采访。

在网上对人物的采访大致分为点对点式的采访、点对面式的访问两大类型。

（一）点对点式的采访

（1）电子邮件，指记者在网上通过"电子邮件"（E-mail）这一信息传递载体向特定的对象进行采访。利用电子邮件采访，可以不受时间和空间的限制，方便高效。它主要以文字为传播手段，也可以加入声音、图像作为附件，丰富采访信息，实现多媒体交流。

（2）网上聊天。目前网上聊天常用的工具有 QQ、微信等，不仅可以即时交谈，而且还可以即时传递文件，近几年还开通了视频聊天。

（3）博客与微博，记者可以通过采访对象的博客或微博进行采访，也可以在自己的博客或微博上，向其他人进行采访（这就成为点对面的采访了）。

（二）点对面式的访问

（1）使用即时通信工具，如 QQ 群、微信群访问。这些群不仅可以实现点对点的聊天，进一步发展后，还可以利用群实现点对面的交流。记者可以随时创建各种群：一个班级、一个团队，甚至几个好朋友都可以建成一个群，很便利地进行信息沟通。

（2）网上新闻互动平台。人民网、中央电视台新闻频道在"两会"期间常常特别推出"两会论坛"网上调查，收到大量网友投票。新浪网在其网页上开设了"新闻中心反馈留言板"、"论坛聊天邮箱手机短信息"热键，公布了电话号码。这些新闻互动平台的建立，为受众创造了一个很好的表达机会。

（3）网络社区。网络社区是指包括 BBS/论坛、公告栏、群组讨论、在线聊天、社交网站、个人空间、无线增值服务等形式在内的网上交流空间，同一主题的网络社区集中了具有共同兴趣的访问者。一般有如下几种类型：综合类社区，如西陆社区、猫扑、天涯社区、西祠胡同等包含多个板块，是涉及多领域的综合类大型社区。门户类社区，如搜狐社区、新浪论坛和 TOM 社区等依托大型门户网站建立的社区。专业类社区，如榕树下社区以及各高校论坛等比较专注于某一领域或群体的社区。

网络社区的信息发布者以个人为主，虽然其信息的权威性和客观性等都值得怀疑，但作为一名眼光敏锐的记者，浏览网络社区无疑是寻找新闻线索或了解相关人员观点的好途径。很多时候我们想了解中国网民对国内外大事的观点，我们会去像人民网强国论坛（bbs. people. com. cn）这样的网络社区浏览网民的发帖和跟帖。

网络采访的优点是方便快捷、费用低等。

如美国华裔科学家杨向中博士克隆出五头牛犊的消息见报后，《文汇报》记者想就此写一篇人物专访。于是，记者通过互联网很快进入了杨向中博士所在的美国康涅狄格大学的网站，并在该校转基因动物中心找到杨向中的 E-mail 地址。记者通过 E-mail 向杨博士表明自己的身份和采访意图并列出详细的采访提纲。两天后，杨博士从荷兰参加国际会议后一回到办公室，便用 E-mail 回答了采访提纲中所提出的问题，还发来了在实验室工作的照片。

网络通信在查找人、核实信息和进行调查统计（百度指数、谷歌趋势）方面提供了极大的便利。2006 年 11 月，曾被广为报道的内地女博士生贿赂香港城市大学副教授戴××以求考试通过的新闻曝光后，记者先是与该校联系，结果相关部门都不肯透露有价值的信息，戴××（他的手机和办公室电话都能在网上搜索到，来源为他母校浙江大学的一个同学录）也不肯多说，内地和香港媒体的报道也大多语焉不详，只报道了这个研究生名叫陈×，来自武汉。即便武汉媒体报道此事件时，也没能找到当事人的母校。但笔者想，既然陈×在国内硕士毕业，按照国内许多大学的要求，她可能需要发表论文才能参加毕业答辩，也许通过这个途径可以找到线索。于是，笔者进入"中国期刊网"搜索比对，认真排查，确定陈×是武汉某高校数学系毕业的研究生，结果找人核实，确实如此。

但网络新闻采访也有明显的缺点，主要是现场感比不上实地采访；真实性差，难以对获得的信息进行核查。因此要合理利用网络采访，对网络采访得到的信息要做进一步的采访和核实；网络采访要辅之以其他采访手段。

八、精确新闻采访

精确新闻采访追求报道的深入、精确和科学。方法包括：问卷调查、访谈调查、量化分析统计、抽样调查、实地实验、民意测验以及横向定时调查、纵向追踪调查等。看以下例文：

英国最新研究　天才多秋天出生

（伦敦讯）英国最新研究显示，"天才"通常在秋天出生，他们不但考试成绩优异，而且具有运动天分。

不止一项对儿童考试成绩的研究显示，在 5 月 1 日至 8 月 31 日出生的儿童，成绩最差；而 9 月 1 日至 12 月 31 日出生者则名列前茅。

英国教育机构 Lambeth 研究了学童入学前 3 年的表现，发现秋天出生的学童成绩优于在夏天出生者。

而英国的研究也显示，夏天出生的儿童，在 6 岁、8 岁和 10 岁时，阅读成绩远逊于秋天出生者。

另外，根据德国、挪威和美国的研究，在秋天生的人中，以 10 月和 11 月生日的人最幸运，寿命最长，也最少病痛。所以若父母希望子女开心、快乐和成功，最理想的怀孕时间是 1 月至 3 月。

秋天出生的名人有音乐家贝多芬、英国前首相丘吉尔、美国前第一夫人希拉里、微软创办人兼世界首富盖茨等。

（新加坡《联合晚报》2005 年 8 月 4 日）

例文中的数据和研究结论，都是来自量化统计等精确新闻采访，而不是面对面的采访以及观察、座谈等采访方式。

第三节　新闻采访的权利和义务

新闻采访权是新闻权的一部分，什么是新闻权？

新闻起源于人类在社会生产和生活中对信息的需求，它满足的是人们对于客观世界的"知的权利"。当新闻成为社会生活中一种重要的事业，由专业机构专门从事这一事业时，人们"知的权利"便通过这些新闻机构来满足，新闻机构必须为满足人们的这一权利进行新闻信息的采集和传播，当然也就有了人们为获取外界信息时所拥有的权利。当然，这并不意味着人民将自己的言论出版、新闻自由等权利授予新闻媒介和新闻工作者，让后者代表自己来专门行使这些权利，因为，出版自由、言论自由等权利是不可转让的。就是说，新闻自由以及其中包含的所有权利，并不是新闻工作者的专有权利。新闻工作者的采访权、报道权、评论权、批评权和通信权、传播权等，只是新闻工作者作为公民行使表达权和知情权的一种具体形式，是一种职业权利。新闻权大致可以这样定义：新闻权就是新闻媒介在获取和报道新闻的过程中所拥有的权利。

在我国，目前尚未有专门的新闻法，新闻权的权利来源是宪法规定的言论、出版自由和进行文化活动的自由（新闻自由）。这些自由的权利主体是公民。新闻工作者也是公民，他们当然享有宪法规定的一切权利。新闻工作者与普通人的不同之处就是他把寻求、获取和传播信息作为自己的职业，这种职业可以使广大公民更好地实现自己的言论出版、新闻自由等权利。

新闻采访权是指记者以向大众传播真实新闻为目的，在法律允许的范围内，自主选择采访对象和采访方式，自主调查和收集信息，进而获取新闻事实材料的权利。在具体的表述上，对采访权有不同的说法，比较流行的有下列三种定义：

其一，采访权是指新闻工作者在法律不禁止的情况下在任何公共空间搜集新闻信息并自主选择记录方式的权利，或新闻工作者有权要求法律规定有义务公布信息的采访对象提供真实、准确和全面的相关信息，不受他方外力的非法阻止和侵犯，媒体及记者的财产权、人格权受法律保护。

其二，采访权是以记者向大众传播新闻为目的，在法律允许的范围内自由选择采访对象和采访方式进行自主调查，获取新闻事实材料的权利。

其三，所谓记者的采访权，是指记者对重大事件和社会上发生的事件的知情权、报道权和人身权。

三个定义各有侧重，但都强调了采访权"在法律允许的范围内"、"不受他方外力非法阻止和侵犯"、"自由选择采访对象和采访方式"的特点，尤其是在近几年屡屡出现记者采访被打事件的背景下，新闻学者和记者更多地提出社会各界要依法保护记者的"人身权"，也就是保护记者的"采访权"。

但记者的采访权与其他人的人身权利会发生冲突：每个人都有独立的人格权利，都有权自主决定是否和如何向社会公开显示自己的行为和形象，包括自主决定是否被拍摄、录音，并向社会公开。因此在使用拍摄、录音这样的信息收集手段时，要从针对性、活动性质、公共利益的需要等方面，区别对待。

网络媒体采访权。根据 2005 年颁布的《互联网新闻信息服务管理规定》，新闻网站和商业网站都只能登载或转载时政类新闻信息，即有关政治、经济、军事、外交等社会公共事务的报道、评论以及有关社会突发事件的报道、评论。换言之，网络媒体没有新闻采访权，不能进行直接的新闻原创。

由上可见，采访权是受到限制的，被采访者有权拒绝采访，采访过程中如果使得被采访者权益受损，记者和媒体是应当承担法律责任的。

一般而言，记者在采访中应该承担这些义务：不得勉强被采访者提供他不愿提供的情况特别是私人情况，必须准确报道被采访者提供的事实和表达的意见，对于被采访者提出的不要公开消息来源、希望审看新闻稿等要求应该作出郑重的承诺等。

1954 年国际新闻工作者联合会通过的《记者行为原则宣言》第四条规定："只

用公开的方法获得新闻、照片和资料。"

《中国新闻工作者职业道德准则》也有规定："要通过合法的正当的手段获取新闻，尊重被采访者的声明和要求。"

①不得涉及国家机密；

②不得涉及与公共利益无关的各种公民的隐私；

③不得违背保护未成年人和保障妇女权益方面的法律规定；

④不得涉及商业秘密。

在一些国家，采访权时常受到其他合法权利的约束。

1992 年，美国 ABC 公司的两名记者持假身份证到狮子食品公司的超市工作，用藏在假发里的微型摄像机和带在身上的小麦克风摄录下该公司如何重新利用过期食品，如把腐肉清洗后改包装等情况，节目播出后引起轰动。狮子公司以欺诈公司雇员和违反进入私人场所的规定、违法获取公司工作现场情况等罪名起诉 ABC 公司。结果法院最终在 1996 年判 ABC 公司侵犯狮子公司隐私权的罪名成立，赔偿 550 万美元。

为什么有如此违反常理的判决？狮子公司为出售的食品造假显然违法，但该公司一方面的违法并不影响它有权利控告 ABC 公司的违法。在法制健全、权利界限清晰的社会里，本来是为了监督违法现象的记者，自己也必须守法，这是一个不言而喻的道理。民间有一种"以正义的恶对非正义的恶"的道德观念，但法律上除了"正当防卫"外不承认这一点。隐性采访的某些做法构成"法律与道德的悖论"。

现在媒介和老百姓对使用隐性采访的方式进行各种揭露腐败的报道，都感到很痛快。这是由于社会腐败现象较为严重，人们舆论监督的愿望十分强烈，因而暂时忽略了采访在操作方面的问题；这类隐性采访由于"人赃俱在"，舆论的压力也迫使当事人不敢与媒介"理论"。换句话说，我国目前能够允许普遍地使用隐性采访而没出现多少问题，是以社会道德为支撑、以社会秩序的稳定为条件的。

许多人主张，为公共利益可进行隐性采访，法律上应给予记者这样的特权——呼唤新闻法。

无论如何，记者还是要有很强的法律意识，不得滥用采访权利。

思考与练习

1. 新闻采访与科学研究相比有什么特点？

2. 怎样理解新闻采访在新闻传播中的地位？

3. 张国、王俊秀在《"松原高考舞弊事件"潜伏采访记》（见《中国记者》

2009 年第 9 期）中使用了哪些暗访技巧？你如何评价这次采访？

延伸阅读

新闻采访权的法理依据

新闻采访权是指以新闻记者向大众传播新闻为主要目的，在法律允许的范围内，自由选择采访对象和采访方式进行自主调查获取新闻事实材料的权利。它是新闻记者开展工作的首要权利，也是一个媒体正常运行的基本权利。这项权利的可行使程度，与采访报道范围密不可分，在法律许可的采访报道范围之内，新闻记者享有充分的采集新闻的权利，任何人不得非法阻挠和干涉；当超出采访报道范围时，该权利只能有限地行使。正是基于这一特征，该项权利被《公民权利和政治权利国际公约》归入"可克减的权利和自由"。在我国目前的法律体系中，新闻采访权虽没有明确的授权性的条文保证，属于一种默认权利和习惯权利，但这并非意味着记者没有合法采访权，它的存在既有国家法律上的保证，也有社会道义上的支持，并且可以从我国现行法律法规中推演和衍生出来。

首先，采访权的合法性在于由宪法衍生而来的知情权。《中华人民共和国宪法》第四十一条规定："中华人民共和国公民对于任何国家机关和国家工作人员，有提出批评和建议的权利。"人民民主权的顺利实现、舆论监督的有效实施都离不开对信息的充分占有，即知情权的保护。由于普通大众对信息的充分占有只能通过承担着以传播信息为第一要义的大众传媒来实现，因此，记者的采访权就成为支撑公众知情权的合理延伸。记者的采访权是公民知情权的有效实现形式，是国家授权新闻机构代表最广大的人民利益行使公民知情权的具体实现方式，是新闻机构赋予新闻记者的一种职务权利。

其次，采访权的合法性在于宪法确立的（新闻）出版自由的原则。《中华人民共和国宪法》第三十五条规定："中华人民共和国公民有言论、出版、集会、结社、游行、示威的自由。"这里的言论出版自由是涵盖新闻自由的，新闻自由包括采访自由、报道自由、评论自由、编辑自由和传播自由等。合法的自由采访由此成为一种法定权利，任何个人或组织不得侵犯。

最后，采访权的合法性在国家新闻出版署等部门出台的规章制度中也得到进一步的确认。国家新闻出版署 1999 年 8 月 16 日发布的《关于非新闻出版机构不得从事与报刊有关活动的通知》第一条规定："经国家批准设立的新闻出版机构，有权依法从事新闻出版、采访、报道等活动。"这些相关的法律法规都为新闻记者的采

访权提供了法理上的依据和保护。

当然，对于新闻记者采访权的认识和理解应当是辩证的。一方面，新闻采访权就是记者收集新闻信息的权利，即有权获得法律不禁止的公共资料，有权在公共场所发生的新闻事件源地采集信息，经当事人同意后有权进入私人空间发生的新闻源地并进行采访，不受第三方的外力阻止和侵犯。另一方面，新闻采访权虽为法律所保护，但它不是行政、司法特权，不具有法律强制力和法外特权。记者可以通过法律手段寻求获得应该公开的录音、录像、文件、会议记录、统计资料、电子资料等，但无权要求任何人必须及时和如实地回答问题，包括政府官员。同时，新闻采访权不是无限的权利，有采访禁区，有尊重采访对象的要求，记者要承担相应的义务和责任，要严格遵守《中国新闻工作者职业道德准则》中的相关规定："维护采访报道对象的合法权益，尊重采访报道对象的正当要求，不揭个人隐私，不诽谤他人。"由于新闻出版机构不是国家权力机关，所以记者所从事的采访也不能等同于国家工作人员的公务活动。至于网络媒体的新闻采访权问题，国家新闻出版总署新闻报刊司负责人指出，为扶持我国重点媒体进一步扩大网络传播，我国支持国家重点媒体所办的新闻网站依托传统媒体申领新闻记者证，开展新闻采编工作，扩大国家的新闻传播能力。也就是说，如果条件具备，人民网、新华网等国家重点新闻网站可以依托其传统媒体申领新闻记者证。而商业网站不是新闻单位，由于其没有合法采访和首发新闻的资质，经批准的也只有转发新闻的职能，没有自采新闻职能，因此这类网站一律不发放新闻记者证。

"付费采访"和"有偿新闻"的是与非及其现实困境

作为市场经济的产物，付费采访发源于 20 世纪 90 年代的日本媒体，当时日本记者由于在欧洲采访足球联赛时屡屡受阻，于是打出"付费采访"的旗号。这种做法在采访当红体育、娱乐明星时迅速铺开，在欧美被形象地称为"支票簿新闻"。在我国，自 21 世纪初以来，付费采访的新闻不时传入我们的耳际：2000 年底至 2001 年初发掘北京老山汉墓时，中央电视台就曾以 300 万元的价格从北京文物部门"购得"了独家新闻报道权；2001 年 3 月，杭州雷峰塔地宫发掘的现场直播权被浙江影视文化频道以 8 万元的价格"拿下"；2002 年 12 月，南京博物院将江苏泗阳一座大型汉墓考古发掘采访权以 20 万元的价格"拍卖"给了江苏卫视和《南京晨报》；2003 年中巴之战后，里瓦尔多、小罗纳尔多和罗纳尔多三人接受广州某报专访，前两者各收入 2 万元人民币，罗纳尔多收入 3 万元；2005 年 2 月下旬，《羊城晚报》为纪念中国电影诞辰一百周年做专题策划，向老电影人孙道临提出采访请求时，也遭遇了支付费用才接受采访的要求，引起舆论界的讨论等。可见，新闻实践领域的付费采访现象逐渐多了起来，并且从最初的娱乐、体育领域开始向社会各领域扩展蔓延开来。

作为媒介产品生产过程中的一种经济行为，付费采访是在市场经济下传媒业市场化、产业化运作的必然方式。在西方，商业化运作模式下的新闻媒体大多是由私人老板投资设立的，新闻等媒介产品是其赢利的手段，商业化运作渗透到新闻的采制过程之中，因此付费采访在西方社会是普遍现象。英国学者萨利·亚当斯、文弗·希克斯认为："从受访者观点来思考，如果他们有一个故事要说出来，他们为何不能卖这则故事？如果这是一则好故事，刊物因此得到利润，采访记者赚取薪水，同时也得到工作上的表现，受访者为何不能用这种方式。"在我国，随着市场化和产业化的推进，媒体的经营运作模式和媒介生态都发生了重大的变化，企业化、市场化运营和激烈的媒体竞争，使得付费采访现象逐渐增多起来。

不过，付费采访在媒介市场化"肌肉"发育尚不是很发达的我国，毕竟只是个新鲜事物，不同的学者对此种现象有着不同的理解和认识。复旦大学新闻学院李良荣教授认为："这样的采访（指孙道临提出的付费采访），在国外，确实要付钱，因为对方向你提供信息。他们不是官员，如果是政府官员，他们伸手向你要钱属于违法，因为他们掌握公权才获取信息，应该无偿向社会提供信息。媒体在向社会提供信息的同时，也有商业运作。"而中国人民大学新闻学院喻国明教授则认为："付费采访行为将会严重危害社会氛围，使公益性原则遭到破坏，简单地把商业原则推及所有关系，会使社会形成'一切东西都可以用钱收买'的观念，并给腐败提供肥沃的土壤。另外，这种竞争的结果是忽视弱势群体，媒体片面关注那些有钱和有权的人，这在很大程度上破坏了媒体维护社会公正的职能。"

媒体向采访对象支付报酬主要是出于同行竞争的需要，带有很浓烈的商业气息。新闻毕竟不是普通的商品，它具有社会公共属性，公众获取社会信息主要是依赖大众媒体，记者的采访就是为了满足受众的新闻需求。新闻采访既是媒体记者的权利，也是大众知情权的实现途径，泛滥而不受限制的付费采访，有悖于新闻的公共属性。如果媒体把付费采访作为业内竞争的商业化策略和手段，并且以此来恶意垄断新闻资源、获取排他性信息，使得个别媒体拥有独家新闻，而绝大多数媒体失去采访新闻机会的话，那么新闻的客观性和公正性将很难得到保证，最终也会损害公众的利益。因此，我们认为，付费采访必须在一定的限制内进行，不可滥用。

在传统社会向市场经济社会转轨的过程中，传媒和记者手中掌握的虽不是对社会直接进行管理的硬权力，但却是具有一定垄断意味的"软权力"，同样是一种社

会稀缺资源，同样会被"购买"，这种现象被称之为"寻租现象"。坚决反对"有偿新闻"已经被明确写入《中国新闻工作者职业道德准则》里面。该准则第四条规定："坚决反对和抵制各种有偿新闻和有偿不闻行为，不利用职业之便谋取不正当利益，不利用新闻报道发泄私愤，不以任何名义索取、接受采访报道对象或利害关系人的财物或其他利益，不向采访报道对象提出工作以外的要求。"但在现实中，个别新闻媒体和记者的这种不正当行为或"潜规则"，违背了新闻工作的基本原则，背离了新闻工作者的职业道德。美国佛罗尼达中心大学新闻学教授罗恩·史密斯在他的《新闻道德评价》一书中写道："所有的新闻工作者都必须认识到，赠品不是礼物。它们是投向新闻决策的糖衣炮弹。职业新闻工作者协会的伦理规则将这一点陈述得很清楚，'新闻工作者应当拒绝接受礼品、恩惠、酬金、免费旅行和优待，避免兼职、担任政治职务和公职，此外，如果有损新闻诚信，新闻工作者也应当为社区团体服务。'拒绝赠品是帮助这一职业重获尊重的小小代价，而此行业必不可少的就是尊重。"1991 年 1 月中华全国新闻工作者协会通过的《中国新闻工作者职业道德准则》，是我国新闻史上第一个统一的、系统的新闻职业道德规范，是我国广大新闻工作者廉洁自律的重要准则，所有的新闻工作者都应当自觉地按照这个规则去规范自己的言行，维护新闻工作的职业操守。为了有效地执行这一《准则》，我国有些新闻媒体还根据各单位的实际情况，制定切实可行的一些细则，力争从源头上杜绝有偿新闻的出现，切断记者与采访报道对象之间不正当的经济链条，保证新闻的客观与公正。但大多数新闻媒体对记者参加公务活动或会议收受数额较少的红包、礼品等行为，往往采取听之任之的态度，一般不加干涉，也不过问。

由此可见，如何破解这些现实难题，让新闻记者走出目前的这种进退两难的困境，从而合理、规范地进行新闻采访，需要社会各界群策群力、通力协作才能得以解决。

（摘自沈正赋《论新闻采访权及其行为规范》，《今传媒》2011 年第 11 期）

第三章　新闻报道写作材料获取的过程
——采访的步骤

一次完整的新闻采访包含几个相互衔接的过程，这个过程并不像有的教材所认为的那样是从采访准备开始，而应该从新闻线索的发现开始——没有新闻线索，记者所做的准备就是盲目的，也不知道去哪里采访、采访什么。因此新闻采访的过程应该是这样的：

发现新闻线索→采访准备→采访的实施→采访的核实。

以下按照这些环节分别进行介绍。

第一节　发现新闻线索

采访活动的实施，通常是从寻找和获取新闻线索起步的。

新闻线索也称采访线索、报道线索，是新近发生事实的简明信息或征兆，反映了事实的一鳞半爪或简略轮廓。它不同于新闻事实本身，是为新闻采访报道提供有待证实、扩展和深化的信息，给新闻记者提示新闻的所在，新闻采访的方向。它可能成为新闻的或具有一定新闻价值的某种事实所传播的信息，也可以说是已经或将要发生的新闻事实所发出的信号。新闻线索不等于新闻事实，它只是记者发掘题材的一种凭据。它比较简略，要素不全，没有事物的全貌和全程，常常只是一个片断或概况。

新闻线索的特点有：

（1）相对于新闻事实，多数新闻线索显得较为简略，没有过程，更没有细节，新闻五要素不全。

（2）相对于新闻事实，新闻线索往往是比较零碎的，信息是不完整的。

（3）新闻线索稍纵即逝。

（4）新闻线索的出现带有一定的偶然性。

（5）新闻线索涉及较多的是表象，可能确有其事，也可能只是假象，或者是真假混杂。也就是说它的可靠性有待记者进一步去核实。

新闻线索的作用：

（1）为记者的采访提示了方向。除非是记者亲身偶然遇到新闻，如地震、海啸、车祸等，否则记者在采访前都需要有新闻线索。记者都是根据新闻线索进行采访准备，再实施采访的。

（2）为媒体的报道活动提供决策依据。例如，我国媒体都从中英两国事先达成的协议得知，1997年7月1日香港回归祖国大陆。这是重大的新闻线索。与香港近在咫尺、联系紧密的广州市报纸《广州日报》对此做了严密策划，进行了浓墨重彩的报道。在1997年7月1日香港回归当日，《广州日报》分上午版、中午版和下午版共97版，开了中国新闻史上的先河。上午版1～48版，刊登的是香港回归交接仪式之前的报道；中午版49～72版，为特区政府宣誓就职的报道；下午版73～97版，为当日上午特区政府成立的报道，第97版为全铜版纸印制的大幅油画《良辰》。这份报纸当时是创造了中国大陆报纸的多个第一：报道速度最快；创造当时全国版别最多；当时全国唯一一天三次出版；当日报纸印量达330万份，创省、市级报纸单份发行量最多；当天彩印40版，创当时日报彩印之最；当天报纸采用照片400余幅，创当时日报采用照片之最；当天报纸采用统计图表400余幅，创当时日报采用统计图表之最；据该报后来报道公布数据，当天的广告收入达百万，是当时一些省、市级报（含都市报）一年的广告收入；由于当天的报纸有特殊纪念意义，在羊城街头想购报收藏者众多，创造排队购报人数之最。如果没有香港将在1997年7月1日回归这个预知事件，《广州日报》怎么能够创下这么多"最"呢？

发现新闻线索依赖于新闻敏感，大致可以从以下渠道获取：

（1）组织渠道——从党委和政府的文件、领导讲话、活动、部门工作安排里获得新闻线索。

（2）会议渠道——从各类会议获得新闻线索，特别是每年的"两会"和中共中央的会议，这是中国政治生活的大事，深刻影响我国的重要建议和决策很多都是从这些会议中产生的，因此我国的媒体对此都高度重视，有采访资格的媒体都会派出精兵强将采访，组织战役性报道。各地党委和政府的会议也是各地媒体最重要的新闻来源。

（3）媒介渠道——各种媒介，特别是网络、手机等新媒体。

（4）新闻热线——这里包括热线电话、读者来信、群众来访等，注意通过这种渠道收集反馈信息，加强与受众之间的联系，及时了解和分析群众中存在的问题。时下不少媒体都开辟了新闻热线、报料电话、电子邮件、微博、QQ和微信等，极大地方便了群众提供新闻线索，不少新闻媒体对群体提供的新闻线索根据价值大小进行不同程度的奖励，称之为"有奖征集新闻线索"。

（5）社交渠道——记者必须是社会活动家，广交各方朋友，构建自己的"关系网"，因为"多个朋友，多条路"，交往的面大了，朋友提供的新闻线索自然就越来越丰富。如 2008 年《东方早报》记者简光洲报道"三鹿"毒奶粉事件。

2003 年南昌大学新闻系硕士毕业后，简光洲来到上海，成为《东方早报》创办团队的一员。他在国内新闻部负责特稿，几年来写了很多有影响力的报道。

2008 年 9 月 11 日，《东方早报》A20 版以半版篇幅，刊登了他的长篇报道《甘肃 14 婴儿同患肾病　疑因喝"三鹿"奶粉所致》。一石激起千层浪，中国的乳品企业，食品行业，乃至整个社会都遭遇了一场前所未有的信任危机。

第一次看到兰州有 14 名婴儿出现结石病症的消息时，记者的职业敏感性让简光洲觉得这很可能是继安徽阜阳大头娃娃事件后又一起严重的食品质量安全事件。虽然湖北、甘肃等地媒体之前也有关于结石患儿的报道，但在提到患儿所食奶粉的生产企业时，都统称为"某企业"。尽管读者一再要求媒体披露致病奶粉的品牌，却没有一家媒体愿意公布该企业的名称。这些媒体的语焉不详，让他决定对患病婴儿展开追踪调查。

当所有的证据都直指三鹿奶粉时，简光洲犹豫了。是否直接点出企业名字？一方面三鹿是知名企业，拥有 150 亿元人民币的品牌资产；另一方面当他向三鹿集团求证时，得到的是对方信誓旦旦的保证：三鹿奶粉绝无问题。

然而，在兰州的医院里，简光洲看到许多父母哭着把不满周岁的孩子送进手术室；医生冒着被指责手术不当的风险为婴儿实施全身麻醉；患病婴儿接受治疗时不得不痛苦地忍受 5 毫米的管子从尿道里插进去；而护士们得在婴儿的头上多次寻找能够扎针的血管。这一切让他下定决心在报道中写出三鹿的名字。

发稿当晚，简光洲紧张得无法入眠：报道对三鹿公司而言肯定是致命的，甚至对中国食品行业都会产生巨大影响。尽管自己的报道逻辑性没问题，用词经过反复斟酌，也注意了平衡性，但是在质检结果没有出来之前，风险实在难以预料。自己可能会坐上被告席，甚至会被扣上"打击民族品牌"的罪名。年迈的父母也从老家打来电话关切地问道："这报道能不能不做？"简光洲回答他们："好多婴儿可能会因为这奶粉而死亡啊！"听了这话，电话那头的父母沉默了。

9 月 11 日稿件刊发，当天下午，简光洲就接到了三鹿公司的电话，"希望记者从网站上撤稿"。同时报社接到无数电话，要求他们撤下网站上的新闻。直到晚上 9 点多，三鹿公司宣布召回奶粉后，简光洲才如释重负。

如今"毒奶粉事件"已经成为社会焦点，但简光洲在博文中写道：我没有丝毫

的兴奋，而是有着诸多悲伤（不是悲哀），是对于一个有着悠久历史的知名企业的社会责任感的丧失，对于国内企业传媒关系上的"弱智"，对于媒体"社会良心"的失落。简光洲说："我不想去指责这些媒体，在生存就有问题的时候，良心的价值几何？"然而，在"首揭三鹿"的报道中，简光洲却做到了。当"毒奶粉"演变成影响广泛的社会公共事件时，人们要关注的其实远比单纯的食品质量安全多得多。

可见，奶粉有毒并不是简光洲首先发现的，而是他凭着新闻敏感从别的媒体的报道中发现了线索——导致儿童患结石病的奶粉很可能是国家免检产品、知名品牌"三鹿奶粉"。崇高的责任感和惊人的胆识驱使他毅然去采写这条爆炸性的新闻。结果，他成功了。

第二节　采访准备

采访准备，许多教材把它分为广义和狭义两种。从广义上讲，包括记者平时经常性地对政治理论、时事政策的学习，文字写作修养的提高，对各种专业常识的了解以及一切社会生活、知识的积累。这其实就是记者的知识、技能和素养，我们在"新闻报道写作的主体——记者"一章有详细的论述。这里我们也不把这看作是采访的准备。这里我们讲的采访准备是狭义上的，即发现新闻线索或接到采访任务之后，到进入采访前所做的具体准备工作。

一、采访准备的意义

采访都需要进行采访前的准备工作，采访前的准备工作是否做得好，会直接关系到采访效果，从某种程度来讲它的重要性和不可或缺性甚至超过了采访过程本身。具体来看，采访准备的意义表现在：

（1）凡事预则立，不预则废，新闻采访也不例外。

记者在采访前准备得越充分、越具体，达到目的的可能性就越大，反之，达到目的的可能性就越小。采访的目的是为了正确地认识客观世界，从而能动地反映客观世界。客观世界又是如此丰富多彩、错综复杂，要想正确地认识它，并准确地反映它，就必须有充分准备，才能达到预期目的。如果采访前没有准备或准备不足，往往事倍功半，甚至徒劳无功。前面已经讲过，采访活动作为一种调查研究，有其自身的特殊性。正是这种特殊性，使得新闻采访比一般社会调查具有更大的难度，因此要求记者应当加倍重视准备工作。

（2）做好准备，是接近采访对象的第一步。

如果在采访前对采访对象一无所知，或所知甚少，采访是不可能顺利完成的。1986年"金鸡奖"、"百花奖"大会期间，电影导演谢晋结合他刚在美国举办影片回顾展的经历，对中外记者采访前的准备工作做了对比，很值得我们新闻工作者深思。谢晋说："美国的记者很注意资料工作，善于在接触采访对象之前从资料中掌握有关情况，事先准备好提出的问题。他们采访时间通常不超过半小时，提出的问题简明扼要，角度独特，采访效率甚高。而国内的不少记者不大善于利用资料，采访提问大同小异，缺乏自己独特的角度。因而，常常要对记者从头讲一遍自己的简历。其实，本人的籍贯、年龄、艺术经历，只要一翻材料就全了……"

如果对采访对象没有了解就进行采访，遇到性格温和的也许他（她）不至于拒绝采访，遇到脾气大的，采访可能就会被立即打断或拒绝。如很多人都知道这个案例——英国著名影星费雯丽因扮演影片《乱世佳人》中的郝思佳一角而一举成名，获得奥斯卡金像奖。1961年3月8日，她飞抵纽约，庆祝世界名片《乱世佳人》复映。一个记者去采访她。记者问："您在电影中扮演什么角色？"费雯丽反问道："你看过这部影片吗，你看过那部小说《飘》吗？"记者回答："都没有看过。"费雯丽说："那就不必多谈了。"她无意和一个如此无知的人交谈。当时在场的美联社记者目睹了这一记者的窘状，写了一篇特写，在新闻界传为笑柄。

（3）做好充分的准备才可能使采访顺利进行。

著名剧作家曹禺1980年访美归来，发表过这样的感慨："在美国的那些日子，几乎天天要接待新闻记者。多的时候一天五六批。一般一次采访不超过半小时至40分钟，不能什么都问，搞'马拉松'式谈话。有一个《纽约时报》的记者，他只很有目的地提了几个问题，过后在报纸上发表了3篇文章。文章里谈了许多我意想不到的事，而且事实没有出入，材料准确无误。不难看出，他在采访之前是做了许多研究工作，看了不少书籍和资料的。这位记者的高效率就是建立在充分的采访准备之上。"

充分的采访准备有利于记者跟采访对象互动，从而做到提问准确和有效控制采访进程。水均益对基辛格的采访就是很好的例子。记者的控场能力，可以说一半来自其平时的经验，一半来自其采访前的准备。做好准备，能尽快拉近与采访对象的感情距离；做好准备，会使记者成为一个采访的快手；做好准备，有助于开拓采访的深度和广度。

二、采访准备的内容

采访前的准备大致包括以下方面：明确采访的目的；初步的主题和所需的主要

材料和细节；对被采访者的必要了解，如年龄、职业、性格、爱好等；对主要涉及事件的预先所知；采访的发动、制动和大致步骤；记录的方法和所需的器材。

（1）确定采访目的。

确定采访目的最重要的依据，是新闻媒体在一定时期内组织新闻报道的指导思想和议程设置，它体现着新闻报道的方向和意图，表明报道的目的、内容、范围、重点和要求，是记者进行采访活动的依据和出发点。如"十八大"后的新闻报道，主流媒体都是围绕它的精神贯彻和方针政策来解读的，不符合"十八大"精神的就不容易列入采访目的。

迅速而准确地确定明确可行的采访目的，是一个称职的记者具备的特殊素质。这种素质同新闻敏感一样，也是记者政治水平和业务水平的集中表现。因此，一个记者如果不了解党和国家的方针、政策，如果不了解当前社会的实际情况和群众的愿望，就不知道应该赞成什么，反对什么，强调什么，回避什么；同样，如果一个记者不懂得新闻工作的原理、特点、方法及其活动规律，就无法从新闻的角度去确定该采访什么、不采访什么，该抓什么问题、不抓什么问题，也就不可能确定正确的采访目的。由此看来，确定明确的采访目的，脱离实际、胡思乱想是不能办到的。

采访目的之所以重要，还在于它决定着采访对象的选取和采访中最重要的问题设计。比如，要采访某大学军训的经验，以便推广，那么，采访对象就至少有该大学的主管领导、军训教官、学生、相关教育专家等，问题的设计也应围绕军训的经验展开。

采访目的毕竟是主观的，起决定作用的是客观的新闻事实，随着采访的深入，记者获取的材料与原来设定的采访目的不符的情况也是有的。这时，就要改变采访目的，如原来准备通过采访进行歌颂的，采访后却发现采访对象问题很多，偏向以揭露为主。

（2）准备相关的资料。

有经验的记者在采访前都是很重视资料的准备的。我国20世纪30年代著名记者范长江有一个习惯，当年他每到一地采访，总是先搜集、查阅当地的地方志和史书。闻名世界的意大利女记者奥丽亚娜·法拉奇在每次采访前，总是用几个星期的时间做准备，阅读与采访对象有关的材料和书刊，还要做笔记，写研究心得。她说，每一次采访之前都要像学生准备大考一样，准备几个星期甚至一两年。从这些著名记者的经验来看，采访成功与否和资料准备是否翔实有着十分密切的关系。

一般情况下，采访首先需要准备的是文字资料。文字资料分直接的资料和间接的资料，所谓直接的资料，是被采访者自己所能提供的与其有直接关系的现成文字资料，如被采访者写的回忆、文章等。如果我们采访的是一个单位或某个部门，就应搜集与报道内容有关系的资料，如该单位的内部文件、档案记录、会议记录等。间接的资料，一般是指与采访对象有关的一切文字材料。如果我们进行体育比赛项目的报道，那么我们就要翻阅该项目的有关资料，如它的发展史、历史纪录的创造者以及各参赛队的风格、特点等；如果我们采访一个地方，除了要报道的内容外，翻看一下该地区的历史、地理、经济、民风民俗等资料，对写作也会有所裨益；如果我们采访的是某一个工程项目或生产企业，那么我们就要翻阅一下与此有关的专业书籍。这样可以避免说外行话，容易与被采访者找到共同的语言。

其次，采访准备的另一个重要内容，就是要围绕报道内容了解有关情况。从宏观上讲，就是要站在全局角度，掌握上级精神，党的政策，全局范围内出现的新情况、新问题、新动态等。这样有助于记者在采访时站得高、看得远、抓得准问题。因此，记者如果对宏观情况不甚了解，胸无全局，视野短浅，那么采访时自然无法站在全局的角度观察问题和分析事物，写出的报道就容易就事论事，缺乏深度。从微观上来说，就是我们要了解被采访者的历史和现状。如我们去采访某一个人，就要通过不同的方式，不同的渠道事先了解他的经历、性格习惯、特长等。

再次，进行与采访对象相关的知识准备。当今世界各种新知识、新信息层出不穷，因此要求记者做到"百事通"是不可能的，也不能等到掌握了各种知识以后再去从事采访和交流活动。所以，记者采访前的知识准备，大多是"临阵磨枪"，即一旦确定采访目标，立即突击进行知识准备。新华社原社长穆青同志访问奥地利，以散文式笔法写了一篇通讯《维也纳的旋律》，不知内情的读者以为作者很懂音乐。其实，据说这是作者在写作前翻看了许多音乐方面的材料，进行了比较充分的知识准备的结果。

当然，一个记者的文化知识素养，更重要的是靠平时持之以恒的积累。多读书，广泛涉猎各个学科的知识，注意收集和追踪新知识、新信息，还要时时关心国内外大事和社会上各种各样的事物，不断丰富自己的知识积累。只有这样，才能做到"养兵千日，用兵一时"，无论遇到什么样的突发性采访任务都能应付自如。

（3）进行采访预约，制订采访计划。

采访准备还有一个重要内容不容忽视，那就是选择并且知会被采访对象，商定采访的时间、地点，告诉其采访的目的。我们要设法让被采访对象与自己一起进行准备，让对方知道你采访的中心大意，这对一个成功的采访来说是十分必要的。通常这样选择采访对象：①最有发言权者——当事人；②知情者、目击者或一般参与者；③外围人——旁观者或听说过的人；④新闻人物的同事、朋友、亲人等；⑤与

采访的事实紧密相关的权威人物，如专家、官员等。

在新闻采访中，向被采访者问什么，怎么问，也是需要我们事先准备的。这种准备，即拟定采访提纲（有的叫采访计划）。这是在前几项准备的基础上，进一步落实采访方案，选择采访方向和突破的重要环节。采访提纲总的要求是，要尽可能详细、具体、实在、简明扼要。同一个问题，同一个事实和细节，要多侧面，多角度地去提问、考证和挖掘。采访计划的制订要围绕三个"确定"——确定采访顺序和活动安排；确定采访的主要方法；确定采访的主要问题及提问的顺序和方式。

在采访提纲的准备过程中，我们要善于把复杂的问题和过程"浓缩"成一个或数个简单的问题。这样，既便于对方回答，也可以节省被采访者组织自己思路和谈无用材料所花费的时间，以缩短采访过程。新华社记者郭超人在这点上曾有过成功的尝试。为了采访我国运动员突击珠穆朗玛峰顶峰的经过，他事先花了4个小时，认真研究了运动员突击顶峰的计划，拟定了一个详尽的采访提纲，把报道所必需的材料和细节一共列成20多个小问题。抓住运动员在医务室进行简单包扎和治疗的间隙，他见缝插针地采访，前后仅用了两个多小时，便获得了写作通讯《英雄登上地球之巅》所需要的材料。可见，从效果上看，只要问题准备得充分，采访时间的长短并不是决定采访是否成功的因素。

当然，采访前的准备有时由于某些特殊需要，还要做其他的准备，如物质方面的准备，采录设备是否完好，赴外地采访是否需要帐篷、电源、交通工具等。但总的来说，我们进行采访前的准备就是为了增强对报道对象的认识和了解，在采访时尽可能缩短主观认识和存在之间的差距，以在最短的时间内获得尽可能丰富、翔实、有价值的材料，使我们的采访获得成功。

第三节　采访的实施

一、与采访对象见面，营造和谐的采访氛围

采访是一种人际互动，如何切入采访正题，没有固定的方法。但是陌生人初次见面常常使用的一些打开话题的方法，在采访中也适用，如从谈天气切入，是西方人常用的方法。业界总结出了"拆墙"（有的叫"搭桥"）的技巧：记者和陌生的采访对象之间好像隔了一堵墙，或者像隔了一条河，采访开始前要把这堵墙拆掉，或在双方之间搭一座桥，以便双方能够互相接近，完成采访。这种拆墙、搭桥的艺术，就是记者迅速在感情上接近对方，缩短彼此距离，使双方尽快由"生"变

"熟"的交流技巧。常用方法有了解对方的兴趣、个性、生日、特长、籍贯，或利用同乡、同学等地缘关系，或对双方来说都有意义的某种实物，或熟人的引见，总之，尽量寻找双方的共同点，或为对方着想，都是可以使双方接近的"桥"，这在心理学上叫"一致吸引力"。

以下是意大利著名记者法拉奇采访邓小平的例子。

1980 年 8 月 18 日，法拉奇抵京，下榻在民族饭店二楼的一个小房间里。8 月的北京，正值炎热的盛夏。民族饭店那时尚未改建，二楼东边的房间内都没有空调，只配有一台立式电扇。法拉奇专门挑选了一个没有空调的东向房间，因为一般的外国人都不会住到这边来，有利于对自己行踪的保密。三天后的上午，在人民大会堂，法拉奇和邓小平首次会面。作为经验丰富的资深记者，法拉奇落座伊始，就先把录音机放在茶几上，然后亲切地问邓小平："明天是您的生日，我首先祝贺您生日快乐！"

邓小平略感惊奇："我的生日？明天是我的生日吗？"

"是的，邓先生。我是从您的传记里得知的。"

邓小平幽默地笑了："好吧，如果您这样说，那就算是。我从来不知道我的生日是哪一天，而且，如果明天是我的生日，您也不应该祝贺我：那就意味着我已经 76 岁了。76 岁的人已是江河日下了！"

"邓先生，我父亲也 76 岁了。但是，如果我对他说 76 岁的人已是江河日下，他会扇我几记耳光的。"

"他干得好！不过您不会这样对您父亲说的，对吗？"

采访就这样在轻松的氛围中开始了。法拉奇驾轻就熟地搭好桥，给双方营造了一种轻松和谐的采访环境。接着法拉奇切入正题，她的提问首先围绕对毛主席的评价展开："过去你们到处都是毛泽东画像，这次我来，只看到了 3 张毛泽东的画像……"

可以说这个开头是非常成功的。但是并非所有的采访都要像这个采访一样，先通过闲谈，营造一种和谐轻松的氛围，再切入正题。有时候必须开门见山，单刀直入。

水均益采访基辛格的开头就没有任何寒暄和预热，而是非常尖锐地直接提问：

"基辛格博士，在冷战结束前后的这些年，国际关系显然发生了很多变化，您认为冷战结束后中美两国是一种什么关系？我们是朋友呢还是敌人？"

这个是水均益和"盖导"、方宏进商量后决定问的第一个问题。基辛格是一位风云人物，也是一位面对过无数记者的行家里手。因此，问题一提就要"狠"，要

让他意想不到。这样他才会认真对待坐在他对面的这个"小记者"。

听到这个问题，基辛格没有马上回答。

他从刚才斜靠着沙发扶手的姿势中稍稍坐正了一点。他举起右手，用一个英文里常用来帮助说话人思索的语气词"Well"开始了回答：

"应该这么说，即使是在冷战时期，中国也是处在一个很特殊的地位。美国在那个时候和共产主义是对立的。但是从政治上讲，我们同中国是友好的。现在我们两国在意识形态领域和政治制度上有很多的不同，但是我们在政治上的友谊仍然是有基础的。我相信在冷战之后，中美两国仍然可以在这个基础上进行合作。"

"从基辛格的眼神和语气里，我感到我这第一问略微让他有一点意外，也让他对我戒备了起来。他大概意识到我可能还有一个更'狠'的问题跟在后面。当我紧跟着问我第二个问题时，基辛格听得格外认真，不住地点头。"①

二、采访中的提问

前面讲过，面对面的个别访问是最常用的新闻采访方式，而这种采访方式主要是靠记者的提问和被采访者的回答来共同完成的，记者是否善于提问，关系到采访能否获得预期的信息。可以说，是否善问，是衡量记者水平高低的重要标准。

（一）采用适当的提问方式

面对不同的采访对象和处在不同的采访情境，记者应该采取不同的提问方式。比如，对可能经常接受采访的对象和对较少接受采访的对象，提问的方式是有区别的。常用的提问方式有以下几种。

（1）正面问。

也被称为开门见山法，就是直截了当向采访对象提出体现采访目的的问题，不预热，不绕弯，采访对象一听就知道记者需要了解什么。前文水均益采访基辛格就是这样的提问方法。这样的方法适用于熟悉媒体、受教育水平比较高的人，或者采访对象接受采访的时间很短促的情况。

（2）反问法。

或称为激将法，指采访对象不愿意回答，或根本不愿意接受采访时，记者从相反的方向提出问题，迫使对方不得不回答或不得不接受采访。美国著名记者埃德加·斯诺在1936年到延安采访毛泽东，要他谈谈自己的经历，起初毛泽东不愿意接

① 水均益. 老谋深算的基辛格. 李元授，谈晓明，李鹏. 知名主持人妙语评点（上册）. 武汉：华中科技大学出版社，2005.7～8.

受采访。斯诺便使用激将法向毛泽东介绍了外界对中国共产党的种种看法,其中许多是污蔑,比如说共产党人不近人情,不但烧杀抢掠,还共产共妻。毛泽东为了纠正外界对中国共产党的谣传,接受了斯诺的采访,还谈了很多自己的经历。

(3) 侧面问。

又叫迂回法,指记者无法从正面提出问题,获取信息,转而从侧面入手,谈一些其他问题,再回到要问的问题上。这种方式一般适用于对付不善于谈话的人,或者是见了记者就很紧张、感到拘束的人,或者是有思想顾虑、不愿交谈的人。对于不善于言谈和不习惯接受记者采访的对象,可以从他最熟悉、最关心、最感兴趣的事情和问题问起。

有位记者在采访一位村党支部书记时,总想让其谈谈自己廉洁自律的故事,但该村支书很谦虚,总是不好意思地一个劲儿解释说:"哪能自己夸自己。"如果村支书不说,记者的采访内容就有缺陷。怎么办呢?那就按支书感兴趣的话题谈吧,兴许能从中找到有价值的信息。打定主意后,记者专心地听支书讲加强村基础设施建设的"精彩故事"。当他说到自己亲自监工路面硬化场景时,记者的灵感来了,就有了下面的对话:

记者问:"你整天泡在施工现场,顾不上照管有病的老伴,就不怕落埋怨?"

"不仅老伴埋怨,还往里多搭钱呢!"

"为啥?"记者追问。

"没人照顾的老伴一生气,病情重了,又多加了一顿药吃。你说能不多搭钱吗?"支书回答。

"吃这么大亏,你干得还挺卖力,图啥?"

"要是图挣钱,我早就发了。"支书突然冒出了这么一句。

"怎么个发法?"记者紧问不舍。

"就拿硬化路面来说吧,我还得罪了不少人。有的人半夜敲我家门送两万块钱想揽工程,都被我撵了出去……"支书就像老朋友聊天一样,详细地诉说着自己拒绝腐蚀的幕后故事。

迂回法虽然在采访效率上不占优势,但能避免因贸然出击而与采访对象冲突对立的风险,在平和曲折中获得丰富生动的事实,从而较好地实现采访目标。

(二) 提问的技巧

前面讲的提问方式其实也涉及提问技巧,不过以下所讲的是从问题内容的构成方面谈提问技巧。

（1）提问要具体。

已列入新闻界最没技术含量的提问行列的有"请你谈谈感想"、"你当时怎么想的"、"你感觉如何"等。这样的问题只能使采访对象抓不住问题的要点而作泛泛的或言不由衷的回答，而这些笼统的大问题会给人造成记者没有思想、肤浅、无知的印象。而具体简洁的提问不仅使人了解新闻事件本身，还能给人带来更多的信息，同时也可树立记者的良好形象。

1983年，中国新闻代表团访问日本。在某中学访问时，一位记者问在座的日本中学生："你们对中国有什么了解？"日本学生面面相觑，无从回答。代表团长安岗把话接过来，问：

"你们知道中国的长江吗？"答："知道。"

"你们知道孔子吗？"答："知道。"

日本学生之所以无法回答第一位提问者的问题，就是因为他问得不具体，而安岗就问得很具体。

（2）提问要有逻辑。

提问要符合人的认识和事物发展的规律，由浅入深，由表及里，由现象到本质，层层递进。从采访的目的性出发及事物的逻辑性出发，记者的提问也要有逻辑性，既不能东一榔头、西一棒槌地零打碎敲，也不能大问题铺天盖地，不着边际。记者应该根据所作题材的主题，事先设计好要提的问题，然后按照事件发展的逻辑关系，排列好这些问题，即使在采访交流过程中问题被打断，只要记住逻辑关系就能提出下一个问题，这样才能让受众条理清晰地了解新闻事件的来龙去脉，了解新闻事实本身。而有许多刚刚从事新闻工作的记者或主持人，往往在采访提问中不知道该问什么，或问完了一个问题就不知道下一个该问什么，或在采访交谈中被采访对象牵着鼻子走，丧失了主动权，甚至不能完成采访任务。

中央电视台《面对面》是主持人与被采访对象一对一的访谈节目。节目中，主持人与被访者的交谈时间是40分钟，节目主要靠谈话吸引观众，因此，主持人的采访对节目的吸引力是非常重要的。有一期节目叫《拯救相声》，当时的主持人王志的提问显示了严密的逻辑性和对采访主题准确的把握能力。节目的被访者姜昆可谓是相声界的领军人物，有很高的声望和威信，但在采访的时候，主持人并没有拿他的身份或者威望说事儿，而是就事论事，直接从相声在春晚的地位说起。节目中王志说道："很久以来，观众的印象是哪台晚会上少了相声就不能称其为一台晚会了。"主持人开门见山地提出这个观点，然后由姜昆自己说出相声在春晚的分量越来越少，但是并没有对相声的现状作一个明确的答复。于是王志又接着让姜昆说出他对目前相声的评价，"不尽人意"是姜昆作出的回答。在这里，主持人从正面印证了相声的现状。相声的现状引发姜昆对目前老一辈艺术家的哀叹，呼吁保护相声，说很多观众不理解艺术。但是主持人仍然没有跟着被访者的思路走，而是站在观众的立场上提出质疑："但是观众永远需要笑声，需要欢乐。"姜昆对此得出了"观众是最有义也是最无情的"的结论，从两方面客观地评价了观众。但是主持人仍然没有被被访者的结论牵制，而是站在观众的立场上追着问："这种状况是不是意味着相声已经进入到了被保护的境地，它会消亡么?"直接提出了相声的出路问题。至此，被访者不得不提出"将相声写进保护遗产"的提议。主持人又从侧面和反面证实了相声的现状问题。由此可以看出主持人对问题的分析和把握是非常到位的，他分别从正面、反面和侧面来证实目前相声的现状问题，使得相声的现状不知不觉就深入观众心中了。可以看出，王志的采访很有逻辑性。整个节目的逻辑是这样层层铺展开的：现状（不尽人意）—原因—出路。而在每一个环节中的采访也是层层深入的。主持人和被访者首先从几个不同的侧面谈到了相声的现状问题，然后在说到原因时姜昆提到了五种"浮躁"，即创作者浮躁、舞台浮躁、媒体浮躁、观众浮躁和演员浮躁，主持人和被访者又分别从这五个方面讨论了相声不景气的原因。最后便是谈相声的出路问题，分别从回归剧场、开办补修班和去掉演员身上的浮躁三方面讨论了相声的出路。

（3）提问要尊重对方，要有交流感。

提问要尊重对方，亲切自然，尽量口语化，增强交流感。采访本身就是一种交流，而交流得好与坏的前提，就是双方在交流过程中是否平等。试想谁愿意和一个需仰视的人交流？这就要求记者在采访过程中一定要尊重被采访者，一个是态度上的谦恭，另外一点就是要尊重对方的隐私或避免触及被采访者心灵的伤痛。美国《读者文摘》曾刊登过一位终日奔波事业的女记者的文章，她说："我讨厌看到屏幕上，电视台记者把话筒直戳到那些刚经历了一场大难的伤心人的脸上去提问的镜头，因此我拒绝正面采访悲剧的主角，应通过别的手段来揭示故事的悲剧性。"而我们的屏幕上，有的记者面对父母离异的孩子会去问："你想妈妈（或爸爸）吗?"这类揭伤口疤疤似的问题不仅令人反感，也影响宣传报道的效果。还有一家地方台做了一篇舍己救人、见义勇为好少年的深度报道，其中，有一段对少年英雄父母的采访，记者的提问是："你想孩子吗?"结果，少年英雄年近半百的父母未语泪先流，让人不忍心再看。另外，在提问时一定要注意提问的语气，既不卑不亢，又亲切自然。交流是双向的，因此提问的语气就要有征询的口吻，如果语气生硬，就会给人以居高临下之感，从而避之千里，哪里还有交流？即便是迫于某种压力或碍于面子，也

是应付了事，不会和你说真心话。

（4）提问力求简洁明快。

问题既要明白无误，让人容易理解，又要注意简练，切忌啰嗦。比如：

"州长大人，您的两个高层助手已经辞职，整个州的花费高出预算几百亿，根据最新的财务计算，税收至少减了11个百分点，而且您的决策总有些负面作用，反对党正呼吁您辞职，民意调查显示您的受欢迎程度已经下降到37%——在这样的情况下，您怎么可能对自己在明年秋天选举中的连任还如此乐观呢？"

口语的线性传播方式决定了对问题的陈述不能太长，否则采访对象将记不住你到底要问什么。上面这个提问让州长几乎无法回答。

这个例子是陈述引题，即先陈述跟问题有关的某些背景事实，或采访对象说过的话或观点，再引申出一个问题。但是它陈述得太啰嗦。

陈述引题多用在采访活动开始。这种提问方式，便于采访对象弄清楚记者的采访目的。先陈述后提问也可避免直接提问的唐突和生硬。陈述也是一种表白，将采访对象的情况通过记者的嘴说出来，会让对方知道记者的采访是有准备的，采访之前对自己多少有一些了解。先陈述限制了对方回答的范围和角度，使对方的回答更集中，更得要领。但是要避免陈述得太长，以致采访对象记不住记者讲过什么，从而转移注意力。例如：

"××校长，您认为造成目前我国高校相当部分教职工不安心学校工作而纷纷想调到其他岗位，相当部分学生整天逃课甚至纷纷退学而去经商以致学校的教学秩序日趋混乱的主要原因是什么？"

记者说得上气不接下气，听的人也很难明白记者问的是什么——除非这是书面采访。

（5）恰当运用开放式提问和封闭式提问。

开放式问题是比较宽泛的，为回答留有足够的余地，如让对方回答"为什么"和"怎么样"的问题，通常是开放式的；封闭式问题通常都很具体，当然也需要对方的回答足够具体，最常见的回答就是"是"或"否"。例如：

开放式：

您能不能说说自己的情况？

肯特先生，您在经历了七次失败的婚姻后，对婚姻制度有什么看法？

卡特长官，您对立法机关提出的减税方案有什么看法？

封闭式：

卡特先生，您要否决立法机关提出的减税方案吗？

警官，导致受害者毙命的是什么武器？

司令，舰队要被派到哪里去作战？

有的问题介于开放和封闭二者之间，例如：

福格议员，我了解到，昨天晚上您与总统在海外援助的问题上发生了意见分歧。这是怎么回事？

"封闭式"提问逼迫采访对象回答"是"或"否"。其特点为：①提问具体，范围严格，利于对某一问题作明确回答。适用于解释性新闻的采访。②留给对方回答的自由余地较小，限制对方扩散发挥。便于记者对某个事件或某人的观点进行追问。"开放式"提问对采访对象回答没有限制，求得采访对象畅所欲言。其特点为：①提问概括，范围限制不严，给对方充分的自由发挥余地。②谈感受、谈经历。③谈话节奏舒缓，气氛较轻松。

设计"开放式"提问应该坚持开放度尽可能小的原则，太漫无边际既可能让人无从回答，也可能离题万里。对一时还不能集中注意力的采访对象，记者可以用笼统的"开放式"提问开头，让采访对象在不经意的回答中慢慢进入状态。一些比较激烈话题的采访，也可以用一个含义广泛的问题开头，然后缩小话题，最后进入正题。这样对方不会一开始就抱有敌意，对每个问题都不肯畅所欲言。对一个熟悉的采访对象，或者对一个工作繁忙的采访对象用"开放式"的提问开头，效果可能恰恰相反，他会以为你的采访没有准备，你将占用他许多时间。对于这类人更宜用"封闭式"提问直接进入采访主题。

三、采访中的观察、倾听和记录

采访并不仅仅是我问你答，除了记者的提问和采访对象的回答，记者还需要观察采访对象和现场环境，认真仔细地倾听对象的回答，记录采访对象提供的信息（包括记者自己某些心理活动，如对某些信息的疑惑）。

（一）采访中的观察

观察可以是一种独立的采访方式，即记者用视觉器官（有时兼用嗅觉、触觉等器官）对新闻事实进行观察，也就是用眼睛进行采访，从而获取信息。在某些无法提问的场合只能用眼睛观察，从而完成采访，如体育比赛、地震海啸等自然灾害、文艺演出的现场等。观察也用于面对面采访，记者在采访时要正视采访对象，观察其眼神、穿着、神态、动作等，以便采取相应的策略，控制采访的进程。如水均益采访基辛格时对他的观察："从基辛格的眼神和语气里，我感到我这第一问略微让他有一点意外，也让他对我戒备了起来。他大概意识到我可能还有一个更'狠'的

问题跟在后面。当我紧跟着问我第二个问题时，基辛格听得格外认真，不住地点头。"①

观察的内容包括：人物的言谈举止；事件的完整过程；新闻现场的典型环境。

观察时要注意：

（1）明确目的。观察哪些对象要与采访目的相符。报道一个人或一件事，与旅游、参观等活动观察的目的不同，观察的重点也不一样。目的明确后，才能有效地把注意力集中起来，指向一定的观察目标。因此，每次到现场之前，记者一定得先用大脑思索一番：我这次采访是为了什么需要而观察？到现场后应重点观察哪些事物，哪些人物，哪些环境……否则，毫无目标、漫无目的地随便看看，就不会观察到真正需要的东西。

（2）抓特点。记者进行现场观察，应有一双目光犀利的"新闻眼"，与非新闻职业的人相比，关注的是寻找、发现新闻信息，是客观事物具有新闻价值的特征。有比较才有鉴别，俗话说："不比不知道，一比吓一跳。"现场观察中如何抓住事物的特征，这就不是仅用眼睛所能解决的问题，而必须通过比较，同中求异，从共性中找出个性，继而达到对事物认识、反映的目的。也就是说，要顺应观察的程序，即先面后点，抓取特点。如果采访对象是人物，就要观察人物外部特点及显示的精神世界；如果是物，就需要观察物的特点，如数量、形状、质地等。在许多新闻报道中，我们常常可以看到"记者看到"、"记者发现"之类的句子，这表明这些信息的来源是记者。如果观察不精细，就无法在新闻中向读者提供准确的信息。

（3）选好观察点。这个观察点要让记者能够清楚、完整地看清对象的全貌和全过程。首先要掌握一定的明度（摄影、摄像记者尤其必要），以获得较好的感受效应；其次，要选择适宜的视角，增强视觉的敏锐程度，记者与观察目标应正面相对，尽量接近观察目标，缩短视觉的空间阈限，避免听觉刺激对视觉的干扰。

（二）采访中的倾听

面对面采访不是以记者问为主，而是以采访对象说为主，怎么能让对方按照记者的采访意图多说是采访的目的，因为采访的根本目的是为了获取新闻信息。只有记者专心聆听，对方才会愿意说，如果记者抱着自己准备好的问题只想问，或埋头记笔记，让对方感到没有交谈对手，都会影响采访对象的谈兴。记者只有专心聆听，并且恰当地与之呼应，才能让对方说得更多。

---

① 水均益. 老谋深算的基辛格. 李元授，谈晓明，李鹏. 知名主持人妙语评点（上册）. 武汉：华中科技大学出版社，2005.7～8.

采访中会碰到答非所问的情况，有时候是采访对象没有理解记者问话的意思，有些人是故意讲套话来掩饰自己的真实想法，也有的是他讲得高兴，把话题扯远了。这时候记者再一味地聆听就不对了。记者首先是一名听者，但是，同时也是一名"问者"，"听于所当听，问于所当问"，掌握采访中交谈技巧的关键正在于此。美国著名女主持人奥普拉·温弗瑞电话采访州立感化院一名猥亵儿童者，采访了一小会儿，她就表示了对这位犯人的蔑视。犯人反抗道："你根本就不让我说话。"主持人喊道："你真是卑鄙无耻！"观众爆发出响亮的掌声。主持人的表演很精彩，但是这样的采访非常拙劣。①

采访中应该怎样正确地倾听？

无论是什么样的倾听，只要听者不想遗漏说者的信息，都必须集中精力倾听，新闻采访中的倾听也一样。除此以外，记者在倾听中要把握自己的目的，在与对方对话的同时，要考虑谈话的主题、能够达到谈话目的的方式方法，以及如何通过自己的话语使主题清晰。具体来说，记者需要注意如下方面：

（1）应经常给对方自己在"倾听"的信号，适时插话。

比如"是吗"、"嗯"等这些信号，这些语言反应看似无足轻重，实际上大有用处，它表明了主持人正在认真倾听被访者说话，传达了对被访者尊重和理解的信号，从而鼓励被访者的言谈兴致，使被访者容易敞开心扉。另外还需要适时插话或追问，甚至要做记录。

（2）记者的思维要走在采访对象前面，一边倾听一边思考。

记者对倾听到的内容要充分理解分析、去粗取精，留下有价值的信息；在与对方对话的同时，始终考虑谈话的主题，以及如何通过自己的话语使主题清晰；要掌握快速思考的能力，比如，对方讲的与记者在采访准备阶段了解的信息是否吻合，准确性如何，怎么把对方跑偏的话题拉回来等。

2013年4月22日中央电视台"看见"栏目播出一期节目《北大屠夫》，讲的是陆步轩从北京大学毕业后成了一名当街卖肉的屠夫的故事。柴静在节目中，听完陆步轩关于尊重知识分子的回答后，进一步提问："你一直在心里还是把自己当作一个知识分子？""对"陆步轩说，接着他扶了一下眼镜，并且说，"说到这儿我很动情……"然后就是目光凝视前方。为什么陆步轩会如此动情，因为柴静与他的对话触动了他心灵深处最柔软的部分。正是柴静学会倾听并给自己留下了思考的空间，才不露痕迹地把主题步步引向深入，自如地驾驭了现场。

---

① [美] 肯·梅茨勒. 创造性的采访（第3版）. 李丽颖译. 北京：中国人民大学出版社，2004. 10.

（三）采访中的记录

记者应该将采访中的所见、所闻、所感的新闻素材，真实准确地记录下来。记录要解决记什么和怎么记两方面的问题。

1. 采访记录记什么

（1）记要点：事实的关键处，比如除了时间、地点，还有事实的原因、转折点、结果等。

（2）记易忘点：时间、地点、人名、数字、术语等。

（3）记疑问点和记者自己的思考：遇到与记者掌握的信息不符时，要记录下来，等采访结束时向采访对象核实，或向其他知情者咨询。

（4）记采访对象的特征和有个性的语言。人物的原话需要保持原样，一般不允许修改或加工，因此记录的时候尤其要准确。

2. 怎么记

采访记录的方法大致有心记、笔记和录音录像记录几种，这里主要讲心记和笔记两种记录方式。

（1）心记。心记有利于记者和采访对象自然融洽地交谈，全神贯注地观察对象、思考问题。但也有它的不足：容易忘记、造成不准确。

有的采访多种记录方法并用，有的情况下只能用心记。以下情况用心记：采访基层群众时；采访稍纵即逝的新闻事实时；不便于采用笔和纸作记录的，如遇到突如其来的新闻事实；对于不接受记者采访的对象（也就是在暗访时使用）。

心记的技巧主要有：观察越细致越容易记忆；注意力越集中越容易记住；反复记忆和背诵。

（2）笔记。记者既要会心记，更要会笔记。笔记是记者的基本功。从形式上说，笔记有详记、简记和缩记。记录完毕要及时整理笔记，盘活材料。

第四节　采访的核实

真实是新闻的生命，新闻失实之所以层出不穷，原因很多，如有的记者和媒体为了吸引受众的注意力故意造假（如前几年轰动一时的"纸馅包子"假新闻），有的不是故意造假，只是采访不深入，把人名、地名、时间、地点、数据、细节等弄错了，或者张冠李戴，这本来是可以避免的失实。新闻采访是新闻写作的基础，也是整个新闻传播活动的起点，因此，人们常说"把新闻失实消灭在采访阶段"，这是非常正确的。因此，核实是新闻采访必不可少的关键环节。

那么，新闻采访从哪些方面进行核实呢？

（一）核实新闻来源

记者报道的事实主要来自信息源，而通过信息源，记者将事实的真实情况还原于受众，让受众知晓当时发生的一切。当记者需要选取可靠的新闻线索作为事实的判断时，可以采取"多源求证"。"多源求证"是核实新闻素材的一个重要原则，即要通过两个或两个以上与事件无关的独立消息来对新闻进行核实。消息来源应该是了解新闻事实并且敢于负责的人，许多新闻失实的发生，问题就出在消息来源上。西方新闻界强调"要把事实差错消灭在采访阶段"。在验证材料时，他们主张"三角定位法"，即要确定一个事实的真伪，要通过三个信息来源核定，也即说话的当事人、对立面和中立方。美联社、路透社要求报道有多个消息源；消息源之间相互验证；消息源彼此独立。只有在很少的情况下使用一个消息源，即他是个权威人物，而他提供的信息非常详细以致其准确性毫无疑问。譬如，记者若要写一篇关于经济犯罪的报道，得到罪犯本人亲口承认的事实后还不行，还要找有关警察提供第一手侦查材料，还要采访从事经济工作的专家，以验证这些犯罪事实的可能性和可信性。这三方面的事实是一致的，那么，事实才可以确定，若缺"一只角"（一个信息来源），则不能确定其真实性。如果新闻事实涉及人，那么首先是找当事人核实，如2002年6月27日，《新快报》刊发报道《意韩赛主裁惨死于乱枪？》称："据中央电视台网站体育频道'网友评论'栏消息，厄瓜多尔国家电视台当地时间6月23日晚8时报道：在本届世界杯赛中执法意大利与韩国一战的厄瓜多尔籍主裁判莫雷诺，于当地时间23日晚6时左右在厄瓜多尔首都基多被人连开数枪后当场死亡，终年33岁。"报道还附有莫雷诺惨死车中的照片。一时间，此报道引起中国球迷的广泛关注。

人民网编辑立即进行多方核实，结果发现厄瓜多尔当地各大新闻传媒都没有报道此事，世界各大新闻网站也没有相关报道。当天，人民网发表《"厄籍主裁被杀"一事纯系无中生有的谣言》一文，肯定此报道是无聊之人编造的假新闻，而照片也是从别的新闻报道中移花接木而来。7月5日，中国新闻网报道："莫雷诺在接受《海峡时报》的长途电话采访时说，他正在和家人于美国度假，根本没有受到任何生命的威胁。"

如果无法找到当事人，就找知情者核实，就算这两方面的人都核实过，记者也要尽可能到新闻现场核实。

（二）对采访得来的材料进行分析

记者根据采访到的新闻素材，推敲其在逻辑上是否存在矛盾，或者是否存在有

违常识的疑点，或者跟查询到的背景资料有不同之处。如果在努力核实之后仍无法解决，不能自作主张地选择自己偏向的"事实"，应该向当事人核实，或进行补充采访，或直接向读者展现可疑之处。比如，2002年让我国媒体热闹了一番的"埃及千年女木乃伊怀孕"的新闻（直到2012年还登在国内不少网站上），其实，只要用常识来推敲就会发现它肯定是假新闻——木乃伊已经过古代人为防腐处理，其大脑、内脏均已拿掉，人体活的细胞已不复存在，而且木乃伊只有在干燥的特定自然环境中才能存在，怎么可能受孕？"怀孕"必须具备几个最基本的条件，女性卵巢功能正常、正常体温，以及维持胚胎生命的液体、激素等，而木乃伊只是一个"标本"，已经没有生命了，根本不能提供怀孕的基本条件，又怎么会怀孕呢？其新闻来源是美国《世界新闻周刊》，这是一份专门编造荒诞故事博读者一笑的"超级市场小报"。记者和编辑只要从常识出发进行推理，并且咨询相关专家，就完全可以不被这种明显不合常理的低俗新闻蒙骗。

（三）去新闻现场核实

记者常常以"当新闻发生的时候我在现场"自励。新闻界之所以如此重视新闻现场，是因为现场对新闻具有极端的重要性，记者可能在现场感受到新闻事实的各种信息，比如，某化工厂爆炸，记者在现场就可能看到爆炸后的滚滚浓烟、惊慌失措奔跑的人群，嗅到化工产品的刺鼻气味，听到噼噼啪啪的爆炸声……记者到现场和不到现场，采访到的新闻信息是大不相同的。当然，大多数新闻事实都不是记者现场采访得来的，记者是否还需要去新闻现场呢？回答是肯定的，哪怕是事后采访，记者也要去现场。无论是采访还是核实，记者亲自赴现场都具有重要意义：

（1）记者赴现场观察和核实既可以获取第一手材料，也容易判别新闻的真伪。在现实生活中，许多新闻报道失实，或是人们感到可信性程度不强，其主要原因之一，是记者仅凭采访对象的口头介绍或摘编文字简报进行报道。记者没有到现场去看个究竟，没有获取新闻现场的第一手材料，心里就不实在；心里不实在，笔下就不实在，所以报道的可信度难免不高。若是得到消息之后再去新闻事件发生的实地看个究竟，事实的真伪就容易验证，笔下的新闻报道就能具体、实在，人们也就信服了。如2002年的关于著名女演员刘晓庆在狱中住单人房、有空调和卫生间的假新闻，记者只要到刘晓庆羁押的监狱进行现场采访，就不会有这条假新闻出笼了。

（2）记者赴现场采访和核实，能把握新闻信息的全息性。比如上文中化工厂爆炸的例子，记者如果在现场采访和核实，就能把看到的、听到的和嗅到的各种信息捕捉住，进而传播给受众。这种全息性大致相当于新闻业界津津乐道的现场感。新闻报道追求的现场感，离不开记者在现场的采访和核实。

（3）记者现场采访和核实可以获取直观感受，使新闻报道具有真情实感。无论是采访新闻人物，还是采访新闻事件，对人、对事、对物、对现场环境的直接观察，有时会使记者"触景生情"，获得真切、具象的感受，得到真实、生动的新闻写作材料。这样的报道往往能以真挚的情感打动受众，感染受众，让受众仿佛亲临新闻现场一般。

思考与练习

1. 自己写出 5 条新闻线索，并且说明理由。

2. 从以上线索中选择一条，制订采访计划，进行采访准备，完成采访，做好采访记录。

3. 用观察的方法完成一次采访，写一篇目击新闻。

延伸阅读

［美］肯·梅茨勒. 创造性的采访（第 3 版）. 李丽颖译. 北京：中国人民大学出版社，2004.

第四章 新闻报道写作的基本要求

新闻写作作为一种实用写作，与文学写作、历史写作和公文写作既有联系，又有区别，要遵循不同的要求。新闻写作要求真实、客观公正、用事实说话、追求时效。

第一节 真实性及其文本策略

真实性是新闻的生命，保障新闻的真实性是新闻写作甚至整个新闻传播过程的第一要求。这是一个老生常谈的话题，但是，落实到新闻写作层面，新闻的真实性其实还涉及一系列的文本策略。

一、新闻真实性与真实感

新闻的真实性，通常是指在新闻报道中的每一个具体事实和细节，必须与客观实际相符，要求新闻信息所承载的新闻要素包括时间、地点、人物、背景，事情发生原因、经过、发展和结果的情节描写，以及人物的语言、心理活动、思想变化都必须经得起核对、有据可依。为了保证新闻的真实，在业务方面大多是要求记者进行扎实深入的采访，在写作时，要求保证各种事实要素真实，有采访依据。但是这并不够，比如，有的事件的确是真实的，记者也进行了扎实的采访，但是写成的新闻却给人以不真实的感觉。这就说明，除了采访要扎实，要让读者有真实感，还涉及一系列的写作策略。在新闻传受过程中，受众绝大多数情况下并不可能真的去核实新闻是否真的与客观事实相符，而是凭着自己的学识、生活经验和对新闻的认识来判断新闻是否真实。也就是说，新闻真实性在受众那里通常体现为真实感，而新闻的真实感，是指受众通过对新闻信息的各种表现形式如文本、图片、声音、录像等，获得新闻信息后所产生的一种主观感觉，是读者在阅读时对新闻是否真实、真实程度如何的感受与判断。那么，这种主观感觉事实上主要取决于作者对新闻陈述及信息的内在结构与表达方式等因素，当然也与读者的知识背景、个人经历、心理状态等有关。也就是说，新闻真实感的建立与新闻传受两个主体都有关系。这一点，

一些研究者已经有所意识。

"真实是人们评价新闻的主要标准。当然，就新闻话语（新闻报道都是话语——引者）本身来说，它不可能达到'真实界'，它只是培植一种'真实性效果'，或者就新闻文本来说，真实，更接近的意义是可信。"①

什么是可信？无非是读起来、看起来像真的，判断的标准无非是合情合理。因为受众在阅读新闻的时候，都是根据自己的经验、学识等判断其真实程度，绝大多数都不会去核实报道的真伪。

台湾学者翁秀琪、钟薇文等认为，"所谓新闻报道必须'真实'，事实上是包括至少两个层次的意义。在第一个层次上，它牵涉的是这个事件有没有真的发生过的问题，考验的是记者查证的功夫。新闻报道必须真实的第二个层次指的则是，记者以事实语言的方式来呈现事实。所谓事实语言是指在一特定语言社群中，被用来表示事实的特定语言机制。例如，为了表达他们对自身所报道事件的相信程度或态度，记者可以对构成新闻报道的诸因素（人、时、事、地、物等要素或新闻价值）进行选择和排除，以决定新闻事实以何种面貌呈现在受众面前。因此，新闻报道既是记者对客观事实的陈述，又表现出主体对客体的认知和态度。当这种认知态度与社会集体对事件的认识相契合时，新闻真实便被社会大众认可，进而影响社会大众对认知社会事实的心理预设。"②

这里的"新闻真实便被社会大众认可"也是可信性的问题，同样说明新闻真实的形成既看传者是否传播了真实的事实，传播的策略和技巧如何，也看其传播是否与受众的认识相契合，关涉两方面因素。

理论家们对于与新闻相似的历史的真实性也有类似看法。比如，有的认为记录过去发生的重要事实的历史，也不过是一种叙述话语，也不能呈现历史真实，而只是给人以真实感。如罗兰·巴特认为，历史话语不可能到达"真实界"，因此，它只是培植一种"真实性的效果"。卢波米尔·道勒齐尔进而认为，历史像现实主义小说一样，"它们的'真实'来自精心的叙述、讲究的章法和大量的扩充（这里指所谓的'具体细节'）"。③

这些不同的说法，启发了我们对新闻真实的新认识：新闻真实在受众接受的层

---

① 黎明洁. 新闻写作与新闻叙述：视角·主体·结构. 上海：复旦大学出版社，2007. 227.

② 翁秀琪等. 似假还真的新闻文本世界：新闻如何呈现超经验事件. 陈龙. 传媒文化研究. 北京：中国人民大学出版社，2009. 152～153.

③ 卢波米尔·道勒齐尔. 虚构叙事与历史叙事：迎接后现代主义的挑战. ［美］戴卫·赫尔曼. 新叙事学. 马海良译. 北京：北京大学出版社，2004. 179.

面表现为真实感，新闻真实感与受众的认知有关，新闻真实感的获得离不开相应的文本策略。

所谓文本是写作主体通过语言、声音、图像或它们的复合体，按照一定的程序写作或制作而成的、可以感知的作品。在我国，新闻文本有消息、通讯（含深度报道）和新闻评论，消息和通讯是新闻报道文本，是叙事文本。本文所谈的就是新闻叙事文本。所谓文本策略是指为了满足和增强新闻的真实、客观、公正等的方法和技巧。"新闻修辞不仅限于使用常见的修辞手法，它还包括为增加新闻报道的真实性、合理性、正确性、精确性和可信度而使用的策略性手段。"① "巧妙的修辞在一定程度上影响甚至决定新闻信息在多大程度上让受众感到可信、在理、有说服力。"②

可见，新闻的真实、可信并不仅仅是原原本本地客观陈述（这也是一种叙事修辞手段）的结果，还需要合理使用其他文本策略。

二、新闻真实感的文本策略

（一）消息头、新闻来源的交代和引语的使用

最典型的新闻文本是消息。消息的大多数写作策略都与其真实、准确、客观、迅速地传播新闻信息的根本要求联系在一起。比如，消息头的交代，"它说明了新闻话语的来源，证明了新闻话语的可信性，而记者的姓名除了说明本文的责任所属之外，在这还起着类似于电视新闻节目主持人的以其'庄重的角色'形象促使受众对新闻深信不疑的作用。"③

路透社、美联社、《纽约时报》等国际公认的新闻媒体在其新闻报道规范中，对新闻来源的使用都有详细、严格的规定。为了保障新闻真实，它们通常从多方面对消息来源的可信性进行评估，如动机如何、是否权威、接近性如何、关联度如何、精细度如何、能否自圆其说、可证实性如何等。在可证实性上，他们形成了多源核实的原则，即报道应该有多个消息来源，消息来源之间相互验证，消息来源彼此独立。在关键细节上，记者应该采用三点定位法，即采访说话当事人、他的对立面和中立方。

国内新闻媒体也逐渐认识到新闻来源的重要性，并对其加以规范。如《广州日报采编行为准则》规定：每一个事实来源都必须做到有根有据，避免使用模糊的说

---

① ［荷］托伊恩·A．梵·迪克．作为话语的新闻．曾庆香译．北京：华夏出版社，2003．96．
② 何纯．新闻叙事学．长沙：岳麓书社，2006．208．
③ 曾庆香．新闻叙事学．北京：中国广播电视出版社，2005．29．

法。最好的消息来源是记者的亲眼所见，有名有姓的消息来源次之，最差的是匿名消息来源（如"广大群众说"）。尽量避免使用匿名消息来源。

所以，这些规范既是为了保证新闻真实，也是为了给受众提供新闻真实感，当新闻报道中张三说自己乐善好施，如果读者读到中立者和张三的对立面也这么说，还能不产生真实感吗？

与消息来源类似的是引语的使用。对引语，以英美主流传媒为代表的西方传媒十分重视。美联社前资深编辑杰克·卡彭说："即使是初出茅庐的记者也会很快认识到，引语是不可缺少的。它使新闻具有真实感。"① 因此，有影响的报纸都推崇直接引语，如《广州日报采编行为准则》规定：尽量不用间接引语。使用的直接引语应是某人所说的原话，除对语法和句法错误进行必要的纠正之外，记者不得制造直接引语，不得对采访对象的话语进行添油加醋或肆意歪曲。之所以如此，是因为它给受众这样的暗示——"这是他在说"和"这完全是他的意思"，这会让受众对报道感到更可信。当然，直接引语并非一引就灵，"好的引语能够起到补充导语和证实消息的作用，甚至可以让读者听到说话人的声音。它们可以为你的报道增添艺术性和趣味性。然而糟糕的引语却会毁掉一篇报道。如果引语只是对报道内容的重复，最好隐去这些引语和解释"②。

在我国新闻界，大量存在"伪直接引语"，话语没有一个具体的发出者，而经常被记者写成"异口同声地说"，也就是记者为了达到自己的目的，用自己的话语加工、操弄甚至代替人物话语。这不但不会让受众产生真实感，反而令人感到虚假和厌恶。这是需要竭力避免的恶劣倾向。什么样的引语才是好引语呢？不同的媒体有自己的规定，但是，生动、清晰，能够反映说话者的情感，增加报道的信息量是它的基本要求。

（二）选择恰当的叙述视角

新闻的叙述视角是新闻叙述人（记者、编辑等）观察和叙述事实的角度。通常分为三种：

（1）全知视角。

叙述者＞人物，也就是叙述者比文本中任何人物知道的都多，他全知全能，历史、现在、未来全在他的视野之内，任何地方发生的任何事，甚至是同时发生的几件事或人物内心都可以叙述。因此，这种叙述视角最大最明显的优势在于视野无限

---

① ［美］杰克·卡彭. 美联社新闻写作指南. 刘其中译. 北京：新华出版社，1988. 140.
② ［美］卡罗尔·里奇. 新闻写作与报道训练教程. 钟新主译. 北京：中国人民大学出版社，2004. 42.

开阔，适合表现时空延展度大，矛盾复杂，人物众多的题材。叙事朴素明晰，读者看起来觉得轻松，也是它的一个优点。但这种叙述视角的缺陷也是相当明显的，它叙事的真实可信性经常受到挑剔和怀疑，亦即"全知性"，在新闻文本中，尤其容易受到质疑。这是因为新闻真实性的基本要求是，所报道的一切都要有采访的依据，都要经得起核实。如果是新闻叙述者的所知虽然大于报道中的任何一个消息来源，但等于这些消息来源的总和，这并不违背新闻的真实性原则。可如果新闻叙述者的所知不仅大于报道中的任何一个消息源，而且大于这些消息源的总和，也就是说新闻叙述者"知道了"他/她实际上不可能知道的信息，这就是违背了新闻真实性原则的一种错误的叙述方式了，[①]"1 月 29 日上午 10 时许，19 响礼炮宣告了邓小平副总理对美国的历史性访问开始。这时候，邓副总理和卡特总统满面笑容，并肩站在白宫南草坪铺着红地毯的检阅台上，面对着数以千计的人群，满怀信心地眺望远方。环顾白宫，看到第一次并排飘扬的五星红旗和星条旗，看到第一次肩并肩站在白宫前的中、美两国领导人，听到第一次在白宫同时演奏的中、美两国国歌，<u>人们兴奋而激动的心情，怎么也不能平静。如果说，北京刚刚在鞭炮声中迎来了新春佳节的话，那么华盛顿的炮声则迎来了中美关系史上的新时代</u>"[②]。这是典型的全知视角，画线的地方超越了文本中任何人的感知范围，还有毫不隐晦的评论。如果用新闻真实性的标准来衡量，它是很容易受到质疑的。因此，直接叙述人物心理和对事实进行评论等体现全知视角的叙述方式，应尽量少用。有经验的记者往往不直接表达对事实的意见，而通过别人的话语或通过背景材料等来表达自己的意见。

（2）内视角。

叙述者 = 人物，也就是叙述者所知道的同人物知道的一样多，叙述者只借助某个人物的感觉和意识，从其视觉、听觉及感受的角度去传递一切。叙述者不能像全知视角那样，提供人物自己尚未知晓的东西，也不能进行这样或那样的解说。由于叙述者进入故事和场景，一身二任，或讲述亲历或转叙见闻，其话语的可信性、亲切性自然超过全知视角叙事。目击新闻就是典型的内视角叙事。现在常用的隐性采访受欢迎，除了题材吸引人之外，与记者用亲历的叙述方式带来的高度逼真的效果也不能说没有关系。

（3）外视角。

叙述者 < 人物。这种叙述视角是对"全知全能"视角的根本反驳，因为叙述者

---

①　王辰瑶. 嬗变的新闻——对中国新闻经典报道的叙述学解读 1949—2009. 北京：中国传媒大学出版社，2009. 244.

②　欧阳，晓闻. 新时期优秀国际通讯选. 北京：新华出版社，1998.1.

对其所叙述的一切不仅不全知，反而比所有人物知道的还要少，他像是一个对内情一无所知的人，仅叙述人物的行为和语言，他无法解释和说明人物任何隐蔽的和不隐蔽的一切。这种叙述视角最为突出的特点和优点是极富戏剧性和客观演示性；叙事的直观、生动使得作品表现出引人入胜的艺术魅力。它的"不知性"又带来另外两个优点：一是神秘莫测，既富有悬念又耐人寻味。二是读者面临许多空白和未定点，阅读时不得不多动脑筋，故而他们的期待视野、参与意识和审美的再创造力得到最大限度的调动。因此，这种视角在新闻叙述中用得很少，偶尔用于某些片段，因为它不符合快速、准确地传播新闻信息这一根本目的。

因此，这三种视角用得比较多的是全知视角和内视角；交代背景和各种新闻要素是全知视角的所长，亲历性、现场感、情感性则是内视角的长处。无论用哪种视角都要服从真实、准确、快速传播新闻信息的传播要求。

（三）受众的期待与新闻真实感

"可以说，新闻文本的客观性一方面来源于可以被接收者经验验证的特征，另一方面由叙事者运用视角策略等来建构。经由叙事者操作的电视新闻只有与接收者'事实本身看起来会怎样'的期待相适应时，才能获得他们的客观印象。接收者的客观性期待得到满足的程度越高，就越不会怀疑叙事者的客观姿态和公正立场，文本对所选新闻事实的客观性建构就越有效。因此，新闻叙事者在运用视角策略进行客观化建构时必须始终有接收者意识，以进行更有效的客观化作为。"①

这里虽然讲的是新闻叙述的视角策略与受众期待对客观性建构的作用，但对新闻真实感也同样适用。需要注意的是受众的期待与客观的真实如果发生冲突怎么办？毫无疑问，还是要如实叙述客观事实。

新闻报道是一种叙述话语，任何话语并不能像镜子一样透明地反映客观世界已经成为共识，新闻报道也不能，而是一种对事实的建构，建构是在新闻客观性原则下对事实的貌似自然化的符号化过程。这种建构要被受众认可为真实，而不致产生对抗性解读，就需要与受众的期待视野一致或近似。如在"文革"时期，中国的大多数受众都认为我国的新闻报道是真实的——国内存在两条道路的尖锐斗争、外国人们处在水深火热之中……当然，不是说把新闻报道等同于宣传而不顾事实。事实上，虽然一切宣传未必都是报道，但是一切报道都有宣传功能，因为意识形态浸透在新闻话语里。

此外，所谓符合受众的期待视野，不是说可以在受众的压力下制造假新闻，而

---

① 袁黎. 电视新闻叙述视角对新闻客观性的建构. 苏州大学硕士学位论文，2008.

是说，在事实的基础上挖掘与叙述符合受众期待的信息。

除此以外，为了显示新闻报道的真实、客观，新闻叙事文本的语言方面也有常用的策略，如使用句子方面常用陈述句、简单句；使用词汇方面常用中性词、多用动词、少用形容词等。这已是常识，无须多论。

以上提出的几个文本策略，都是在新闻事实客观存在的前提下，为提高新闻真实感而可能采用的技巧和手段。没有这个前提，一切策略、手段和技巧都是空中楼阁，这些策略和手段只是有助于真实感的提高。

第二节 以事实说话的方法

用事实说话，指在忠实地报道事实的基础上，通过对事实的适当选择与表述，巧妙地表达传播者的立场与观点的一种报道原则与报道方法。用事实说话成功的关键在于不是通过作者的直接议论，而是经过精心选择事实，通过利用事实的逻辑说服力，充分而含蓄地表现作者的倾向与观点。用事实说话，寓情于事实，符合人们从新闻中了解事实信息的要求，以及新闻应以事实沟通情况、达到信息交流与分享目的的基本特征，因而能够潜移默化地影响新闻的收受者，且具有说服力。

什么是事实？什么叫"说话"？

当然，用来说话的事实，不是一般的事实。这些事实除了具备一般事实的客观真实之外，它还应具备几个特性：一是要有新闻价值。世上事物时时刻刻都在运动、发展和变化，这些变化形成了丰富多彩的事实。但这些事实大多数不能构成新闻，因为它们没有新闻价值。所谓新闻价值，就是衡量一个事实能否构成新闻的客观标准。这些标准有：①新鲜性（事实越新鲜，新闻价值越高）；②重要性（内容越重要，新闻价值越高）；③接近性（在地域上、心理上、利益上或价值观上越接近受众，新闻价值越高）；④显著性（报道对象知名度越高，新闻价值越高）；⑤趣味性（受众感兴趣的事或人，新闻价值就高）。二是要符合记者所在媒体和记者自己的意图。世界上，重要的、显著的、有趣味的事实有很多，但记者绝不会随便选取事实，而总是挑选出那些既有新闻价值又能体现自己所在媒体定位的事实来进行报道。

所谓"说话"，就是流露意图和倾向。是否新闻报道都要"说话"，即流露记者的倾向？学术界大多持肯定的意见，但是也有人否定新闻用事实说话的规律或者说原则。

尹连根在《新闻传播》1999年第3期上发表论文《用事实说话不是新闻写作规律》，认为"用事实说话不是新闻写作规律"。

　　陈力丹也认为用事实说话只是一种宣传方法，而不是新闻写作的规律。"用事实说话"是个带有介词的动宾结构短语，核心是"说话"，"用事实"是方法。明确这个短语的意思，事情就好说了。既然"用事实说话"的核心词是"说话"，那么这是一种典型的宣传行为。新闻的目的是向公众报告事实，这是新闻这个行业得以存在的唯一基础。一旦失去这个基础，一切新闻都是为了"说话"，谁会花钱听人宣传，还会有多少人看报纸或看电视新闻呢？

　　其实我们的新闻报道中并非所有新闻都是为了有目的地说话而写的。关于"不说话"的新闻，我们常常想到天气预报。仔细想想，即使在敏感的政治领域，不说话的新闻也是常见的。例如下面这条新闻：

　　中新社北京9月26日电　此间官方今晚发布消息说，于今天闭幕的中共十五届六中全会上午审议并通过了《关于召开党的第十六次代表大会的决议》，确定中共十六大于2002年下半年在北京召开。

　　如果一定要说这样的新闻是"用事实说话"，那么说什么了？就是告了一件事实，硬要从这样的新闻中挖出倾向和观点，不是过于勉强了吗？其他自然、社会领域，还有许多情报性质的财经新闻，更不能说它们是在"用事实说话"。任何所谓的"规律"，必须能够涵盖一切，只要举出一个例外，如果不做说明，无论如何都谈不上是"规律"。①

　　陈力丹的说法也容易受到辩驳。例如，20世纪30年代的中国文坛上，有一批人主张用文学宣传无产阶级意识，为此不惜简单地把文学等同于宣传，或片面地追求通俗化。郭沫若就宣称："大众文艺就是无产阶级文艺的通俗化！通俗！通俗！我向你说五百四十二万遍通俗！通俗到不成文艺都可以；你不要丢开大众。"② 对此，鲁迅说过一句流传很广、影响很大的话："一切文艺固然是宣传，但一切宣传并不都是文艺。" 也就是说，一切文艺都有宣传的作用，但是起宣传作用的不一定符合文艺的特征。这个说法也可以用来说明新闻和宣传的关系，也就是新闻都或显著或隐晦地具有宣传作用（也就是要"说话"），但是宣传并不等于新闻。因此，不用担心新闻的宣传作用而害怕宣传压制或取代了新闻。

　　对陈力丹的观点，直接反对者也很多。

――――――――――――――

　　① 陈力丹. 用事实说话不是新闻写作规律. 采写编，2002（4）.
　　② 郭沫若. 新兴大众文艺的认识. 中国新文学大系1927—1937（第二集·文学理论集二）. 上海：上海文艺出版社，1987. 283.

何光珽的《论"用事实说话"》中说:"读罢上述几篇大作,我不由得回想了一下自己这一辈子干新闻工作的情况。消息、通讯之类的东西写了不少,却找不到一篇像陈力丹等同志所说的只报道事实而没有任何目的的新闻作品。当然,按陈力丹等同志的标准,我写的那些消息、通讯都不配称作新闻作品,全是些宣传品。不过,对陈力丹同志所谓'新闻的目的是向公众报告事实'的说法,我则深表怀疑。不错,新闻是要向公众报告事实的,但报告事实是记者的'目的'吗? 大千世界,每日每时都在发生各种各类事实,多得像印度恒河里的沙,数也数不清。要把它们都向公众'报告',无论多少版,我们的报纸都装它不下。而且,据我所知,还没有一个记者是把他所见所闻的事实统统写成新闻作品送到编辑部去的——任何记者都是对他所见所闻的事实有所选择的,这个选择绝不是从版面容量上考虑的,而是记者的价值观使然。他为什么报道这个事实,而不报道那个事实? 总是这位记者先生认为这个事实有新闻价值,而那个事实不具有新闻价值。这样,记者把他认为有新闻价值的事实写出来向公众报告,就不能说没有目的——且不论他的目的是正确还是错误,是高尚还是低下。总之,记者不是见啥写啥。他是有目的的,这是一个无法否认也否认不了的事实。显然,'报告事实'只是手段,是实现'目的'的手段。"①

吕文凯认为,说话就是判断。"说话的两个来源:一是来自事实本身。'事实并不排斥思想,正如思想不排斥事实一样'。这说明事实本身总蕴含一定的思想(当然这也是人对事实的认识及思维的结果)。所谓思想又总是与观点联系在一起的,即人们常说的'思想观点'。把这些思想观点揭示出来,就是'说话'。这就是事实本身固有的'话',实事求是的'是'也就是这里的'话'。"

说话的另一个来源是记者的主观意图或是上级宣传部门的意图。"我们的记者要在新闻报道中宣传党的方针政策,而方针政策里也包含着一定的思想。但和前面讲的来自事实本身的思想观点比起来,它的内容往往较单一,具有排他性,即我们通常讲的'报道要符合政策'。'研究用事实说话恐怕主要是研究如何用事实说出第二种来源的话'。"②

"我们借助'说话是一种判断'这个命题来研究判断的属性,这样能够说明说话的属性。"判断,就其内容方面来讲,可分为价值判断、性质判断和因果判断。

价值判断,即对事物的好坏、善恶、利弊等作出判断,如"今晚,上海京剧团

---

① 何光珽. 论"用事实说话". 新闻记者,2003(2).
② 吕文凯. 新闻用事实说话的分析研究. 新闻大学,1995(夏季号).

《曹操与杨修》剧组以精湛的演技征服了爱挑剔的天津观众", 一句导语中有两个价值判断: 演技——精湛, 天津观众——爱挑剔。这种判断是新闻界争议最多的话题。上述第二种来源的说话里常常运用这种判断。

性质判断, 这是对报道事实的性质特点等方面所作的判断。常见于第一种来源的说话中。

因果判断, 是对报道事实的发生、发展的原因结果一类的判断。两种来源的说话均有此判断。需要注意的是, 这三种判断并非孤立地出现, 它们常常交织在一起。如一些大型报道、热点追踪, 就常常运用几种判断形式来说话。

"用事实说话, 这本身就是说明事实与说话是有联系的。从逻辑学出发会得出这样的结论, 事实与说话之间有三种关系: 前者是后者的充分条件; 充要条件; 必要条件。此即可视为规律性。"

充分条件, 如"澳星发射成功"事件, 据此可说"我国航天技术达到国际水平"这样的话(当然前提是记者对"国际水平"有个了解)。显然, 航天技术的国际水平并不仅仅局限于发射"澳星", 还有其他卫星发射以及登上月球等技术均属航天技术。但仅有澳星的发射这一事实就足以说那样的话了。

充要条件, 事实可以推出说话, 说话又可以推出事实。这种情况很少。因为"说话"具有共性, 而事实是个性的东西。

必要条件, 这是不能作为新闻报道的事实的, 却屡屡见报, 属于事实与说话错位现象。我们下面再分析。

事实与说话就一篇新闻报道来说, 应当是有机结合在一起的, 而不是孤立起来的东西。事实推出的说话也必然是事实才行。恩格斯对《致〈社会明镜〉杂志》的撰稿人提出要求: "杂志要完全立足于事实, 只引用事实和直接的事实为根据的判断——由这样的判断进一步得出的结论仍然是明显的事实。"

"根据事实与说话之间这些规律性要求, 我们在用事实说话的操作过程中应注意事实与说话对接的两个要领: 一是类别对类别, 自然事实多对第一种来源的说话, 人为事实多对第二种来源的说话。二是层次对准层次。即某个层次上的事实只能说某个层次上的话, 否则就会发生错位。出现人们常说的'说大话'、'不解渴'等现象。"①

正如不存在完全客观的话语, 新闻报道作为一种话语必然会有判断和倾向。因此, 我们还是认为用真实存在的事实说话, 是新闻写作的一个基本要求, 而不去纠

---

① 吕文凯. 新闻用事实说话的分析研究. 新闻大学, 1995 (夏季号).

结这是不是其基本规律。

新闻如何用事实说话，是我们更需要研究的。

（1）选择和报道具体而典型的事实。见例如下：

难忘的英格丽·褒曼

她不施脂粉出现在银幕上，美国化妆品马上滞销。她在影片中扮演修女，进入修道院的女子顿时增加。一个影迷从瑞典把一头羊一路赶到罗马作为礼物送给她。多少封信只写上"伦敦英格丽·褒曼收"便送到了她的手中。

英格丽是当时最有魅力的女性，但是她始终保持了她的本色：热衷舞台，热衷生活，爱吃冰淇淋，爱在雨中散步，在演员生活中希望扮演每一种角色，在人生舞台上也尽情领受生活的情趣。

英格丽曾在斯德哥尔摩、好莱坞、罗马、巴黎和伦敦用5种语言登上舞台、银幕和电视屏幕，无往不胜。她拍摄了47部影片，3次获奥斯卡奖，1次获埃米奖。她有子女4人，是位慈爱的母亲。她以狂热的精神献身于工作。"如果不让我表演，我一定活不下去。"她这么说过。当海明威对她说演《战地钟声》里玛丽亚这个角色得要把头发剃掉时，她大声回答说："为了演这个角色，要我把头割掉也行！"她可以通宵达旦地排练，甚至导演早已满意了，她还要求重来一次。话剧《忠贞之妻》在伦敦上演8个月期满的晚上，她还同导演讨论她的表演有哪些可以改进之处。

英格丽在成为影坛最璀璨的明星后仍然坚持每一部片试镜头，而且可以为了演一个难度更大的角色而放弃主演，甘当配角。她不愿定型，力争出演各种性格的人物，如《郎心似铁》中濒于疯狂的新嫁娘，《东方快车谋杀案》中的沉默含蓄的瑞典女传教士，这两个角色都为她赢得了奥斯卡奖。

她在23岁那年从瑞典初到好莱坞时，宁愿马上拎起行李回国也不接受公司老板要她"改头换面"整容的命令，从此她以她著名的"本来面目"出现在银幕上。

《间奏曲》里孤独的女钢琴教师、《神魂颠倒》里热情的精神病学家、《圣玛利亚教堂的钟声》里爱打垒球的修女——一个接一个令人叫绝的角色使她几年之间便饮誉影坛，票房成绩世界第一。50年代她因婚变而星运中落，却在1956年重放光彩，以《真假公主》一片再次获奥斯卡奖。

谁要是当英格丽的替身，非失业不可。《忠贞之妻》在美国上演初期她脚部受伤骨折，可是在接下来的6星期里仍坚持上台——改成坐在轮椅上演戏。她不论病

63

得多重，总是笑笑说："舞台医生能把我治好的。"的确，幕一升起，她的病似乎便霍然而愈。1973年，癌症攫住了英格丽，但它未能摧毁她的意志和毅力。她不顾病痛接受了聘请，在一部电视剧中主演以色列已故总理果尔达·梅厄。她承认："时间越来越少了，但是我在癌症面前多争到一天便是胜利。"电视剧开拍前，她到以色列了解梅厄的生平，拍摄期间她一条胳膊已必须每夜作牵引。拍完最后一个镜头，她两眼含泪，自知从此与她热爱的摄影机告别了。她以此片的演技获得1982年埃米奖。

她于1982年8月29日逝世，享年67岁。英格丽活在许多电影观众心里，但最生动地浮现在人们脑海中的，是《卡萨布兰卡》里的英格丽，她靠在钢琴旁喃喃地说"山姆，再弹一遍吧，为了过去"，在雾茫茫的机场上回首告别，眼神凄楚。

这是一篇人物新闻，它以简明的语言描述了西方妇孺皆知的女影星英格丽·褒曼对工作的献身精神和精益求精的敬业态度，具有很强的感染力。

新闻写作要遵循用事实说话的基本规律，新闻写作质量的高低，在相当程度上取决于作者对事实的捕捉、筛选是否成功——是否捕捉、筛选到具有典型意义的事实。《难忘的英格丽·褒曼》之所以叫人过目难忘，回味无穷，重点就在作者选用的事实较为典型，并运用虚实结合的手法，于不动声色之中揭示了一位影星感人的精神世界。

典型性，一般指代表性、普遍性、说服力这些特性的综合。新闻报道中的典型事实，就是指那些具有某种代表性，或普遍性，或用来证明某个命题具有一定说服力的事实。世界上的"事实"，每时每刻都在发生、发现。新闻采写者要尽可能多地采集事实，同时，尽可能精地筛选事实，然后通过撰写、制作、赋予"外衣"，传给受众。我们无法准确判断《难忘的英格丽·褒曼》一文的采访过程，但是可以从文章本身作出判断，判断作者是很了解、理解英格丽·褒曼的，因为文章里使用的每一个具体事例，都较为妥帖，具有一定典型性。没有深入的采访，没有众多素材的积累，就不会有素材的典型性。

该报道的开头就出手不凡。作者用概括叙述手法交代四个典型事例，一下子就把英格丽·褒曼的知名度和观众对她的狂热崇拜表现得淋漓尽致。

接下来，作者选用较能表现英格丽·褒曼精神的几句原话和一个剧上演八个月期满的晚上她还同导演讨论怎样改进表演的事实，使读者对这样的明星肃然起敬，使读者明白观众为什么那么喜欢她，文章最精彩的地方是写她患癌症以后的表现。她用行动实践自己的承诺：我在癌症面前多争取到一天便是胜利。她有钢铁般的决

心，癌症未能摧毁她的意志和毅力。她带病完成了在一部电视剧中主演以色列已故总理果尔达·梅厄的使命，而当她拍完最后一个镜头时，又不禁"两眼含泪"，不得不与她热爱的摄影机告别了。从这里，我们又看到她是多么热爱自己的事业，钢铁的意志下面仍然有一颗充满温情的心！这些少而精的典型事实，竖起了英格丽·褒曼高尚而又真实的形象。

《难忘的英格丽·褒曼》的语言高度浓缩，有虚有实，概括描述和具体描述相结合。作者表面上不动感情，实际上却是饱含感情，因此文章能掀起读者的感情波澜，使读者的感情难以平静。这篇人物新闻的标题中用较为平和的"难忘的"，而不用"崇高的"、"伟大的"等高级形容词，也体现了作者执意要让读者自己去得出结论的风格。这就是"欲扬故抑"的写作艺术在这里的灵活运用。

（2）通过再现场景和直接引语说话。

所谓再现场景就是把新闻事实的某些现场情景（本身就是新闻事实的一部分）具体地描述出来，使它们逼真地再现，使读者仿佛亲历现场，增强新闻的可信性。作者客观地再现场景，好像并没有流露什么倾向，但是实际上是有倾向的，只不过非常隐蔽而已。看下面例子：

红场易旗纪实

周象光

公元 1991 年 12 月 25 日晚 7 时许。莫斯科。隆冬中的红场。

由于莫斯科电视台头天就预报了戈尔巴乔夫将在今晚 7 时发表辞职演说，许多人便预料克里姆林宫顶上将要更换旗帜。莫斯科市民，还有许多外地人冒着凛冽的寒风赶来观看这一历史性场面。一些人带着半导体收音机来到红场，一面等，一面收听戈氏的辞职讲话；电视和摄影记者在选择拍摄角度；人们在谈论着自己的看法，并不时抬起头来，眺望着在暮色中飘动着的苏维埃社会主义共和国联盟国旗。人群中，有的举着苏联国旗，有的举着过去加盟共和国的国旗。

看得出来，此时此刻，人们的感情是十分复杂的，对联盟的解体态度也很不一致。有人在高声呼喊口号："苏联万岁！"一对来自乌克兰的老年夫妇说："怎么能没有联盟呢？苏联分裂成 15 个国家，就不再是一个大国了。"一位来自雅罗斯拉夫尔的工人说："这标志着俄罗斯又复兴了，现在就看叶利钦有没有办法防止饥民造反啦！"几名女青年说："换旗是自然的，因为苏联已经不存在了。"来自格鲁吉亚的一个俄罗斯人反对易旗。这时，人群中开始争论起来。他们的观点各异，有的甚至截然对立，对戈尔巴乔夫和叶利钦的评价也不尽一致。有一位中年妇女插进来无可奈何地说："挂什么旗都可以，只要让人们有吃的就行，因为我有六个孩子。"一位来自萨拉托夫的青年工人说："这么大的事件应当举行一个仪式，现在的做法未免太简单了。要知道我们几代人生活在这面旗帜下，我从小就知道我是苏联人，没想到这么突然就改变了祖国。"另一个人说："举行不举行仪式无所谓，重要的是不能再像过去那样只说空话不干实事。"

7时25分，戈尔巴乔夫电视讲话结束了，苏联总统府的屋顶上出现了一个身影。人们屏住了呼吸。7时32分，那面为几代苏联人熟睹的镰刀锤子旗开始徐徐下落、下落……7时45分，一面3色的俄罗斯联邦国旗取而代之，升上了克里姆林宫上空。此时此刻，广场上的人们意识到，克里姆林宫已成为俄罗斯的总统府，苏联从地图上消失了。

莫斯科的夜空开始飘起雪花，气温明显下降。但仍有不少人陆续来到红场。人们还在红旗落地的地方发表自己的看法，还在那里争论……

（《人民日报》莫斯科1991年12月25日）

这些场景好像是摄像机拍下来的，但是仍然可以看到作者想说的话——对于苏联解体，人们有着不同的看法。而这主要是通过直接引语表达出来的。直接引语是指记者通过采访得来的被采访者的原话。西方新闻教科书把它称为"新闻写作不可分割的组成部分之一"，并辟有专门的章节论述其重要性以及引用的具体技巧。在新闻报道的实践中，西方记者也很重视使用直接引语。这是由于它有以下作用：

①直接引语是新闻报道中不同身份和个性的人说的话，引用它们可以使报道具有现场感，富有变化和人情味；②直接引语有出处，即消息来源，有助于提高新闻的真实性；③记者通过它说出自己希望说又不便直接出面说的话，即"把用记者的嘴说话，改为用被报道者的嘴说话"，使报道更客观，更有说服力

（3）运用背景材料说话。如《从邮局看变化》。

从邮局看变化

新华社乌鲁木齐1980年1月17日电新华社记者顾月忠报道　春节将到，记者在新疆维吾尔自治区邮电管理局里，看到了跟一年前大不相同的情况：过去忙于分拣从内地寄来的大批副食品包裹，而今天却忙于收订大量报刊。

新疆维吾尔自治区邮电管理局副局长张勇在他的办公室对记者说："往年这个

时候，你在这间屋子里准找不到我。机关的全部人马都帮助分拣包裹去了。"

前几年，由于林彪、"四人帮"极左路线的干扰破坏，新疆副食品供应十分紧张。每年新年春节期间，人们只好把钱寄到关内，委托亲友帮助买吃的东西。于是，从关内邮寄香肠、猪肉、糖、花生米等的包裹猛增。单是花生米一项，最多的时候一天就寄来16吨。开往乌鲁木齐的列车不得不加挂车皮，邮局货场包裹堆积如山。邮局分拣的同志一天干十来个小时还分拣不完。邮电学校的100多名学生到邮局帮忙，还是忙不过来。这样，机关只好关门，从局领导到职工都去帮助分拣包裹。

今年，自治区邮电管理局接运包裹的"旺季"突然不旺了。据初步统计，去年12月和前年同期相比，寄往关内的汇款减少了64 000多元，即减少了50%，从关内邮来的包裹减少了12 000多件，即减少了1/3。原来新疆的市场上，香肠、大肉等都可以买到，核桃、瓜子很多，食品商店里的砂糖、糖果和糕点也很丰富。过节需要的副食品，这里大体都有了，人们把这一变化同贯彻党的十一届三中全会精神和中央的两个农业文件联系起来，说："政策开了花，经济结了果。"

尽管邮包减少了，但邮局里的干部和职工还是够忙的。几十名机关干部又开赴第一线，帮助办理订阅报刊业务。因为在各个营业门市部，经常有许多人排队，渴望订到自己喜爱的报纸、杂志。据统计，去年年底与前年同期相比，全疆的报刊订户增加20%以上。现在，新疆平均每4.7人就有一份报刊。邮电局的同志说："现在党的工作着重点已经转移到四化建设上来，各族人民学科学、学文化的劲头越来越足了。"

运用背景材料说话，也有几种方法，如背景材料与新闻主体形成对比关系（如上文），就可以很好地说话。有的是联想关系，即通过把所报道的新闻事实，与其他一件或几件事实关联起来陈述的方法，暗示与引导读者进行联想。如毛泽东以新华社的名义对1949年北平解放的报道与美联社的报道：

新华社　世界驰名的文化古都，拥有200多万人口的北平，今日宣告解放。北平的解放是伟大的中国人民革命运动中最重要的军事发展和政治发展之一……北平的人们很久已像盼望亲人一样渴望着人民解放军。在知道了人民解放军即将踏入北平之后，北平的工人、学生、市民连忙热闹非凡地筹备着盛大的欢迎仪式，并且因国民党的全部出城之一再延期而感觉不耐。人民解放军即将和平开入北平的消息，使这个古城突然恢复了青春的活力……

美联社1949年2月3日电　今日北平给它的共产党征服者一个热闹的欢迎。这

只有这个经常被征服的城市才能做到。共产党向拥挤着的成千上万的人显示了一两件东西看看——长达数里的缴获来的美军制造的各种车辆。长列的市民在这个热闹的欢迎中把嗓子都喊哑了——正如当时日本人占领北平时他们欢迎日本人，当美国人回来时他们欢迎美国人，当中国国民党人回来时他们欢迎国民党，以及数百年前欢迎蒙古人与鞑靼人一样，北平在欢迎它的征服者方面是素享盛名的。

这两篇新闻写得都不好，原因是作者要说的话都太显豁了。两篇都写到了北平市民对共产党和解放军的欢迎。美联社通过加入背景材料，让读者通过联想，说出了另一番话——北平的市民并没有什么觉悟和立场，谁来占领都欢迎。

用事实说话需要避免的情况：

（1）错配因果，即把本来不一定是真正的原因强行归结为某种结果之所以产生的原因。如新华社前社长、著名记者郭超人报道我国登山运动员首次从北坡登上珠穆朗玛峰的通讯《英雄登上地球之巅》，最后几段写道：

是什么原因使得这些年轻的中国登山运动员仅仅用了两个月的时间，就突破了人类登山史上几十年来没能突破的最复杂的难关呢？

这正如中国登山队长史占春所说的："因为我们有伟大的中国共产党领导，有强大的社会主义祖国和全国人民的支持。这些是我们攻无不克、战无不胜的力量源泉；因为我们有着一颗对党的事业无限忠诚的赤诚的心，因而我们能够做到了资本主义国家所不能做到的事。

是的，答案非常清楚：因为我们是高举共产主义革命旗帜的英雄的中国人民！

这样的情况在那个特殊的年代是经常出现的。因为当时把一切成就的取得都跟党和社会主义挂钩。这是一种"永远正确"的但是按照新闻标准又是极端随意的"说话"——表明记者的政治立场，因为这种"话"可以放在几乎当时所有的成就报道新闻中，而且我们立刻可以就这段话提出反问——资本主义国家就没有人登上过珠穆朗玛峰吗？他们能够登上去的原因是什么呢？

（2）随意进行价值判断。价值判断即关于价值的判断，是指某一特定的客体对特定的主体有无价值、有什么价值、有多大价值的判断。更直白地说，就是人们对各种社会现象、问题，往往会作出好与坏或应该与否的判断。由于这种判断与人们的价值观直接发生关系，所以被称之为价值判断。

比如对于我国公众高度关注的核电站是否安全的疑虑，在广东大亚湾核电站运

行一年后，有记者采写了报道《"大核"运行逾一年　辐射低于乘飞机》，通过香港皇家天文台、大亚湾本厂和国家专业医院的监测，表明废液排放量低于国家标准88%，废气排放量低于国家标准98%，固体废物产量为原设计的十分之一，工作人员受到的辐射量，只相当于一次普通 X 光透视所受的辐射量。因此作者得出结论（判断）：

> 国家"大核"及香港皇家天文台 3 个独立监测系统的共同结论是：广东大亚湾核电站运行一年，环境仍维持本底水平。记者从市区来到核电厂，看到的是四周草地葱绿，花香鸟语，一派生机，空气比城里要清新许多，深感核电乃当今最清洁之能源。
>
> （《深圳特区报》1994 年 12 月 30 日）

清洁能源指在生产和使用过程中不产生有害物质排放的能源，可再生的、消耗后可得到恢复，或非再生的（如风能、水能、天然气等）及经洁净技术处理过的能源（如洁净煤油等）。但是核能会排放核废料，还可能产生严重的核泄漏和污染。

1986 年，苏联切尔诺贝利核电站爆炸，污染了欧洲大部分地区。到 1992 年，官方公布死亡人数为 7 000 人，800 万人的生命和健康受到威胁，专家说其后果将延续 100 年。2006 年据新华社报道，乌克兰总统说，为善后已经花了 150 亿美元，预计到 2015 年还将花费 1 700 亿美元。2011 年 3 月，日本福岛核电站因地震发生泄漏，造成巨大灾害。当然，核电是否是最清洁的能源在科学界还是有争议的，记者也无法在一篇新闻报道中下一个确定的结论。根据这篇报道的事实，得出的结论只能是：在一年的运行中，大亚湾核电站是安全的。即所谓"最清洁之能源"的判断，是不可靠的。

第三节　客观公正

对新闻报道（当然包含新闻写作）中的客观性看起来早就约定俗成，好像成了公理，但是研究者的说法并不一致。

赵月枝认为，新闻的客观性与新闻报道的客观性原则是两个不同的概念，要厘清二者的区别，首先必须认识新闻与新闻报道的区别，而这两个概念也是常常被混为一谈的。新闻报道是对新闻事实进行报道，新闻是新闻报道的对象，新闻报道可以理解为一种传播新闻的社会活动及其表达形式。这两个概念的关系以及遭遇类似于历史学中"历史"与"历史记录"这两个概念。李大钊曾说他刚读书时，一谈起历史，就以为是什么《十七史》、《二十四史》、《资治通鉴》等，以为这些就是历史，直到后来才明白这些只是历史记录，而不是历史。历史是过去的活动，是客观存在的事物发展的过程。这两个概念之所以会被混淆，是因为历史常常是通过历史记录而被后人得知的，所以人们往往把历史记录当作历史本身。在了解了新闻与新闻报道的区别后，我们再来看新闻的客观性和新闻报道的客观性原则这两个概念。新闻的客观性，其意是指新闻之所以称其为新闻，是由它自身内在的特殊属性所决定的。这种特殊属性是成为新闻的事实本身客观存在，而非由任何外在的、人为的力量加诸其上的。通常对于新闻的客观性的解释，仅指作为新闻的事实是客观存在的，而不是人们随意杜撰和虚构的。新闻报道的客观性原则，按照现在的一般解释，是指新闻报道中按照事实本来面目进行报道的要求，"包括内容和形式两个方面，内容上的'客观'，指新闻所报道的事实是一种客观存在的事物、人物或事件；形式上的'客观'，指新闻所显示的倾向性，是通过其所报道事实的逻辑力量实现的，作者采用的是'客观陈述'的方法"。客观报道的形式，就是这种客观性原则的具体体现。它有三大基本特征：①注重事实，尽量真实地呈现事实与摹写现实；②事实和观点分开，忌讳将带有强烈主观色彩的观点充作基本事实误导受众；③避免记者的主观倾向，作为报道者的记者不应以任何方式在报道中表现自己。①

李良荣在《西方新闻事业概论》里认为，客观报道的特征是：注重事实，将事实和观点分开，避免记者的主观倾向。

吴飞认为，所谓的客观报道方法是指在具体的新闻报道实践中，为达到报道的客观性所运用的一系列的报道手法。他从以下四个方面考察：一看报道是否呈现了正反两方面的意见。新闻界一向要求报道者对新闻事实予以查证。但真正去查证文中的新闻事实是否真实，对于要求进行及时迅速地报道事实的记者来说是一件相当困难的事，但报道又必须对受众负责，在这种无法查证的情况下，报道者较为安全的办法就是呈现正反两方面的意见。如果报道没有做到这一点，受众就可能怀疑报道的客观性，而被报道对象则会对报道的公正性提出质疑。1998年《羊城晚报》的那篇《羊城疑案》所引发的新闻官司，多少在于记者在报道中没有呈现双方的意见而事后又无法查证报道事实的真实性而引火烧身。二看报道是否用直接引语指明这是消息来源而非记者主观断言。一般认为报道者直接引述别人所说的话，是一种提

---

① 赵月枝. 从新闻的客观性看新闻报道的客观性原则. http://media.ifeng.com/school/zyz/xgbd/200910/1029_ 8519_ 1410609. shtml.

出证据的方式，在直接引述别人的意见后，记者便能在报道中保持客观，让事实自我表明。三看报道是否提供了代表这些真实主张的确切陈述。当记者在报道中说一位著名的音乐家在杭州举行了一场音乐会时，编辑应当追问"你如何断定他是一位著名的音乐大师而不是一位普通的音乐师"。如果记者在报道的其他部分提出了事实证据，如"这位音乐大师曾担任英国皇家交响乐团的指挥"，那么编辑就可以放心了。四看报道是否依据提供最多的"事实材料"的方式组织报道，即把最重要的事实放在导语中，然后再将其他事实依重要性逐减的方式排列。①

吴飞的第四点与客观报道的原则和方法似乎没有多大关系，第一点，是许多人公认的客观报道方法，也体现了报道的公正性。第二和第三点与其他人说的差不多。

总之，学术界对新闻客观性的理解，大致还是遵循李良荣教授的看法。

新闻记者是事实的观察者和记录者，但新闻的客观性只能无限接近，却永远无法摆脱政治、经济、文化、个人的特点等方面的影响。

第四节 追求时效性

相对于真实性，新也是新闻之所以成为新闻的标志，不是新近发生的，再重要的事实也不一定成为新闻。新，就是新闻的时效性。具体地说，时效性又包括"新"和"快"二字。所谓的新，就是新鲜、新颖、新生。新闻离开了新，便成为明日黄花，就不能称之为新闻，而只是旧闻了。新闻的这一特性决定了新闻要反应迅速，及时报道新近发生或发现的事物，向读者提供多方面新鲜的信息，如果反应不迅速，不讲求时效，更谈不到"新"和"快"，就会失去应有的价值。因此时效性决定了新闻的生命力。

新闻的新有两方面的含义：一是时间要新，是新近发生的事；二是内容要新，所反映的事实要有新意。当然，在实践中，这两个方面其实是不好清晰地区分的。事情发生了，应该报道，可是由于某些原因，诸如不知道或是没有及时得到有关情况；或者是业务不熟，能力不强；还有许多人为的因素，如时下新闻界存在的某种程度上的等新闻、等消息的现象，更是影响新闻时效性的一个重要原因。新闻界有一种"抢新闻"的说法，就是说要有"抢"的紧迫感和时间观念。要克服等新闻的懒汉思想，变被动为主动，积极主动把采访的触角伸向社会的各个角落，同各单位、基层、群众建立广泛的联系，做到耳聪目明，及时收集，发布各种新闻。在这一主

---

① 吴飞. 也谈新闻的客观性. http://www.1a3.cn/cnnews/xwlr/200909/5661.html.

动性上，外国新闻媒介的一个"抢"字，值得学习和借鉴。

那么，在写作阶段怎样追求新闻的时效性？

一、突出新鲜

（1）尽量缩短新闻事实与报道的时间差；

（2）把最新鲜、最精彩的内容拎出来，用最明显的形式摆在读者面前。标题和导语之所以在新闻中非常重要，就是因为它们起着概括和突出最新鲜、最重要的新闻事实的作用；

（3）寻找新闻的最近点，尽可能找出事实在今天成为新闻的依据。例文：

州长昨天作出每月节约 2.5 万美元的工资开支的决定，州公路局因此裁员十名。

改为：今天，十名公路局职员卷起铺盖离职了。他们是州长为了每月节约 2.5 万美元的工资所作决定的牺牲者。

二、追求快速

快，是新闻的生命。从写作的角度说，要做到倚马可待。平时要养成快速写稿的习惯。比如，美国总统肯尼迪被枪杀的报道：

肯尼迪遇刺丧命
约翰逊继任美国总统

路透社达拉斯 1963 年 11 月 22 日电　肯尼迪总统今天在这遇到刺客枪击身死。

总统与夫人同乘一辆车中，刺客发三弹，命中总统头部。

总统被紧急送往医院，并经输血，但不久身死。

官方消息说，总统下午一时逝世。

副总统约翰逊将继任总统。

当然，写得快要建立在快速而扎实的采访基础之上。

三、简短

要做到简短，方法有：一事一报；角度要小；挤去水分，只报事实；对重大的和连续性的事实化整为零，多作连续报道或组合报道。

思考与练习

1. 如何理解新闻的真实性和真实感的关系？

2. 新闻写作阶段，哪些策略有助于提高新闻的真实感？新闻真实性是否只与写作技巧有关？

3. 新闻写作怎样用事实说话？如何避免说"错"话？

4. 比较下面两篇通讯，判断它们在真实感和用事实说话上是否有区别？为什么？

温家宝走访三峡库区腹地　总理为农民追工钱

（第十四届中国新闻奖二等奖）

新华社记者　孙杰　黄豁

10 月 24 日下午 5 时许，三峡库区腹地蜿蜒起伏的山间公路上，几辆面包车正从万州区向云阳县城方向疾驰。

此刻，坐在汽车里的中共中央政治局常委、国务院总理温家宝望着车窗外一一闪过的田野，若有所思。上午 11 时许，他和随行的国务院有关部门负责人飞抵重庆万州后，就开始走访移民。万州是三峡库区最大的移民区，搬迁人口 25 万。在三峡工程进入三期建设的关键时期，移民安置至关重要。在连续走访了多户移民后，温家宝感到：尽管移民的居住条件有了较大改善，但长远生计仍需好好谋划，库区经济要加快发展。

汽车在行驶。夕阳洒向一片片硕果累累的柑橘林，圆圆的柑橘犹如千万盏小灯笼在墨绿的树叶里灼灼闪光。温家宝想：三峡库区农民的情况不知道怎么样？

当行至距云阳县城约 40 公里处时，温家宝看到公路附近隐约可见几处农舍，当即要求停车："走，去看看村里的乡亲们。"

沿着一条高低不平、十分泥泞的狭窄小道，温家宝带领着随行人员向公路下边掩映在一片葱茏竹林中的小村庄走去。

跨过几条水沟，穿过几片相连的橘园和竹林，十多分钟后，几间略显陈旧的农舍出现在眼前。这是云阳县人和镇龙泉村 10 组三峡库区腹地一个偏僻的小山村。

"老乡，我们能在你家坐一会吗？"

温家宝向正在院子里吸烟的一位农民和气地问道。

刚从田里干活回来的村民曾祥万挽着裤腿、赤着带泥的双脚正在歇息。闻听招呼，他抬起头来，简直不相信自己的眼睛。他赶紧迎上前来，紧紧握住温家宝的双手："总理，过去我只是在电视上见过您，真没想到今天您会到我们这么偏僻的村子里来。"

"温总理到我们村子里来了！"正在田里干活的村民们，闻讯纷纷拥进曾家小院。

看着老老少少一院子的村民，温家宝显得十分高兴："乡亲们，快都坐下，咱们一起聊聊！我很想知道你们村子里的情况。"

"家里有几口人？粮食够吃吗？养的猪好卖吗？柑橘多少钱一斤？水库蓄水后土地还够不够种？孩子们都能读上书吗？上学一年要花多少钱？农村电费降了多少？家里有几个人在外面打工？移民补偿拿到没有……"

温家宝面带微笑，一一询问村民们的生产生活情况。望着总理亲切和善的面孔，听着一个个具体的问题，村民们的拘束一下子烟消云散，你一言，我一语，与温家宝拉起了家常。

小院里不时传出的阵阵笑声打破了村里的宁静。

不知不觉间，半个多小时过去了。温家宝对龙泉村10组的基本情况已有了大致了解。这时，他问村民们："大家还有什么困难？有什么需要我们做的？"

"总理，我想，我想说说我家里打工的事。"一直坐在温家宝左侧的农家妇女熊德明有些腼腆地说。

温家宝总理侧过身对她说："你说吧。"

这时，坐在旁边的重庆市委书记黄镇东也鼓励熊德明："有什么事只管对总理照实说。"

熊德明说，现在农民的收入主要靠打工，村里大多数劳力都在云阳新县城搞建筑，一年收入有五六千元左右，但是在修建新县城中心广场阶梯的过程中，包工头拖欠农民的工钱一直不还。她爱人李建明有2 000多元钱的工钱已拖欠了一年，影响娃儿们交学费……

听着熊德明的叙述，温家宝神情顿时严肃起来。

"听说政府把修广场阶梯的钱拨下去了，但是包工头们扣着民工的钱不发。"曾祥万接过话头说道。

温家宝双眉紧锁，沉吟片刻后说："一会儿我到县里去，这事我一定要给县长说，欠农民的钱一定要还！"人群中立刻响起热烈的掌声。

"谢谢总理！"刚才还有些腼腆的熊德明，此刻高兴地叫了起来。

接着，温家宝对随行的干部语重心长地说："现在老百姓的好多事情，在一些领导干部看来都是些不值一提的小事，可对老百姓来说，却是大事。天天坐在办公

室里，不到农民家里看一看，坐一坐，怎么能知道农民的困难呢?"

天色渐暗，丝丝寒气隐隐袭来，但村民们心中却暖洋洋的。温家宝和村民们一一道别，并愉快地提出和乡亲们合影留念。这时，乡亲们都抢着和总理握手，刚才还兴高采烈的熊德明却直往人群后面躲。

"别跑啊……"温家宝快步上前和她握手道别。这时，熊德明扬了扬双手，不好意思地说:"我刚割了好多猪草，手太黑太脏。"但总理丝毫不理会，仍紧紧地握了握熊德明粗糙的双手。

暮色中，坐进汽车里的温家宝突然看到村里的乡亲们正跟在后面，向汽车走来。他马上又走下汽车，握着村民们的手再次道别。人群中，一些村民眼里闪动着泪花。

华灯初上，汽车驶进云阳县新城。温家宝心里仍想着龙泉村乡亲们的事。一见县里的负责人，他就追问起农民务工工资被拖欠的事。

县里负责人说:"确有其事。主要是因为一些包工头没有把钱发到农民手中。这事我们要认真处理，一定给村民一个满意的答复。"

当天夜里 11 时多，熊德明和丈夫拿到了拖欠的 2 240 元务工工资。

（孙杰，黄豁. 温家宝走访三峡库区腹地，总理为农民追工钱.
http：//news. xinhuanet. com/newscenter/2003 -10/27/content_ 1145398. htm.)

总理帮农民追工钱
（第十四届中国新闻奖二等奖）
刘健春　刘长发

10 月 24 日下午 5 时，云阳县人和镇龙泉村。一缕缕夕阳的余晖透过密密的树林洒在田坎上，正在地里劳动的村民曾祥万突然发现，一大群人正沿着又滑又陡、有些立不住脚的林中陡坎，深一脚浅一脚地走向山脚下自家的院子。

颇感诧异的他仔细一看，踩着潮湿泥土、走在队伍最前面的竟是温家宝总理!

"温总理快到我们家了!"

曾祥万来不及抹掉满腿的泥土，打着赤脚惊喜地往家里跑。曾祥万刚走进门口，温总理一行已穿过他家屋后的柑橘园和竹林，笑容可掬地来到了院里。

"我想与你们聊聊家常，所以没打招呼就来了。"

总理趋步向前，伸手紧紧拉住曾祥万那双还沾着泥土的手说。原来，这次突然登门事先没作任何安排，总理想通过这种随机查访的方式，更多地了解库区群众"原汁原味"的生活。

"我只是在电视上见过您，没想到总理会亲自来我们这个偏僻山村。"曾祥万激动得有些手足无措，倒是闻讯赶来的乡亲们七手八脚地把板凳搬到了院坝上，招呼远方来的"特殊客人"。

"这说明我们有缘分呀！"总理一边风趣地说，一边招呼乡亲们在他身边坐下。"我很想跟大家谈谈，听听你们的心里话。"

泥土吐香，竹影森森。在曾家满是杂草和枯叶的潮湿院坝上，共和国总理和乡亲们摆起了"龙门阵"。

"退耕还林补偿的粮食够不够吃？孩子们读书学费高不高？农村电费贵不贵？最近菜油价格涨了多少？"凡是关系群众切身利益的事，总理都不厌其详。

"增加家庭收入，除了搞点种植、养殖外，还有别的门路吗？"总理非常关心移民们搬迁后的生计，主动把话题引到了就业和增收上。

"收入主要靠打工。我们村的壮劳力大部分都在外打工。"村民向思忠回答说。

"在什么地方打工？一年能挣多少钱？"总理关切地问。

"大部分都在云阳新县城搞建筑，一年的收入有五六千元吧。"村民李建设接过了话头。

"那还不错！工钱能按时拿到吗？"总理追问。

一问到这，几个打工村民的脸上顿时露出了愁容。

心直口快的农妇熊德明回答总理："就是拿不到工钱呢。我男人在新县城修'万步梯'的工钱，到现在都还欠着2 000多元。"

说起打工拿不到钱的事，村民们都打开了话匣子，你一言我一语地向总理诉说。"听说县政府已经把工钱给了总包工头，但下面具体承包工程的小包工头一直扣着我们的钱不发，我两个娃儿读书一年就要2 000多元，没钱怎么办哟？"熊德明一筹莫展。

听了大家的发言，总理神色变得凝重起来。他说："等一会儿我到县里后，一定帮你们追问工钱的事。这些事对县里和一个地方来讲也许是小事，但是对老百姓却是大事呀！一定要解决好！"

"谢谢总理！"院坝上激起一片欢呼。

"还有什么吗？我今天就是来听大家讲心里话的，有什么困难都尽管讲，照直说。"总理大声鼓励。

"是啊，总理这么远来一趟不容易，大家有什么事都可以向总理实话实说。"坐在一旁的市委书记黄镇东也为大家打气。

总理的态度让大家倍感亲切，纷纷敞开心扉，讲出自己的内心话。温总理对每

一个人说的事都听得很认真，刨根问底，直到把事情弄个水落石出。院坝上，共和国总理与库区百姓心心相印。

不知不觉，这次农家院坝上的"龙门阵"就摆了半个多小时，总理在掌握库区群众生产生活实际情况后，才依依不舍地与大家道别，前往新县城。

夜幕降临时分，车队驶进新县城。温总理惦记着打工农民反映的事，一见到县领导便向他们了解此事，询问起"万步梯"建设的情况。

总理说："建设'万步梯'方便群众是好事，但农民反映务工费没有拿到，要认真调查此事，尽快把工钱发给农民。"黄镇东也对这事非常重视，要求妥善处理此事，给农民群众一个满意答复。

当天夜里，熊德明夫妇拿到了被拖欠的 2 240 元务工费。云阳县领导于第二天上午把此事的处理结果报给了将要离开奉节县的温总理。

（《重庆日报》2003 年 10 月 28 日）

延伸阅读

杨保军. 新闻真实论. 北京：中国人民大学出版社，2006.

第五章　新闻报道写作的叙事框架

新闻报道写作是新闻事实得以报道的一道必经工序。一件新闻事实要让公众知晓，必须由记者通过调查采访获得素材，并从众多的新闻素材中挑选出部分重要事实，撰写成新闻报道并通过媒介向公众播发出来。

于是，在谈新闻报道写作时，很多人都只是从新闻体裁、标题制作、写作技巧等新闻报道写作"术"的方面去论述。如何制作标题、如何选择材料、如何提炼新闻主题、如何让新闻报道生动形象……对于新闻从业者而言，这些实用的新闻写作方法和写作技巧，的确很有用，能够让一个门外汉成为一个熟练的从业者，能够很漂亮地完成一篇新闻报道的写作。然而，过多地强调新闻报道写作"术"的方面，也会让人产生一种错觉：认为一篇新闻报道的出炉，主要是记者（编辑）在发挥作用。因为新闻报道的写作工作，主要是由记者来完成的，后期则主要由编辑进行编辑加工。

事实上，一篇新闻报道的出炉，远远不是我们想象的这么简单。记者、编辑只是被推到幕前的实际执行者，而背后，还潜藏着众多的幕后"操纵者"。如果把新闻报道文本看作是一台呈现在观众面前的精彩演出，记者、编辑是演出中的主要演职人员，投资者、导演等是幕后指挥，而观众对演出的期待，也会影响到演出的内容和安排。对于新闻报道写作而言，其幕后的导演，则是影响报道选择的意识形态、文化传统、媒体定位，甚至记者的个性也成为一个重要的影响要素。

在新闻的叙事框架中，通常包括新闻叙述者和叙事角度。新闻叙述者主要包含记者、采访对象和编辑。新闻叙事角度，是叙述者对某一新闻事件观察和叙述故事的特殊眼光和角度。它体现了叙述者和所叙述事件的一种表述关系，是叙述者把体验到的世界转化为语言叙事世界的基本角度。叙事角度能创造新闻报道的"文本价值"，使新闻文本更加完美和有艺术性，更具可读性。

而在新闻报道写作的叙事框架中，则主要包含了意识形态、文化传统、媒体定位以及记者个性四个方面。意识形态、文化传统是指挥新闻报道写作的上层建筑，与新闻报道写作存在着密切的关系；而媒体定位以及记者个性，是新闻报道写作的实际操作层面，是看得见的影响新闻报道写作的因素。

第一节 新闻报道写作的意识形态

"意识形态"指的是一定团体中所有成员共同具有的认识、思想、信仰、价值等。它是这个团体中每个成员对周围世界以及团体本身的认知体系，反映了该团体的利益取向和价值取向，为团体的集体行为提供了合理性辩护，同时也对个人行为提供了一套约束规范。

作为一个概念，"意识形态"最早由法国哲学家德·特拉西在19世纪初创造。这个概念被创造出来不久，就成为了一个带有强烈的政治色彩甚至颇有贬义的名词，常常成为政治攻讦的工具和目的。而意识形态概念之所以像今天这样广为流传，不得不提及卡尔·马克思，在马克思主义的经典中，"在不同所有制形式上，在生存的社会条件上，耸立着由各种不同情感、幻想、思想方式和世界观构成的整个上层建筑。整个阶级在它的物质条件和相应的社会关系的基础上创造和构成这一切"。因此，任何一种特殊的生产关系构成的社会经济基础决定着与之相适应的国家政治结构和社会意识形态的存在形式。

意识形态普遍存在，社会中的任何团体，不管是正式的还是非正式的，都有自己的一套意识形态体系。但是，在任何国家中，作为政治合法性论据的官方意识形态只有一种。意识形态具有明显的阶级性和现实性。不同的社会集团和阶级由于其利益的差异而有不同的意识形态；而意识形态并非只是抽象的理论或空洞的口号，它有着强烈的现实指向性，它最终的落脚点是要指向现实的。无论是占统治地位的还是处于非统治地位的意识形态，都是为了维护现存的政治制度或批判现存的政治制度。而社会成员之所以接受意识形态的教化、认同流行的意识形态，也是出于现实的目的：或是从中受益，或是为了避祸。

新闻传播属于社会的上层建筑范畴，具有鲜明的意识形态属性，通过新闻手段反映社会生活，为它的经济基础服务。媒体作为新闻传播的重要机构，由于其特有的传播信息、引导舆论等功能，因此向来被看作是社会中各个利益集团争取和维护自身利益、宣传意识形态的重要工具。

这一点，在西方新闻事业史上，最明显地体现在"政党报刊阶段"。在资产阶级革命后，随着议会民主和多党政治体制的确立，不同党派纷纷创办或控制报刊，将其作为政治斗争的工具。由于报刊在经济上依赖政党资助，受此影响，报刊常常沦为某一政党的发言人，体现该政党的意识形态。尽管后来英美等西方国家新闻业逐渐走向商业化，尤其是美国，形成了商业报刊体系，这些商业报刊作为非政党报刊，标榜政治独立，经济自主，因而报道客观中立，但事实上，即使是这些标榜客观中立的商业报刊，依然无法脱离其所在国家的主流意识形态，为资本主义摇旗呐喊，并且基于利益的考量，也是在其主流意识形态的指导下，有选择性地进行报道的。

而在我国，中国共产党在马克思列宁报刊理论影响下和长期的无产阶级革命斗争中，尤其重视新闻媒体在意识形态宣传与舆论引导方面的作用，并逐渐形成了"媒体是党和人民的耳目喉舌"以及"政治家办报"等著名论述。1948 年 10 月 2 日，刘少奇在《对华北记者团的谈话》中明确说："你们是党和人民的耳目喉舌"；"中央就是依靠你们这个工具，联系群众，指导人民，指导各地党和政府的工作的"。"耳目喉舌"的提法，得到了我国历届领导人的肯定。1957 年 6 月，毛泽东在同胡乔木和即将接任《人民日报》总编辑的吴冷西谈话时说："写文章尤其是社论，一定要从政治上总揽全局，紧密结合政治形势，这叫作政治家办报。"1959 年 6 月，毛泽东对吴冷西谈话时，再次强调了"搞新闻工作，要政治家办报"。此后，"媒体是党、政府和人民的耳目喉舌"、"政治家办报"等著名论述，为我国媒体的意识形态宣传功能定下了基调。

从中外新闻史发展来看，新闻事业与现代国家在意识形态宣传方面关系密切。正是基于新闻媒体的特性以及新闻报道的强大作用，新闻报道的写作，也深受意识形态的作用与影响，不同意识形态下的媒体，在新闻报道写作上也有自己不同的选择与取向。

意识形态对新闻报道写作的影响，主要有以下几个方面：

一、影响新闻报道写作的议题

媒体对任何事件的报道都会有一个预先的主题作为基调，特别是政治事件的报道，其主题确立更是各方利益关系斗争与权衡的结果。意识形态不同，直接影响到媒体记者对新闻议题的选择。选择报道什么主题、不报道什么主题，对新闻主题的选择，是新闻生产链条中的最上游，也直接影响着新闻报道的写作，而且这种影响是更高水准的、根本性的。

我国著名传播学者李希光、刘康在《美国媒体为什么总是消极报道中国》一文中这样写道：

美国媒体并不是从来都是消极地报道中国和妖魔化中国的。他们为了国家的安全和利益，不是随便什么时候都可以妖魔化中国。这里面有个演变过程。

自1971年基辛格秘密访华以来的28年间，美国媒体对中国的报道经历了70年代的"浪漫化"，80年代的"天使化"和90年代的"妖魔化"三个阶段。

中国越是改革开放，越是在民主法制和个人自由上有进步，美国媒体对之的报道离中国的现实越远。究其原因，美国媒体关心的不是中国的经济现代化，政治民主，社会开放和个人自由，他们的新闻价值标准只有一件东西：美国的利益。

1972年，当尼克松访华时，中国正处于文化大革命高峰，很多基本人权正遭到严重践踏，但是，尼克松带来的那一大批记者对这些根本看不到，也不做报道。他们眼中70年代的中国是一个浪漫而神奇的世界：自行车、针灸、大熊猫、长城、故宫、人民公社、讲道德守纪律的人民、富有异国情调的蓝色海洋（毛式服装）。

进入20世纪80年代，当中国刚刚对世界打开门缝，允许私人雇一个工开一个小饭馆，允许年轻人跳迪斯科，妇女留披肩发，穿牛仔裤、超短裙，这就不得了了，中国在众多方面都是个好孩子，简直没有任何毛病，跟苏联帝国相比，中国简直就是一个天使。

进入20世纪90年代，特别是1992年邓小平南方谈话和中共十五大后，中国全面对外开放，中国的经济连续多年保持8%以上的增长率，个人拥有了前所未有的自由，允许各种规模的私人经济，并把保护私人经济写进了宪法。但对这些，美国媒体多半视而不见，他们眼中只有不同政见者、达赖喇嘛、"台独"、贸易赤字、政治献金、卫星技术泄密、盗窃核武器技术和民族主义妖魔。

一位西方记者是这样描绘美国媒体对华报道的演变过程：

在70年代，当美国记者在北京一下飞机，他对接他的翻译说："带我去采访动物园，看大熊猫。"在80年代，当美国记者在北京一下飞机，他对接他的翻译说："带我去迪斯科舞厅。"在90年代，他一下飞机，对翻译说："带我去见不同政见者。"①

李希光曾对2005年7月20日至9月1日西方主流媒体的对华报道进行过统计。在这段时间内，《纽约时报》、《华盛顿邮报》、美联社、路透社、CNN和BBC等发出报道149篇，其中人权方面报道46篇，中美政治贸易关系报道36篇，中国政治、经济与社会报道25篇，台湾报道22篇，其他报道（李文和、香港、自然灾害等）20篇。这些报道的主题集中在中美关系、人权、台湾和中国国内事务。"人权"和"中国威胁论"成为西方媒体对中国报道的核心议题。基于长期对西方媒体报道的

---

① 李希光，刘康．美国媒体为什么总是消极报道中国．环球时报，2000－10－13．

研究基础之上，李希光提出了美国媒体"妖魔化中国论"。

李希光认为，一个媒体之所以能够妖魔化一个国家，取决于这个媒体的市场和受众需求，出于商业利益的需要、"政治正确性"的需要以及政治选票的需要。说到底，取决于一个国家的主流意识形态。因为媒体市场及公众在决定接受什么样的信息时，是受他们长期以来由学校（学术界）、报纸电视（新闻界）和好莱坞（娱乐界）等传播媒介，在他们脑海里形成的历史性知识、事实性知识以及观念性知识支配的。

二、影响新闻报道写作的角度

以 2007 年《中国日报》与《纽约时报》对中国"两会"的报道为例。中国的"两会"，是中国具有重大意义的政治事件，在中国的政治环境中扮演着重要的角色。因此，各国的媒体对此都给予了极大的关注。"两会"上，可谓热点云集，面对国际性的热点如中日关系、军费增长、环境保护和能源消耗四大议题，同样的新闻事件，中美两国的主流媒体在报道角度、报道基调上呈现出巨大的差异性。①

下面，是中美的两大主流报纸《中国日报》和《纽约时报》对 2007 年中国两会的新闻报道议题：

中美两国四大报道议题的标题比较表

报道议题	中国日报	纽约时报
物权法	物权法草案提上全国人大审议；新法律规定：权利平等，规则平等	中国近期将出台法令保护私有财产
军费增长	国家武装和防卫自身的正当权利；中国军费涨幅温和	中国军费加速增长
政府工作报告	理论与实践上的和谐社会；未来像"丝绸一样平滑多彩"；各国大使盛赞政府工作报告	中国总理聚焦于污染与贫穷问题
中日关系	告诉日媒，正视慰安妇问题	尽管存在慰安妇事件，中国仍然强调与日本的紧密关系

从上述标题比较表中，我们可以看到很明显的报道角度差异。在物权法的报道

---

① 杨铮. 意识形态：新闻话语背后无形的手——中美 2007 "两会" 报道解读. 襄樊学院学报，2008（6）.

主题设置中,《纽约时报》突出了中国对私有财产的保护,略去了中国对国家财产、集体财产实行同等保护的内容,使得读者误认为中国的经济基础已全面转化为私有制经济,从而得出"资本主义战胜社会主义"的错误结论。而在军费问题上,《纽约时报》则突出了军费增长的事实,而对中国军事装备相对落伍、人口基数庞大以及军费增长与经济增长不同步的事实只字不提,向读者暗示中国的"军事野心"。在政府工作报告及中日关系问题上亦是如此。面对同样的新闻事实,通过选择性的报道角度,《纽约时报》呈现给读者一幅扭曲的中国形象图。

三、影响新闻报道写作的叙事话语

从叙事学被引入新闻传播领域,新闻叙事便成为学界研究的一个焦点和热点。新闻叙事不同于文学叙事,它是人类运用一定的语言系统叙述、重构新近发生的新闻事实的活动,从而形成了一种独特的叙事话语类型——新闻话语。

新闻叙事的内涵有三个组成部分:素材、故事和新闻叙事文本。素材是按逻辑和时间先后顺序串联起来的一系列由行为者所引起的或经历的事件,即原始的新闻事实;故事是记者头脑中的新闻事实,是新闻事实的物质状态在记者大脑中的能动反映;而新闻叙事文本就是最终受众看到的语言符号组成的结构整体。

新闻报道写作,即记者对新闻素材进行编码并以符号形式呈现给读者的过程。这个过程也正是意识形态起作用的过程。下面,我们一起来看看"9·11"事件八周年纪念日中美两国媒体的报道。

2009年9月11日,是"9·11"事件的八周年纪念日,这一天,美国在纽约市世贸中心"零地带"举行了纪念活动。美国总统奥巴马及夫人、美国副总统拜登、纽约市长布隆伯格等出席活动。由于"9·11"恐怖事件的巨大影响,针对此次纪念活动,中美两国的新闻媒体都给予了极大关注。然而在不同的意识形态主导下,所呈现出来的新闻叙事文本的叙事话语就存在着一定的差异。

以新华网与《纽约时报》对"9·11"八周年纪念的报道文本为例,我们来分析一下中美媒体的不同叙事话语。在这里,有必要介绍一下我们要进行比较的这两份媒体的媒介地位。新华网是我国国家通讯社新华社主办的在全球华人中具有相当覆盖面及影响力的国家重点新闻网站;而《纽约时报》是一份在纽约出版的报纸,在全世界发行,有相当的影响力,此二者都是各自国家最具权威性与影响力的网站和报纸。通过对二者在同一新闻事件中所呈现出来的不同报道文本,可以看出意识形态对新闻叙事话语的影响。

先看标题。新华网的报道标题是"纽约举行9·11恐怖袭击事件8周年纪念活动"，而《纽约时报》的标题是"Obama Extols the 'True Spirit' of Sept. 11"（奥巴马高度赞扬"9·11"之真精神）。两者对比，不难看出，对于"9·11"八周年新闻报道，新华网的标题侧重于呈现事件，而《纽约时报》的标题则侧重于报道美国的领袖奥巴马。从标题所用的话语来看，新华网倾向于直陈其事，而面向于对"9·11"事件有刻骨铭心记忆的美国本土民众的《纽约时报》，其标题写作则围绕受众关心的"总统"、"精神"等，通过新闻话语来呼唤民众勇敢面对逆境，相信政府力量。

再看导语。新华网的导语是：

美国纽约市 11 日上午在世贸中心"零地带"举行"9·11"恐怖袭击事件 8 周年纪念活动。

而《纽约时报》的导语则为

WASHINGTON-On a gray, rainy Friday in the nation's capital-so unlike the bright sunny morning eight years ago when terrorists slammed planes into the twin towers and the pentagon -President Obama called on Americans to" renew our common purpose" with a day of service and remembrance of the Sept. 11 attacks. （华盛顿——在一个灰霾、密雨的星期五，此时的美国首都——并不像 8 年前恐怖分子用飞机袭击了世贸双塔和五角大楼那艳阳高照的上午一般，在这纪念"9·11"恐怖袭击的今天，我们的奥巴马总统向美国人发出呼吁"重申我们的共同的精神"）

显而易见，新华网使用硬新闻的倒金字塔写作方式，一句话简洁明了地概括事件。而《纽约时报》则选择了截然不同的叙事手法与叙事话语，通过灰霾、密雨、艳阳高照等天气对比，来暗喻人们的心情，并且暗含着媒体的态度。

让我们比较正文内容。

新华网的正文：

与往年一样，在悲伤乐曲的伴奏下，遇难者亲属将遇难亲友的名字逐一大声念出。悼念活动举行时，天空飘洒着毛毛细雨，使纪念活动在初秋的寒风中显得肃穆而苍凉。

一位脸上挂满雨水与泪水的遇难者亲属动情地对故去的亲人说："无论是 8 年，

还是 800 年，我们都将永远怀念你。"

参加悼念活动的人们分别在当地时间 8 时 46 分、9 时 03 分、9 时 59 分以及 10 时 29 分，即被恐怖分子劫持的飞机撞向双子塔以及两座大楼倒塌等几个重要时刻，向死难者肃立默哀。

数百名在 "9·11" 恐怖袭击事件中遇难者的亲属、消防队员、警察、政府官员以及各界代表参加了当天的纪念活动。美国副总统拜登、纽约市长布隆伯格、参议员舒默等政要也出席了活动。

美国总统奥巴马在写给当天活动的一封信中，把 8 年前发生的那场恐怖袭击事件称为 "将永远铭刻在我们这个国家记忆中的惨剧"。他说："没有人可以担保我们不会再遭受另外一次袭击，但我可以保证——我能够承诺——我们将竭尽全力降低再次遭袭的危险。在国家出现危险时，我将挺身而出，立即投入行动。"

新华网的报道是几个画面的不连贯拼凑：伤心的遇难者家属、奥巴马的信件、副总统拜登、纽约市长隆伯格，几个事件链接各一小段。读新华网的这篇报道甚至有 "奥巴马当天没到现场" 的错觉。因为在提到奥巴马时，通篇没有描写奥巴马的任何一个动作，只有如 "……美国总统奥巴马在写给当天活动的一封信中……" "奥巴马说……" 这样的叙事话语。

然而，读《纽约时报》的报道，我们会发现，该报不仅记录了奥巴马当天在活动时的发言，还对其动作做了细节的摘录和描述，且语气是赞扬的。报道引述了相当多奥巴马鼓励遇难家属、激励民众、鞭策自己的话，且对奥巴马的动作细节做了大量的描写：

A bell rang three times, and they bowed their heads, placing their hands over their hearts while a bugler played taps. When he was finished speaking, the president place a wreath at the memorial. Then, he stepped out into the crowd to shake hands, growing soaked without an umbrella tin the pouring rain.

在这段新闻文本中，奥巴马深情鞠躬、神情悲痛，在纪念碑旁摆放花圈，用握手来安慰大众……这样的细节描写，为的是迎合民众愿意看到一个 "亲民" 总统的心理，也高度赞扬了奥巴马的确是符合美国形象的好总统。

新华网与《纽约时报》在报道文本中所体现出来的新闻叙事差异，除了新闻理念不同、媒体定位差异等因素之外，还源于两者不同的政治体制、意识形态以及文化价值观。因为"传媒不仅是国家的'话筒'、权力工具，它还是国家用以维护意识形态、传递统治阶级意志的工具，甚至它本身就是意识形态，直接履行着意识形态的社会控制功能"①。

第二节　新闻报道写作的文化传统

所谓"文化传统"，是指贯穿于民族和国家各个历史阶段的各类文化的核心精神。每个民族，每个国家的文化既因时因地而异，又具有一定的稳定性和延续性，这就是文化传统所起到的作用。

例如，同样是红色，但在不同的国家的人们眼里，在不同的文化传统中，所代表的文化意义是不一样的。

红色，是赤，作为一种色彩，可使人联想到鲜血、生命、火、太阳、温暖和朝霞等。而在中国文化传统中，大红色代表着喜庆和吉祥。人们用红色表达喜悦和祝福，用红色来进行自我保护、消灾驱邪。中国民众对红色的崇拜历史久远。据考古发现，早在距今18 000 年前的山顶洞人时期，死者遗骨的周围有用赤铁矿粉撒成的圆圈。学界认为，这不是无意义的行为，红色的使用绝非偶然为之。红色赤铁矿粉在这里被认为象征着鲜血，而鲜血被认为是生命的来源和灵魂的寄生处。在死者周围撒赤铁矿粉，用意是为死者祈求新的生命。因此，在久远的时代，红色就被赋予了吉祥的含义。这样的红色文化传统一直延续至今，并已深深地烙在中国民众的社会生活之中。

中国的年节——传统节日春节期间的主题色彩即是红色。红色的春联，写在红纸上的福字，红色窗花，红色的灯笼，红色鞭炮，装着压岁钱的红色纸包——红包，红色头绳，红色衣裳……节日中人们将红色这种色彩的使用发挥得淋漓尽致。由于红色所具备的喜庆、热烈、令人振奋的文化含义，中国人举行一些重大会议和活动时，也习惯使用大红条幅打出主题。

红，在中国人的人生礼仪中也发挥着重要的作用。在一个人一生中所经历的诞生礼、成年礼、结婚礼等礼仪中，红色也是当仁不让的主色调。

此外，在中国传统的建筑上，红色是身份地位和财富的象征。从唐朝开始，建筑使用的颜色已经有了统一规定，体现出等级的差别，如皇宫和庙宇建筑使用红和黄的色调，王府官宦之家可使用红色、蓝色和青色，而普通的民舍则只能使用黑、

---

① 李宏，李民等. 传媒政治. 北京：中国传媒大学出版社，2006. 14.

白、灰等色。杜甫的诗句"朱门酒肉臭，路有冻死骨"就形象地点明了红色的权贵象征。屹立了几百年的红色紫禁城曾是中国权力的中心，红色的宫墙成了皇家和民众的分界线。

时至今日，颜色没有了阶级差别，但红色作为一种高贵吉祥的颜色，依然在中国人民心中广受欢迎：民间建造房子时，喜欢将自家的大门涂成朱红色，以彰显富贵和气派；在日常的服饰中，人们对于红色也非常偏爱；中华人民共和国的旗帜，也选择了大红色作为主色调；在世界级的运动赛事中，当身着红色运动服的运动员站在领奖台上，看着红色的五星红旗冉冉升起，中国观众心中都会产生一种民族自豪感……

由此可以看出，红色作为一种颜色，在中国文化传统中，已成为一种民族标识。红色在中国尤其是汉族文化传统中，已远远超越了色彩本身的自然属性，它具备了丰富的文化内涵和象征意义，从色彩斑斓中卓然突现，成为一种社会性的色彩。

而同样是红色，在有些国家却有着完全不同的文化内涵和意义。在一些国家和民族文化中，红色是灾难的象征。如在古代埃及，如果庄稼歉收，人们会认为是红发女郎惹的祸而杀死她们。在信奉基督教的西方国家（爱尔兰是一个例外），人们认为红发女郎是魔鬼的情妇，是"魔鬼用地域的颜色做的标记"。

在英语文化中，红色更多地被赋予了暴力、血腥、危险、狂热、激进等负面意义。斗牛士用来激怒牛的红布（red flag）被喻为"令人愤怒的事物"；the red rules of tooth and claw 指"残杀和暴力统治"；Red Brigade（红色旅）是指意大利的秘密恐怖组织，专门从事绑架、谋杀和破坏等一系列恐怖活动；"a red flag"是"危险信号旗"。此外，红色还象征着放荡、淫秽，如《红字》中的女主人公受到众人的侮辱，衣服上被写上红色的 A，表示有不正当的男女关系；"red light district"则指"花街柳巷（红灯区）"……

由此我们不难看出，文化传统对人们的认知有着多么重要的影响。而处于不同文化传统环境下的媒体，面向不同文化传统的受众，这自然会深刻地影响着新闻报道的写作。这只是一个显而易见的文化传统差异对新闻报道写作的影响，事实上，新闻报道的写作与文化传统有着十分密切的关系，概括而言，文化传统主要从以下几个方面构成新闻报道的写作框架：

一、形成新闻报道的写作思维

思维方式是人类在认识世界过程中形成的带有一定普遍性和稳定性的思维结构模式和思维程式。一个人的思维方式的形成，受环境、社会、文化传统等众多因素

的影响。

一位美国学者做了一个心理测验。他让受试（中国、美国）儿童看三幅图画，分别是鸡、牛、青草，让儿童将其分为两类。结果，大部分中国儿童把牛和青草分为一类，把鸡分为另一类；而大部分美国儿童把牛和鸡归为一类，而把青草分为另一类。中国儿童习惯按照事物之间的关系划分事物的类别，而美国儿童则习惯于把事物归入作为"实体"各自所属的范畴里面去。按照"关系"，牛吃草，所以牛和草被视为同一个类别；按照"范畴"，牛和鸡都是动物，而青草是植物。

由此可见，中西思维的差异从孩提时代就有，而造成这种思维差异的，文化传统在其中起到了至关重要的作用。这种因文化传统而引发的思维差异，也体现在新闻报道的写作当中，如新闻报道角度的选择等。

中国文化传统中崇尚"天人合一"，讲求整体的和谐，人与自然的融合，体现在新闻报道写作思维上，就是要体现完满、团圆、平和；而西方秉承的"天人分裂"，其核心是对个体生命的放纵，突出个人的存在，西方的"天"——上帝，与人是分立的，体现在新闻报道写作上，就是追求刺激、负面、反常等。

以新华社和美联社的灾难性报道为例，可比较二者不同的文化观念所形成的不同的写作思维。

例如美联社记者所写的《美国大兵比卡尼克和他的妻子成了住房短缺的牺牲品》。这篇报道讲述的是一起危房倒塌的灾难事故：

> ……他们一家（指美国士兵比卡尼克一家）住在凑合着搭起来的房子里。昨天大雨倾盆……被泥水泡松了的山坡塌了下来。泥土压在他们的房子上，结果两个孩子——12 岁的艾利森和他 3 岁半的小妹妹朱迪安被活埋在 12 英尺厚的废墟下面。
> ……
> 比卡尼克像发了疯似的用手扒又湿又重的泥土。
> 消防队和铁路抢险队闻讯赶到，他们动用推动机干了 12 个小时，才把废墟的泥土清除干净，找到了孩子的尸体。在被砸坏的床上，两个孩子并排睡在一起，男孩子用胳膊护着小妹妹。两个孩子的身上盖着床单，看来，他们在生命的最后一刻想用这床单挡住不断落下来的泥土。

再看新华社记者高晓虎写的《在烈火的考验面前》，是讲述云南省安宁市发生的森林火灾。在救火过程中，有 56 人牺牲。文中写道：

事后，人们在收拾烈士烧焦的遗体时，发现他们有的手中还紧攥着砍刀，有的双臂高举过头，都保持着奋勇扑火的英姿……

这就是我们的人民，他们在烈火中用信念、勇气、忠诚谱写的壮美的歌，永远回荡在云南高原的大地上……

从中可以清晰地感受到两者不同的写作思维。美联社的报道，极其注重细致描摹事实，用了大量的笔墨表现灾难对人赤裸裸的摧残，强烈而直接地表现出人在灾难中的痛苦、悲惨境遇；而新华社却习惯于"哀而不伤"，他们虽然也暴露灾难中人的悲惨处境，但着眼点却是反映灾难中人的精神，用人的精神力量去消解事件的悲剧性质。

二、渗透新闻报道写作的文风

文风，即文章的风格偏向，如同一个人的性格气质一样。如苏轼以豪放洒脱闻名，柳永以婉约柔美传世……这些是名家独具一格的文风特色。做得好的媒体，都有属于自己的新闻报道写作文风特色。

《华尔街日报》是一份知名的报纸。在其中文网络版上，有这样一份说明：

道琼斯公司作为一家全球性的金融资讯供应商，在语言方面需要保持统一的风格。而荟萃其旗舰刊物《华尔街日报》重点新闻及优秀栏目的《华尔街日报》中文网络版由于面向全球中文读者，语言风格也具有全球化的特点。

众所周知，华人的聚居地遍布全球，而各地华人的语言习惯又千差万别。地区之间在语言称谓上发生冲突的现象屡见不鲜，而在财经报道方面，专业术语的用法也不尽相同。例如，"price/earnings ratio（P/E）"在中国大陆和香港被称为"市盈率"，而台湾和美国的投资者则普遍称之为"本益比"。

针对这种用词及其他文体上的分歧，我们的原则是：使用所有读者都能够准确理解的表达方式。在此基础上，尽量使语言符合大多数读者的阅读习惯。如果二者难以兼顾，则优先考虑语义的准确性。在上文所举的例子中，鉴于台湾和美国根本不存在"市盈率"的说法，读者理解起来比较困难，而"本益比"对大陆和香港的读者来说尚可接受，我们统一采用"本益比"作为"price/earnings ratio（P/E）"的标准译法，以保证大多数读者准确理解其含义。

《华尔街日报》中文网络版的目标是向全球华人提供最权威的国际金融信息。为此，我们将在不断完善网站内容和功能的同时，也不断改进文体风格，以最大程

度地适应世界各地所有华人读者的需要。我们欢迎您提出宝贵意见，并感谢您对我们的重视。

综上所述，资讯的准确性是我们的核心原则，一切文体风格应以其为主导。

在《华尔街日报》中文网络版的这份说明中，突出了两点：一是报道面向什么地区的读者；二是文章的写作风格，包括语言、表达方式等，都要以核心读者的阅读习惯为主。从表面上看，它是为了迎合读者的需求，但深层次上，它是在迎合不同地区的文化习惯。因为一个地区的读者，是在一种文化的熏陶下建立起一种群体性的阅读习惯的。

三、墨化成新闻报道写作的措辞

文化传统有着丰富的内涵，其中作用于一个人、一个媒体，很显著的一点就是语言，如用语用词，说话习惯。譬如，在北方普通话系统中，表示自己先离开，习惯的表达是"我先走"，而在广东方言里，却是"我走先"。

这只是一个很小的例子。虽然随着普通话的推广，很多南方人的普通话也十分标准，但是一个人成长的生活环境、地方文化传统，一个媒体所处的社会环境、文化系统，依然会对一个人、一个媒体新闻报道写作的措辞产生深刻的影响，以至于会在新闻报道的文本写作中不知不觉地流露出来。就像一个人说话一样，不经意间就会流露出家乡的口音特色。

最近在关于"神十"升空的报道中，就有人将中西方不同媒体对同一事件报道所使用的不同措辞进行了比较：

中国·《人民日报》："搭载着3名宇航员的神舟十号飞船11日在中国酒泉发射中心成功发射。国际舆论对此高度关注，认为神十成功发射开启了中国航天事业的新篇章，标志着中国正加速实现宏伟的太空计划，彰显了中国日益增长的综合国力。"

美国·发现频道："国际空间站里的6名宇航员这下有伴儿了。"《华盛顿邮报》："在加拿大宇航员哈德菲尔德通过视频网站分享他在国际空间站一展歌喉的视频后，中国航天员也要在天宫一号里同地球上的学生展开交流，这标志着中国航天工程迄今最大胆的一步：将军方支持的航天工程带入普通中国人的生活中。"《国际先驱论坛报》："这是中国人第一次在太空庆祝端午。在讲究'民以食为天'的中国，地面上的人们总关心航天员吃什么。中国媒体也热衷回忆10年前中国首名航天

员杨利伟的太空食谱，他当时吃了名菜宫保鸡丁。"

在美国的报纸中，还有这样的说法：从 2003 年杨利伟搭"神五"上天到第二名女航天员王亚平随"神十"升空，记忆中过去十年的中国载人航天有如电影《土拨鼠日》里的主人公，每天醒来都是昨日（发射）重现，而每次循环都比前次更懂得如何成功。

日本·富士电视台："中国载人飞船神舟十号发射。承载习政权的野望。"（在日本国语大辞典中，"野望"的释义是"未能实现的野心"）

针对"神十"升空这件事情，不同的媒体措辞完全不同。尤其是美国报纸所用的"电影《土拨鼠日》里的主人公"以及日本媒体使用的"野望"这样的话语，极富国家文化特色。

《土拨鼠日》是美国哥伦比亚公司出品、1993 年上映的一部喜剧电影，该片在美国可谓家喻户晓。大致剧情如下：

男主人公 Phil（编剧故意将主角的名字与土拨鼠的名字取得一样）不喜欢自己的工作，也不喜欢自己的生活，更不喜欢周围的人，甚至对自己也没有什么好感，导致他也成了一个不讨其他人喜欢的人。一切可能就是他那重复如一日的生活造成的。

在美国传统的土拨鼠日（2 月 2 日）这一天，Phil 去小镇报道土拨鼠的新闻。之后发生了非常神奇的事情，就是每当他早晨醒来，都是相同的一天：永远都是 2月 2 日，土拨鼠日！

而当天所发生的事情，就像是录像带的反复播放一样，发生在 Phil 身边。永远都会出现相同的人，发生同样的事情：每天起床都有同样的电台广播，有个人会和他搭讪，老太太会和他聊天询问他早餐和天气，路上遇见乞丐和卖保险的旧朋友，报道节目……

美国的报纸媒体使用这样的一种隐喻说法，来体现他们对中国自"神五"之后的多次宇宙载人飞船的发射的看法。而日本电视台所使用的"野望"一词，在中国甚至从未见过此词，其深刻寓意只有日本人才能领会。

第三节　新闻报道写作的媒体定位

所谓"媒体定位"，是近年来借鉴市场营销学中"市场定位"理论所提出来的新闻学概念。媒体定位的具体内涵，包括角色定位、受众定位、内容定位以及竞争定位。这是媒体应媒介市场细分或发展趋势变化而作出的反应。

一个媒体的定位，体现在新闻报道写作中，就是要求新闻报道的写作要符合媒体的定位，能够清晰地通过报道文本体现媒体的定位、特色，符合媒体核心受众的需求，能够体现媒体的思想理念等。

以《南方周末》与《广州日报》为例，来看看不同的媒体定位对其新闻报道写作风格与特色的影响。

先说《南方周末》。《南方周末》从 1984 年创刊之初的"娱乐型周报"转型为具有全国影响力的报纸，它以"反映社会、服务改革、贴近生活、激浊扬清"为特色，以"关注民生、彰显爱心、维护正义、坚守良知"为己任，将思想性、知识性和趣味性熔于一炉。

在这样的媒体定位下，其新闻报道写作风格亦在国内的媒体中独树一帜，具有自己的特色。

首先是标题制作醒目、灵活、饱含人文精神。以 2007 年 12 月 20 日以下版面标题为例：头版标题：《铁面审计长谢幕》、《时局，两会特别报道之他们这些年》、《李金华："我们最多 70 分"》；经济版标题：《万科并不能左右市场》、《万科冲击波》；文化版标题：《谁动了教材出版的奶酪》；时局版标题：《两会新闻记者面临的主要矛盾》；纵深版标题：《揭秘 15 年前惊心动魄的劫机潮》、《张五岳：保安全需构建新合作》、《有错即改》。可以看出，南方周末的新闻标题有以下特点：多样化，传神、具体确切，简练生动，朗朗上口。

此外，富有人文精神也是《南方周末》标题不可忽略的层面。人文精神是一个内涵丰富复杂的历史文化概念，它是对人存在的思考，对人的价值、生命意义的关注，对人类命运、人类痛苦与解脱的探索。它属于人的终极关怀，显示了人的终极价值。如《我们的三峡，我们的命运》、《孩子，别怕》、《"卖淫女"的清白之旅》、《收教所里的女人》等标题，读者光看新闻标题，就可以读出人情味、读出深厚的人文关怀。

其次，其新闻报道擅长用事实说话，事实全面丰富，有说服力。用细腻的笔法再现新闻事件发生的场景，文章之长在于它写作上的细节化，其中包括具体的时间、地点、新闻当事人的各种变化、人物语言等。所以很多时候，它能够以小见大，对比衬托、点面结合、画龙点睛。

再者，《南方周末》的新闻报道已形成一种风格或模式。第一部分，人性化的开头，即与新闻主题有关的人物的故事；第二部分，过渡，即从人物与新闻主题的交叉点切入，将真正的新闻内容推到读者面前；第三部分，展开，即集中而有层次

地阐述新闻主题；第四部分，回归人物，即重新将人物引入新闻，交代此人与新闻主题的深层关系。

以《南方周末》2007年3月29日发表的《重庆钉子户事件内幕调查》一文为例，全文主要讲述了重庆一居民因不满足政府给予的拆迁赔偿而拒绝搬走的过程。该文行文风格如下：

引入话题（启）：在大约两小时前，这个被称为"史上最牛钉子户"的户主出现在窗口，用他那标志性的动作——握紧拳头——大喊："我要和市长对话！"随后，又拿起手机给知道联系方式的几个记者激动地打电话："我是重庆杨武，我要见（市委书记）汪洋！"

开头（启）：一个人的擂台

对杨武来说，高出大坑17米的这个"孤岛"，不啻于电影《霍元甲》中高高在上的武术擂台，只不过，这是他一个人的擂台。他不允许别人侵犯。3月21日下午，他对坡下欲上前阻拦他进屋的工地保安伸出拳头："你敢上来，我就把你们打下去！"

起因（承）："最牛钉子户"凭啥这么"牛"

21号以来的每一个下午，吴苹总是雷打不动地出现在工地现场召开"新闻发布会"。人们早已熟悉了她用法律武装之后的扮相——"第一，我要捍卫法律的尊严，第二，我要维护自己的合法权益"。

深入追究（承）：开发商是谁

该项目法人与工程质量责任人为"重庆正升"。工商资料显示，重庆正升的控股股东为重庆盛博实业有限公司（以下简称重庆盛博），该公司是重庆出版集团的全资子公司。成立之初，其法定代表人为罗小卫，曾任重庆市南岸区副区长、副书记，2003年3月后任重庆出版社社长，并任2005年4月成立的重庆出版集团公司董事长。

过渡（转）：漫长的拉锯战

僵局起源于1993年。那一年，杨家木质结构的老房子年久失修，吴苹获准在原址重建起现在这栋小楼。然而，杨家的房子还未干透，鹤兴路就张贴出拆迁公告，宣布重庆南隆房地产开发有限公司（以下简称重庆南隆）为拆迁开发商。"之后，通过一户户谈判做工作，其他拆迁户都接受了安置方案。"任忠萍说，到2006年9月份，整个鹤兴路上只剩下吴苹一家。

主体（展开）：三次谈判细节如何

第一次协商，吴苹除提出在原拆迁范围内还营业房，"一楼还一楼，二楼还二楼，朝向不变，左右均可"，还提出两项共计500余万元的赔偿。因无法满足该要求，双方首次接触不欢而散。

2006年9月18日，双方进行第二次协商。吴苹又提出："补偿楼顶10平方米断水冒亭和85平方米违章建筑，赔偿被盗物品价值12万、装修补偿18万"，并尽早提供相同面积过渡门面等。因吴苹要求按原面积安置，且不补差价，双方未达成共识。

第三次协商，开发商再次让步，提供了拆迁红线内同样大小的临街门面与二层，这是原来拆迁方案中没有、专门按吴苹要求提供的。同时针对吴苹在三次协商中提出的要求，提供72万元的赔偿。

结尾（合）：吴苹"无凭"？杨武"扬武"？

事实上，第三次协商已经使双方无限接近，但因为一个公章引发的问题，双方再次谈崩。吴苹仍然拒绝在安置协议上签字，理由是"上面没有联建单位南隆公司的公章"。为解决这个问题，3月5日，南隆公司法定代表人林明哲委托其女儿将公章带到重庆，但吴苹却仍然拒绝签字，"大街小巷都可以刻章，我怎么相信这是真的？"之后吴苹又说，如果看不到三个老总，公章有可能是假的；没有身份证同样不行，"人也可能克隆嘛"。最后双方谈崩。

行文结束时没有像倒金字塔那样戛然而止，而是回归到开头的故事人物中去，以故事人物的话来点破、升华主题。

总的说来，《南方周末》的文章写作风格有两大特点：一是故事化，借鉴了文学写作中的故事描绘法，把枯燥、干瘪、索然无味的硬新闻变得生动活泼、通俗有趣，使人如临其境，如闻其声；二是注重细节描写，从小处落笔，向大处扩展，感性、生动，从具体到抽象的过程符合大众需求，全面、细致从而使得文章信息量增大。

再看《广州日报》。《广州日报》的定位，如果从报纸的性质或管理的角度来看，它属于广州市委机关报。但从读者角度或市场角度来看，它既是精英报纸，又是市民报纸。既适合一般普通市民阅读，也适合中产阶级市民阅读。在内容上，《广州日报》走的是通俗的路子，坚持"三贴近"的原则，做精英人士和普通市民都关注的主流新闻，这是《广州日报》在受众定位上独特而出色之处。

在新闻报道内容上，《广州日报》立足广州，突出本地特色，报道最地道的广州人与事，传播最地道的广州文化；贴近民生，报道与群众息息相关的问题，通过信件、电话、电邮、论坛多种渠道与读者互动，收集意见，推动解决社会问题；面

向高端，提高知识含量，以理性深刻报道深入人心，从事件的现象入手揭示本质；加强深度评论。

正是在这样的报纸定位下，"雅俗共赏"成为《广州日报》新闻报道写作的特色。一方面，面向高端，《广州日报》的新闻报道，注重选题与报道的"雅"。如2013年6月29日的报纸A2版中，既有关于韩国总统朴槿惠的新闻报道：

朴槿惠中文背《中庸》《管子》

昨天，韩国总统朴槿惠在清华大学发表主题演讲，她用中文做开场白，且最后她以中文收尾，发音字正腔圆，获得了在场学生阵阵掌声。

记者了解到，在这篇题为"韩中心信之旅，共创新20年"的演讲中，朴槿惠多次引用中国的古语与成语，让中国观众倍感亲切。

文/本报记者李颖（除署名外）

"韩国梦"和"中国梦"相通

据新华社电（记者熊争艳）"从此，我们要越过韩中过去20年的成功经验，开启共创新20年的心信之旅。两天前，我与习主席共同签署了韩中面向未来联合声明，这既是旅程的蓝图，也是路线图。"朴槿惠的演讲，紧扣《韩中心信之旅，共创新20年》的主题。

她以具体的数字和实例解析韩中关系。"建交虽然不过21年，但两国友好发展的速度却史无前例。两国贸易额已增加40多倍，每天100多架次飞机和船舶往返韩中，两国各有约6万留学生在对方国家留学。很多韩国人从小通过书籍和漫画，接触《三国演义》、《水浒传》等中国古典文学。"

"信任"是演讲中反复出现的一个词。朴槿惠说，她从政过程中一直最看重国民的信任，在外交领域，她也以信任作为主基调。两国领导、人民之间如能加强信任，国与国关系肯定会更加密切。此次韩中首脑会晤使她与习主席建立了深厚信任，他们将以此为基础，开展更有前瞻性的对话与合作。

朴槿惠还分享了"韩国梦"和"中国梦"的相通之处。她说，正如韩国和中国的江河最终流入同一片海，现在中国正朝着中华民族伟大复兴的"中国梦"奋勇前进，韩国也向着开启国民幸福新时代的"韩国梦"迈进，韩国与中国共同分享的梦是美好的，韩中和谐相处一定会有光明的未来。

笑称自已初恋对象是赵云

一见面向同学致意时，朴槿惠就用中文引用了《管子·权修》"一年之计，莫如树谷；十年之计，莫如树木；终身之计，莫如树人"，还有取自《周易》的清华校训"自强不息，厚德载物"，以此盛赞清华大学培养了包括习近平在内的政治领导人和诺贝尔奖物理学奖获得者，必将给中国开启美好未来。

在论述国与国之间的关系时，朴槿惠引用《中庸》"君子之道，譬如行远必自迩，譬如登高必自卑"，说国家之间的相处需要君子之道。

朴槿惠曾在一篇文章中写道："在我最困难的时期，使我重新找回内心平静的生命灯塔是中国著名学者冯友兰的著作《中国哲学史》。"演讲结束时，主办方清华大学特意赠送朴槿惠冯友兰晚年书法作品《一片冰心在玉壶》。

"这是冯友兰先生的书法手迹，是他89岁时所写。这首诗最后一句'一片冰心在玉壶'，常用来形容人的高洁品格。"清华大学国学研究院院长陈来在将这幅书法赠予朴槿惠时表示。

这次访华不是朴槿惠第一次在中国秀中文。2011年11月，朴槿惠作为大国家党前党首应邀访华。晚宴上，她在没有原稿的情况下用中文致辞3分钟。在《绝望锻炼了我：朴槿惠自传》一书中，朴槿惠说，父亲曾送给她一本三国故事，朴槿惠被书中情节深深吸引，最为欣赏蜀国大将赵云，"甚至怀疑自己的初恋对象会不会就是赵云"。

后来，朴槿惠阅读了大量中国古典书籍，包括《论语》、《贞观政要》、《明心宝鉴》、《近思录》，并且通过韩国中文教学广播节目学习中文。

朴槿惠演讲古语出处

"我见到各位清华大学学子们，就想到中国一句古话：'一年之计，莫如树谷；十年之计，莫如树木；百年之计，莫如树人。'"（出自《管子·权修》）

"我以前去过苏州，切身感受到了'上有天堂，下有苏杭'。"（出自中国俗语）

"如管鲍之交、三顾茅庐等中国成语，韩国人在日常生活中广泛使用。"（出自中国历史故事）

"为了克服那段艰苦时期，我在笔记本上抄满了良言佳句，其中最难忘的是诸葛亮写给儿子的话：'非淡泊无以明志，非宁静无以致远。'"（出自诸葛亮《诫子书》）

"君子之道，譬如行远必自迩，譬如登高必自卑。"（出自《中庸》）

忆人生际遇 励清华学子

"我遇到不少挑战，但最困难的时期是父母遇刺身亡，我个人也受到袭击，差点丧命。"在提问环节，当梁业珍问到"巾帼们在从政过程中要付出更多努力，不知您一路走来，曾遇到哪些挑战？"61岁的朴槿惠如此回忆人生困境。

作为韩国前总统朴正熙的长女，朴槿惠说，她最初的理想是研究电子工程，成为专业人才。但父母的遇刺改变了她的人生轨迹。伤心欲绝的朴槿惠，阅读了大量中国古典书籍，其中冯友兰的《中国哲学史》，是帮她重新找回内心平静的生命灯塔。

"在人生低谷，我受到的启发是，人生一世，终归尘土，就算有100年光阴，也不过是历史长河中的涟漪。因此，人要活得正直和真诚。无论遭受多大考验，只要与患难为友，视真诚为道路上的灯塔，绝望也能锻炼我。"朴槿惠说。"绝望锻炼了我"也正是朴槿惠个人自传的标题。

"同学们，无论碰到什么困难，我希望你们不屈不挠，让每天都充满希望和梦想，向更宏伟的未来和更宽广的事业前进！"朴槿惠话毕，台下掌声如潮。

清华学生发问经济政策问题

朴槿惠昨天的演讲历时约20分钟，并回答了3个提问。记者特地联系到获得向朴槿惠提问机会的清华大学数学系研究生一年级学生肖传喆。

"让我印象深刻的是朴槿惠女士对中国文化的了解很深，在演讲中引用了很多古语。这让我比较惊讶。"肖传喆对昨天朴槿惠的演讲印象深刻。他认为朴槿惠的演讲颇为坦诚，"演讲中也谈到了韩国与朝鲜之间的关系，这些话题我本以为不会涉及。她也表示愿意和中国建立深厚的友谊。这些都让我印象深刻。"

让肖传喆感触很深的是朴槿惠对自己人生经历的分享。"我觉得她在经历那么大的挫折之后，还能够淡定面对，坚定自己的目标，是件很难得的事情。"

肖传喆还特别幸运地获得了一次向朴槿惠提问的机会。"我的问题是朴槿惠总统在韩国提出的'经济民主化'将对韩国经济产生什么样的影响和作用。因为之前有报道称，朴槿惠总统此次可以被称为经济之旅，团队当中有很多韩国商界人士。所以我对她上任之后的经济政策比较感兴趣，也查了很多资料。"肖传喆表示。

昨天，朴槿惠身穿紫色西服，"紫色，是我们清华校徽的颜色。总统穿紫衣、用汉语开场等都说明她对这场演讲的精心准备。"清华大学微纳电子系研究生梁业珍说。

也有关于中国人"抢金"的新闻报道：

年轻人"抢金"不输"中国大妈"

本报讯（记者卢迎新）　金价于本月28日下探到一段时期的最低点。昨日金价虽然小幅反弹，买金热潮依然不降温。不仅商场金柜前人头攒动，新新人类也在网上掀起一波"秒杀金"的网购热潮，而年轻一族买金，有明显的月初扎堆趋势。

28 日，东百黄金单日销售额达到 430 万元，当天有顾客一个人就拿下价值 70 余万元的投资黄金，还有一名顾客拿下"整整一托盘"的龙凤镯，总计 12 只，还有 20 只大戒指。

记者采访时发现，这边厢，"中国大妈"、"中国大叔"们在商场内"抢金"，那边厢，年轻一族也十分热衷网上"扫黄金"。记者观察到，售卖黄金产品的网店推出的黄金产品价格区间普遍在 500~2 000 元之间。

记者采访了多名网店顾客，发现这些消费者普遍已经拥有 4~7 年的网购经验，多数人对安全问题表示"顾虑不大"。有店家则表示，如果顾客有顾虑，会建议顾客购买保险。

有意思的是，有网店客服向记者"吐槽"：他们的工作可谓不同时间段"冰火两重天"。"一到每个月最后几天，或者是月初，我们生意就清淡得可以打游戏。"一位金饰品网店工作人员透露，"而到了 5 日、10 日的企业发薪日之后，订单明显扎堆猛涨，忙晕了！我们客户主要以年轻人为主。"

上述两篇新闻报道的报道题材、写作语言风格等完全迥异。后一篇大量地使用了当今的网络用语，如"吐槽"、"秒杀"等；而前一篇则显得庄重、语言典雅。在同一份报纸的同一个版面中出现写作风格如此迥异的两篇文章，正体现出了《广州日报》雅俗共赏的新闻报道写作特色。

第四节 新闻报道写作的记者个性

在新闻报道写作的叙事框架中，除了意识形态、文化传统以及媒体定位之外，还有记者个性。说到记者个性，似乎不是一个褒义词。因为人们往往把"个性"理解为唯我独尊、无大局观等。

事实上，所谓记者个性，指的是在注重事实的前提下，记者在认识事实、把握事实、报道事实的过程中所体现出来的主观性和创造性，是记者独有的一种思维判断、行文风格和语言特色。

当今我国新闻记者群体中，平庸者甚多，而具有"个性"的记者实在太少。有时候，记者对某一事件拥有自己的想法和见解，但在大环境中，必须顾及大多数人的想法和见解，在妥协中，就磨灭了自己的个性。

在实际工作中，我们经常发现很多新来的记者一开始都显得生龙活虎，但久而久之就很容易被表面的顺从掩盖了个性的魅力，渐渐地失去了个体鲜明的色彩。对于媒体而言，需要有包容记者个性的环境。尊重记者的个性，其实就是尊重他们思想的存在，尊重他们价值的存在。

全国上千张报纸，每天的新闻千差万别，深浅不一，归根结底，是各报社记者之间个性的差异、思想的差异所呈现出来的表象。如果出现"千报一面"的新闻同质化现象，很重要的一个因素是记者的个性被磨灭了，以致写出来的新闻大同小异。记者个性，最直接的体现就是新闻报道文本。为什么我们长期看某报，可以看出某篇文章是该报某位记者所写的，这就是记者个性在文章中的体现。1996年5月15日，《人民日报》原总编辑范敬宜在《编采业务》上撰文："对新闻记者来说，最忌的就是缺少个性，也可能文章主题很好，结构很严谨，文字也很漂亮，就像一个人长相似的，长得漂漂亮亮的，但是看完以后，留不下什么印象来。可是，也有一种人并不是特别美，但是他有一种魅力，看完给人一种印象，闭上眼睛就能想起这个人。所以我要求记者有自己的个性，这特别重要。我过去常说一句话，叫'人不求全，文不求同；以全求人则天下无可用之才，以同求文则天下无可读文章'。千文一面，文章没法读。对一个记者来说，除了作品导向正确、思想深刻、表达清楚等基本的要求之外，再深一层要求就是要有自己的个性，要有那种与众不同的精神，而且逐步形成自己的风格。"

在2010年第11个记者节，曾有媒体盘点中国最具影响力的五大名记者，看这五名记者的简介，你会发现一个很重要的特点，那就是他们都具有自己的独特个性。

如被称为"战地玫瑰"的凤凰卫视电视记者闾丘露薇。2003年爆发美伊战争，她成为首位进入巴格达的华人女记者，也是全球唯一三进阿富汗采访的华人女记者，被誉为"战地玫瑰"，其贯彻"凤凰精神，华人先锋"的专业精神和拼搏态度赢得中国领导人、同业及社会的高度赞许，又获颁发"2003年复旦大学首届校长奖"。

又如被称为"中国揭黑记者第一人"的王克勤。王克勤先后推出震惊海内外的《北京出租车业垄断黑幕》、《兰州证券黑市狂洗"股民"》、《公选"劣迹人"引曝黑幕》、《甘肃回收市场黑幕》、《山西疫苗乱象调查》等一系列揭黑性深度调查。仅2001年在他的笔下送进监狱的黑恶分子就达160多人。当年有黑社会组织扬言出价五百万元买他的人头，因此他被传媒界誉为当代中国"身价"最高的记者。警方曾派4名刑警荷枪实弹进驻他家保卫他的安全。《中国青年报》曾发表题为"总有种力量让我们泪流"的评论，评论中说："王克勤他理应得到包括记者在内的社会大众的关爱和尊敬。"应该承认，在中国新闻界，和王克勤秉承同样信念、同样作出

优秀成绩的记者，不乏其人。人们透过王克勤，传达了更广泛的声音，那就是对正义的支持，对恶势力的深恶痛绝。

一、记者个性，作用于记者笔端

以新闻泰斗穆青为例，他曾留下众多脍炙人口的散文和新闻精品，但真正使他独树一帜，并对这个时代产生深远影响的是他的人物通讯。不仅他笔下的人物成为时代的楷模，影响了一代又一代人，而且他那大气的文风，也成为了新闻史上的里程碑。《县委书记的好榜样——焦裕禄》、《为了周总理的嘱托》、《一篇没有写完的报道》、《雁翎队》、《月夜寒箫》等个性化、时代感并蓄的人物通讯，让人读起来能感受到一种浑然天成的气势，体验到一种真挚凝重的情感，领略到一种细微精到的笔触，其时代特色和文风魅力所产生的强烈震撼力，令人荡气回肠，掩卷叹服。

同样以写通讯闻名的新闻事业的先驱者、忠实实践者范长江以他细腻的笔触、诚挚的情感、灵动的文笔、理性的思考，写出一批如《中国西北角》、《塞上行》等经典之作。黄钟大吕式的名匠巨作以"炽热跳动着的赤子之心"记录了时代前进的脚步，有力地推动了时代进步，在国内外产生了重大影响，为时代留下了珍贵的历史实录。他们留下的不仅是"绝品"，更为我们留下了"为记者而不媚俗，居高位而思民苦"的精神财富，同时也为我们树立了"铁肩担道义、妙手著文章"的光辉榜样。

古往今来，所有成功的记者都有着自己用情感甚至血泪凝成的得意之作，都有着别人无可比拟的"绝活"，也成就了别人无法模仿的个性特色。

二、记者个性，影响记者对新闻的解读

比如，衡阳"11·3"特大火灾，无数的新闻记者都曾目睹这一震惊全国的事件，在关注解放军武警官兵奋力扑火救人时，有的记者却把镜头对准了自己的同行。面对烈火残垣，衡阳晚报记者李凌依然紧护自己的采访相机，在火灾现场摁下一个个瞬间，后来被广为转载，并为他带来了一串奖杯，入选了中国风云记者榜名单。打鱼不凑热闹处，钻冷门却出了很有影响的报道。举世瞩目的美国"9·11"事件中，几乎所有媒体都热衷于事件本身以及发生原因的跟踪报道，而美国的迈克尔·摩尔所拍的新闻纪录片《华氏9·11》，以独特视角，围绕"9·11"恐怖袭击事件展开，抨击布什政府在反恐和伊拉克战争中的态度，并揭露出布什家族与拉登家族不同寻常的政治和金融关系，获得第57届法国戛纳国际电影节最高奖项——金棕榈奖而一举成名。

可见，独到的见解，非凡的眼光，辩证的思想，把握事物本质的能力，同样是新闻记者个性魅力表现的基础和灵魂。

三、记者个性，展现在写作的语言风格上

俗话说，文如其人。任何新闻作品都带有记者的感情色彩和语言风格。记者的个性差异，有助于新闻作品风格的形成。一篇好的新闻作品，必须是由好的题材和个性化的语言构成。许多新闻名家认为，在遵循"新闻必须真实"这一前提下，一切可用的表现形式和表现手法——文学的、政论的乃至电影艺术语言的某些风格，都可以适当地吸收到作品的写作中来，这对于充分表达作品的感情，刻画人物形象，满足读者情感的需要，都是十分必要的。

别林斯基所说的"思想和形式密切融汇中按下的自己个性与精神独特性的印记"是每个文字工作者身上都存在的。不同的记者有着不同的独特生活经历、禀赋、才能、性情、气质、审美情趣等。这种个性差异性反映在新闻作品中就表现为主题立意、组织结构、表现手法及语言运用诸方面的独特性和多样化。而这在某种程度上就有成就风格的现实可能性。

例如著名记者法拉奇，其个性特点与文学精神结合在一起，就形成了以她自己为主角，记录着她的见闻、思想和灵魂的特殊作品——法拉奇的个性新闻。虽然法拉奇的新闻报道存在一些缺陷，但是，其对新闻事业的贡献是不可磨灭的。

法拉奇擅长在新闻报道作品中采用场景、画面组合的结构方式展现事件，使得事件的叙述曲折而有波澜。在《离开沙岬岛的擦鞋男孩得到了新生》一文中，法拉奇是这样写的：

他穿着一件格子花呢夹克和一条灰色裤子，有一种不为人注意的优雅和高贵。他一边抽烟，一边读报。不远的板凳上放着一个盛满茶水的保温瓶。听到我从小窗户的那边对他说"晚上好"时，那个长条身影像军人一样敏捷地跳起来，把手中的报纸和香烟扔在了一边，然后扬起脸看着带栅栏的窗。这是一张奇异的禁欲的脸：双颊下陷，两眼深黑，一脸糜菲斯特的黑色络腮短胡，直长到耳垂下面。这张脸看上去像个逗号，逗号的中间带有表情。

一个个画面，串成一幅幅场景，生动、形象、人物栩栩如生。此外，法拉奇的新闻作品多采用第一人称亲历式报道。1968年法拉奇在报道墨西哥学生反政府运动时，遭到军警殴打，最后身中三弹，被拽着头发拖下台阶，扔在尸堆中。她被送往

医院后，却不肯躺下来休息养伤，手不能写，就用录音机口述她经历的一切。刊出的《奥丽亚娜·法拉奇报道：血洗之夜我不幸受伤》中，法拉奇就是以亲历者的身份讲述自己的历险经历：

> 子弹在我们头上呼啸。我听到人们在呼喊。……我左边那个人受了伤。……一颗子弹打穿了水管，水向我们喷射过来，我们……浸泡在被血染红的水里。

这种亲历式的报道写作方式，不仅调动了读者的兴趣，而且以其真实感获得了读者的信任。这些报道写作特色，构成了记者法拉奇的新闻报道特色，也是法拉奇个性特点在新闻报道作品中的体现。

思考与练习

1. 新闻报道写作的叙事框架由哪几部分构成？
2. 意识形态对新闻报道写作的影响有哪些？
3. 文化传统是如何对新闻报道写作起作用的？
4. 什么是媒体定位？
5. 思考：记者应该具有个性吗？

延伸阅读

中西方在新闻写作方面存在的差异[①]

文化传统是新闻价值观形成的历史渊源。中西方在文化传统上的差异，势必造成新闻价值观的差别。西方文化产生于古希腊海岛的城邦民主制度和平民商业经济之中，特有的地理环境和经济形态，形成了古希腊民族追求真理、勇于冒险、酷爱独立、自由的精神，以后希伯来人的超越精神、罗马人的征服精神融入，从而形成了西方人理性至上，重科学的文化价值取向和求斗争、求个性的文化精神。西方个性主义的文化背景，即使西方新闻传播活动落脚于个体的获知，又影响、规定记者的新闻行为。在这样的文化传统下，西方新闻传媒的存在及其运作，带有西方浓重的个性主义和商业文化气息。由于这些因素的驱使，西方新闻传媒总是关注受众信息需要及其动向，关注人的生存环境，迎合读者口味，另外也重视消遣和娱乐。西

---

① 李丹洁，吴相如. 中西文化价值观念差异与新闻写作比较. 昆明大学学报，2008（3）.

方新闻媒体产生的直接动因是经济竞争，是为商品经济发展服务的信息媒介，是一种相对独立的经济实体。传递情报、交流信息、获得广告、赚取利润成为其重要的功能和任务。比如路透社、美联社，都是在日益激烈的新闻竞争中成长起来的。经营上自负盈亏。所以其新闻传播活动也确实享有相当自由的空间，西方记者有采访和报道的自由，新闻记者可以根据受众的喜好，自由刊登各类新闻，甚至可以揭露某些丑闻，以激发受众的猎奇心理，招徕更多的受众。

从根本上说，西方新闻媒体是维护资本主义制度，维护资产阶级生活方式与价值观念的工具。它必须不断改革报道方式和传播手段，适应受众不断变化的口味与兴趣。

中国传统文化产生于大陆大河的宗法等级制和小农自然经济之中，这种文化反映了稳定的农业生产方式和内陆环境的内在要求。中国传媒受这样的传统文化的影响，注重整体的文化背景，使新闻传播活动注重于道德教化，又使记者自觉地将个人的新闻职业活动融会于民族、社会整体利益之中。这种文化指向影响使得中国传媒偏重政治、社会效益至上，道德意识强烈而娱乐意识相对淡薄。

我国近代的新闻事业诞生于民族存亡之际，民族斗争、阶级斗争复杂而艰巨，这就决定了我国的新闻事业是作为经济斗争的工具的命运。因而，必然带有强烈的政治色彩。在革命斗争时期，党的新闻事业不断加强其作为阶级斗争、民族斗争工具而引导舆论、教化民众、指导工作的职能，以其强大的宣传威力为革命取得最后胜利贡献了自己的力量。在和平时期，党的新闻事业也始终是党联系人民的桥梁，是党中央和人民息息相通的精神纽带。经济效益永远为社会效益服务。

第六章　消息概述

第一节　消息的特点

消息是最典型、最常见的新闻报道文体，它以最直接、最简练的方式报道新闻事实。写出合格的消息是记者的基本功。狭义的新闻就是消息，所以本章在行文中有时将它们混用。其特征有：

（1）比较短，多为几百字，内容简明扼要，文字干净利落。

（2）有独特的构成方式。可以有不完整的构成，如一句话新闻，简明新闻，通常头重脚轻，即重要的事实叙述在前，次要的在后。

（3）叙事朴素，通常一事一报，讲究用事实说话。

（4）注重时效，报道快速及时。

（5）基本表达方式是叙述，而且多为概括的叙述。

以下是毛泽东以新华社的名义写的、经常被作为典范的一篇消息：

我三十万大军胜利南渡长江

新华社长江前线 1949 年 4 月 22 日 2 时电　英勇的人民解放军 21 日已有大约 30 万人渡过长江。渡江战斗于 20 日午夜开始，地点在芜湖、安庆之间。国民党反动派经营了三个半月的长江防线，遇着人民解放军好似摧枯拉朽，军无斗志，纷纷溃退。长江风平浪静，我军万船齐放，直取对岸。不到 24 小时，30 万人民解放军即已突破敌阵，占领南岸广大地区，现正向繁昌、铜陵、青阳、获港、鲁港诸城进击中。人民解放军正以自己的英雄式的战斗，坚决地执行毛主席、朱总司令的命令。

第二节　消息的分类

一、按照篇幅分，消息可分为标题新闻、简讯、短消息和长消息

（1）标题新闻。以标题形式报道新闻事实，它没有导语，更没有主体和结尾。它以高度简明的方式传播新闻事实的几个关键要素，如"广东将每年补贴种粮大户1亿元"。

（2）简讯。简讯是指200字以内的短消息，超出就不能称为简讯了。简讯虽短，却应是一则完整的消息，5W要俱全，回答以下基本问题：何人、何事、何时、何地，还要尽可能回答以下两个问题：何故、如何。从构成上来说，除了标题，导语、主体、背景和结尾都有可能出现。毛泽东的《我三十万大军胜利南渡长江》，也可以说是一篇简讯。

（3）短消息。它与简讯并没有明确的界线，与长消息相比，篇幅略短。相关新闻要素的展开并不充分。举例如下：

日称中国3艘海监船今日驶入钓鱼岛海域巡航

中新网5月17日电　据外电报道，日本海上保卫厅称，3艘中国公务船17日驶入钓鱼岛海域。

日本海上保安厅称，当地时间17日下午2点30分（北京时间下午1点30分）左右，在钓鱼岛海域看到了中国海监船。

据报道，本月13日，中国海监50、15、66船编队曾在中国钓鱼岛领海内巡航。

中国外交部发言人多次强调，钓鱼岛及其附属岛屿是中国的固有领土，中方海监是在中国领海依法进行巡航执法。

（4）长消息。字数在800字以上的消息。新闻的要素展开比较充分。毛泽东以新华社名义写的《中原我军占领南阳》将近1 200字。

二、按照事实特性分，消息可分为事件性新闻和非事件性新闻

事件性新闻，是指以某个独立的新闻事件为核心而展开的新闻报道，其事物变动的时态是突发性或跃进性的。事件性新闻包括大量动态消息、现场特写等。因具体情况的不同，还可进一步分为突发性事件和可预见性事件。这类新闻中，事件发生有明确的时间（如上文），报道的时效性要求强。大量的动态消息都是事件性新闻。

非事件性新闻与之相区别，即报道的事实不是一个具体事件，而是一种情况、经验或问题、现象，其发生的时态表现为渐变性，是在一段时间里逐渐形成的事实。综合新闻、述评新闻大多属于非事件性新闻。事件性新闻关注的是事物的最新变动，是突显的"事件"；非事件性新闻报道的是社会问题、社会现象，或者某些可供参考的信息、方法。它们与事件不同，往往没有明确的行为主体，没有事件所具备的明晰的时间和空间界限，缺少具体的发生、发展过程。

三、按照报道领域分，消息可分为时政新闻、经济新闻、体育新闻、民生新闻等多种

时政新闻是对国家政治生活中新近发生或正在发生的重要事实的报道，主要表现为政党、社会集团、社会势力在处理国家生活和国际关系方面的方针、政策和活动。比如国家重要领导人的任免、党和政府的重要决策、对外关系的重要政策，我国的各级党代会、每年的人大政协"两会"等，都是时政新闻的重要报道题材，各级媒体都非常重视，都会尽可能派出最强阵容进行报道。我国的"两会"报道已经有几十年的历程，形成了特有的报道模式，也积累了一定的经验。时政新闻是新闻媒体最重要也是最重视的报道领域，通常配备最强的记者阵容。这是由政治关系在社会生活中的重要性决定的，比如全国"两会"的作用就是讨论和制定国民经济和社会发展的重要政策，这将影响到企业和个人的决策，其重要性不能不引起高度关注。

经济新闻是对新近发生的具有新闻价值的经济活动或经济工作事实的报道，主要内容是有关生产、流通、分配、消费等一切经济领域变动着的信息。它有广义和狭义之分，广义的经济新闻包括经济消息、经济通讯等文种；狭义的经济新闻专指经济消息。经济在当代社会是非常重要的领域，因此在新闻媒体，经济新闻也有很高的地位，综合性的新闻媒体大多设有经济新闻部，专事经济新闻的采写，还有很多专业性的经济新闻媒体，如《财经》、《21世纪经济报道》、《每日经济新闻》等等。

体育新闻是有关人类体育运动、体育活动及其相关信息的报道，它包括体育赛事报道和非赛事报道。体育运动包括竞技体育（如奥运会、各种级别和项目的体育锦标赛等）和群众体育，体育新闻主要报道竞技体育。非赛事报道范围很广，如体

育名人、体育政策、体育装备的生产销售等等。体育新闻具有很强的娱乐性（许多体育本身就是休闲娱乐活动），因此体育新闻受众广泛，许多媒体设有体育新闻部，国内外还有许多专门的体育新闻媒体，有的国外媒体更是将 3S（Star 明星，有的说是 Scandel 丑闻，Sex 性和 Sport 体育）奉为吸引受众眼球的法宝，可见体育在媒体眼中的地位。

民生新闻是 20 世纪末 21 世纪初风行于我国新闻界的一个热词。但直到目前，业界和学界对于"民生新闻"的概念，还没有达成一致的解释。主要观点有以下几种：

民生新闻，是关注人民生计，关心市民生活的新闻，从广义上说它属于社会新闻，但在内容上主要关注的是普通老百姓的生存状态与生存空间。

民生新闻是从群众日常生活中采制而来的新闻，内容上锁定群众的生存状况、生存空间，关注群众的冷暖与喜怒哀乐，形式上充分利用先进的传播手段，提高新闻的时效性和互动性，拉近媒体与观众的距离。民生新闻是平民视角、民生内容、民本取向的新闻。

民生新闻是以民本思想为基点，以平民视角和人文叙事手法关注和表现普通百姓的生命、生存、生活、生计等内容的一种新闻表现形式。具体表现在三个方面：平民视角、民生内容、人文叙事。

民生新闻是以城市居民为传播对象，主要以城市为报道范围，以与市民日常经济、社会生活息息相关的新闻事件为主要题材的一种新闻体裁。

它以"民生、民情、民意"为主要关注点，以城市百姓"身边事、麻烦事、稀奇事、关心事"为主要报道题材，通过记者现场调查、跟踪报道、嵌入式体验等灵活多样的方法采编制作，注重新闻的实用价值、娱乐价值、情感价值。

我们认为，严格说来，"民生新闻"算不上是一个有关新闻体裁样式的科学概念。传统新闻学领域对于新闻体裁样式的划分都是遵循着单一的标准，而民生新闻是一个由多种标准共同作用的划分结果。它有以往社会新闻的内容，但是从新闻报道来看，民生新闻已经远远突破了社会新闻的报道范围和理念。

民生新闻肇始于 20 世纪 90 年代。那时，晚报、都市报上的都市社会新闻、市井新闻作为民生新闻的雏形，已经小有影响了。而在电视荧屏上，1995 年北京电视台的《点点工作室》（1998 年改名为《元元说话》，1999 年至今叫《第七日》），基本带有了民生新闻的品质。1997 年北京电视台的《北京特快》与 1999 年成都电视台推出的《今晚 800》等，也都呈现出了典型的民生新闻特质。进入 21 世纪，江苏电视台城市频道在 2002 年推出了《南京零距离》，被认为是开创了城市民生电视新

闻节目的先河。之后，南京地区陆续开播了《直播南京》、《绝对现场》、《法治现场》、《标点》、《服务到家》、《1860 新闻眼》等民生新闻栏目。由于这种新闻迅速创造了极高的收视率、引起了受众极大的兴趣，被专家赞誉为新闻的一场革命，其他媒体纷纷效仿，民生新闻大行其道。

按照社会生活的领域，新闻还可以分为文化新闻、军事新闻、国际新闻等。

四、我国常用的分类法是按照事实的性质和不同的写作特点，把消息分为动态消息、综合消息和述评消息

动态消息，又称为纯新闻，是最常见的消息，是就刚刚发生或正在发生的新闻事实所作的最有时效性的报道。特点有：突出动态，时效性强，一事一报，更强调客观报道。消息写作要求大多是就这类消息而言的。毛泽东的《我三十万大军胜利南渡长江》，经常被当作动态消息的典范。

综合消息属于非事件性新闻，报道的不是一件事，而是某个比较宏观的"面"，其特点有：

（1）报道涉及的空间、范围大，如某地区、某行业、同一事件或不同地点发生的事实（这些事实应该具有同类性质），因此，体现出综合性。

（2）表现共同的主题，综合消息报道的多个事实从不同侧面阐明共同的主题。

（3）报道面广，声势大。它常常就某项工作、某项活动、某方面的问题，综合反映全国范围或某地区、某行业的情况、动态、成就、经验或值得注意的倾向等。例如：

中国兴起旅游热潮

新华社北京 3 月 25 日电　北京公共交通部门今天新开辟了一条旅游线路。一大清早，一批首都市民乘上旅游汽车，前往 140 公里外的西陵游览。这趟旅程可当天来回。

西陵是我国最后一个封建王朝——清朝帝王的两大陵区之一。另一个是东陵，距北京 125 公里，已于去年春天正式开放。

去年以来，北京市公共交通部门，已经开辟了好几条旅游专线，方便群众游览八达岭的万里长城、北京人遗址周口店、以及香山、颐和园等。

随着最近两年生活水平的提高，人们的收入有所增加，国内旅游的人数越来越多。据有关部门提供的材料，去年以来，已有上海和浙江、江苏、河北、四川、广

东、广西等地的四十个城市组织了各种为期一天至一周的旅游活动。

这些活动，主要由当地的公共交通、商业部门联合组织。按照确定的旅游路线，为旅游者配备向导，安排好游览日程和提供食、宿方便，以及水陆交通服务。

我国最大的城市上海，组织了"一日游"和"三日游"等活动。"一日游"可去以古典园林闻名的苏州或无锡游览太湖风景区，"三日游"可去华东著名风景城市杭州。而杭州为旅游者安排了到浙东的绍兴、宁波或安徽省的黄山等"两日游"专线。

由于现在选择婚后旅行的新婚夫妇越来越多，旅游部门也为他们提供各种方便。有些准备在旅途结婚的青年男女提出申请后，旅游部门专门为他们安排新房，组织婚礼。

农民参加旅游活动的还很少，只限于少数生产发达的地区。他们一般利用农闲季节。去年秋收后，东北边境的黑河地区，就有不少农民到三千里外的杭州游览。

综合消息的写作难度比较大，关键是要解决好"综合"的问题。分析概括，避免以点带面，以偏概全；内容追求深广度；可用多种表现手法，如对比衬托、夹叙夹议（以叙为主，议论仅仅是点睛之笔）。孙发友总结了三种综合技巧：一是横向综合，就是把全国或一些地区、部门所进行某项工作的情况、成就综合起来，反映事物的全貌，即多事共时。如《我国农民的生活半径迅速扩大》。二是纵向综合，对一段时间来，某地区、某单位开展的某项活动取得的成就作综合报道。它就某一事物在较长时间内的发生、发展和变化过程作为写作线索。写的是一事多时的情况。三是点面综合，即把点的材料与面的材料杂糅在一起的写法，既有面的广度，又有点的具体性。① 如新华社写的《中国兴起旅游热潮》。

述评消息，就是以叙述新闻事实为主，加上作者对新闻事实的恰到好处的评论。它的特点是：有述有评，边述边评，述评结合。述评消息是介于消息和新闻评论之间的一种报道形式，它常用以分析形势，或针对某种思想倾向，或对实际工作有普遍意义的重要问题，或为群众普遍关心的社会问题，揭示事物的本质及其发展规律和方向，给读者以启迪。通常有事件述评、问题述评、形势述评、事态述评、思想述评、工作述评等。述评消息有时和综合消息没有明显区别（如下面的例文和上文），因此有的教材不认为有述评消息，而是把它归为综合消息。但是述评消息可以就单个事件进行述评，而单个事件不可能写成综合消息。所以它们还是有区别的。

---

① 孙发友. 新闻报道写作通论. 北京：人民出版社，2007. 185.

例文:

高达九成中日民众彼此印象不佳，钓鱼岛成主因

近日一项在中日两国进行的联合民意调查曝出了惊人的数字：两国民众对对方印象不佳者均超过九成，创历史最坏纪录。

由《中国日报》和日本一间非营利组织"言论NPO"联合进行的这项调查自2005年起至今已经是第9次。此次的调查结果显示，中国对日方印象不佳的被访者比2012年调查时增加28.3%，达92.8%，日本对中方印象不佳的被访者同比增加5.8%，达90.1%。与此同时，中日两国被访者对对方持正面印象的分别只有5.2%和9.6%。这一结果创下了该调查2005年实施以来的最坏纪录。

两国的普通公众对对方国家的好感度大幅下降与过去一年中日关系严重恶化联系紧密。造成彼此印象不佳的最重要理由都是钓鱼岛（日称尖阁诸岛）主权纠纷。日方因这一问题对中国印象不佳的被访者占53.2%，与之对应，中方被访者占77.6%，并且两国民众在钓鱼岛问题上的对立情绪均比2012年有所上升（日本为48.4%，中国为39.8%）。其次，历史问题上的分歧也很突出，日方被访者48.9%认为"中国拿历史问题批判日本"；中方63.8%的被访者认为"日本缺乏对侵略中国的认真道歉"。此外，中国民众看不惯日本的地方还有日本联合别国对中国经济施压，以及日媒对中国威胁论的宣传；同时日本民众也不满中国自我中心式的资源争夺，以及中国人的爱国行为和思考方式。①

述评消息的特点：

（1）以报道事实为主（述），以评论事实为目的，介于新闻和评论之间。

（2）述评结合，夹叙夹议，这是此类消息的基本特点，述第一，评第二，位置绝不可颠倒，否则就不是述评性消息。

（3）针对性强，富有思想性。思想性来自事实逻辑的必然结果，不是靠抽象推理得来。

以上例文中，述和评结合得比较好，无论是叙述部分的民意调查结果，还是评论部分的原因分析，都与事实结合得紧。述评消息写作最容易出现的偏差是，述和评的关系处理不好，要么以寥寥几句话叙述事实，然后是长篇的议论，使述评消息

---

① 网易. http://data.163.com/13/0812/02/961U7SPI00014MTN.html.

写成新闻评论；要么事实本身不值得评论，为了写成述评消息而勉强评论。另外，因为述评新闻有分析和评论，显示出某种深度，故有人把它归为深度报道。

第三节　消息的语言

消息的语言指用来简明扼要、准确及时报道新闻事实的语言，这个基本功能决定了消息语言的特征。其基本表达方式是叙述，特征是客观、确切（准确）、简练、朴实和通俗。

一、客观

消息语言的客观特色，表现在：

（1）中性词多于褒贬词。

中性词并不直露记者的感情，褒贬词则明显表现爱憎倾向。新闻的写作，特别是消息写作，一般多用中性词，少用褒贬词，以求客观地叙述事实，并通过事实的报道去影响受众。"死"是一个中性词，"牺牲"、"就义"、"逝世"、"仙逝"、"毙命"、"见阎王"等，则是情感色彩强烈的褒贬词。

（2）修饰语的限制性多于形容性。

为了客观地表述新闻事实，必须直接地、连贯地陈述事实的要素，诸如事实状态的指称、时间、处所、方位、范围、程度、过程、数量以及事实相互关系的领属、因果等。这些要素主要由限制性定语、状语来表示，而尽可能减少由主要起描写、表情作用的形容词或由形容词性词组来作定语状语。

选词造句的客观性，要求我们适当地多用限制性的修饰语言。限制性的词语可使新闻作品准确、鲜明、朴实无华地表述新闻事实。这里涉及事实的概念一定要明确，概念是反映事物本质属性的思维形式，它有内涵和外延两个方面，内涵是概念所反映的事物的本质属性，外延是概念所反映的事物范围。客观事物总是具体的，它有量的界限，也有质的界限，同时还要注意到条件、地点和时间的界限。这样，写作新闻就能使用限制性的词语了。如果不适当地多用形容词渲染，追求辞藻华丽，就难以保持客观事物的本来面貌，进而损害新闻的真实。

修饰语的限制性多于形容性，会不会影响读者的情感呢？这要看作者笔下遣词造句的功力了。喜欢"直"和"露"的作者，把主观意识和强烈的感情传给读者，多少反映了他笔力不够，未能驾驭新闻语言；老练的记者把情感融合在客观事实之中，由事实去说话，让读者在确凿的事实中去感受，产生读者自己的喜怒哀乐，让

他拍案，让他流泪。这种效果自然要比前面那种高明得多。

法新社记者比昂尼克关于周恩来总理逝世的报道，值得我们借鉴：

北京电台于近日凌晨当地时间5时宣布周恩来总理逝世的消息，但是，大部分中国人还不知道他们的总理已经逝世。

当新华社的电传打字机于当地时间4时过一点儿发出这条消息时，中国几乎所有街道上都没有行人。

在法新社所在的那所大楼里，当记者把消息告诉开电梯的姑娘时，她顿时放声痛哭。

在对一位中国口译人员表示慰问时，他眼中含着眼泪，嘴唇颤抖地说："我们没有料到。我们非常爱戴他。他是一位杰出的革命家。"

中国人民对周恩来极其爱戴，这样说并不夸张，他们感到与周恩来非常亲近。预料全中国都将表现出巨大的悲痛，就像今天清晨听到这个悲伤消息的那位中国少女所表现出的那样。

比昂尼克写的这条消息篇幅不长，但读来确实感人，充分表达了中国人民对周恩来总理逝世的悲痛。消息中形容性定语很少，只是客观地陈述记者选择的镜头，而这些镜头是最感人的，如开电梯的姑娘听到总理逝世"顿时放声大哭"，口译人听到消息时"眼中含着泪，嘴唇颤抖"地表达对总理的爱戴之情，这些来自不同阶层群众自然的悲痛表现，真实、亲切，读了催人泪下。

所以说，生动感人的报道不等于一定要多用形容性词语，而限制性词语写出的作品也不一定不感人。新闻语言的客观性与新闻的倾向性、可读性不仅不矛盾，而且常常会相得益彰。

（3）句子的陈述语调多于感叹语调。

感叹句往往带有强烈的情感语调，大升大降；陈述语句虽然也可以带上一些感情，但语调一般没有明显的抑扬，它主要用于陈述事实，以达到预期效果，而不是靠赤裸裸的赞扬或指责去达到效果。

法新社记者比昂尼克是外国人，他仅仅用陈述语调报道了中国总理周恩来逝世的事实，没有使用任何感叹语气，却使世界各国的受众领略到中国人民的巨大悲痛。这种社会效果并不是用感叹语气写消息所能达到的。所以，在叙述事实或运用人物谈话、对话时，在语气上要尽可能地掌握感情分寸，慎重使用感情色彩浓烈的感叹语气，以免干扰新闻的客观性。当然，在一些比较高亢的新闻作品中，为了表达作者壮怀激烈的思想感情，适当用一些感叹语气，也是必要的。

二、确切（准确、贴切、具体）

新闻必须符合事实，不能含糊其辞，模棱两可，不能夸大也不能缩小。新闻语言的准确性包括：

（1）在时间、空间、数量、程度等方面，语言要与事实高度吻合。

如尽量不用"不久前"、"长期以来"、"最近"等比较笼统的语句来代替可以表明的具体时间；尽量不用"大概"、"差不多"等模糊词语来代替可以具体表明的数量。新闻可以使用模糊语言，但是要看语境，而且要尽量少用。

（2）概念明确、判断准确，防止夸张和"陌生化"的语言。

其中一个经常运用的技巧是少用母概念，多用子概念。比如，写"教室进来一个人"，不如写"教室进来一个二十多岁大约1.8米的男人"。以前，我国的新闻在写到一些领导人时，经常用"红光满面"、"神采奕奕"等语言，那不是消息应该使用的语言。

（3）慎用可能产生歧义的语言。

原文：一名91岁高龄的老妇今天成了一件抢劫案的受害者。

改为：一名91岁高龄的老妇今天在回家的路上被抢去钱包，内装642美元。

原文：一位青年今天在一次爆炸事故中受伤。

改为：今天一名高中学生在一次爆炸事故中失去右眼和右手。

原文：两名学生报告说，昨天晚上他们看到了一个不明飞行物体。

改为：两名学生报告说，昨天晚上他们看到了一个橘黄色的发光物体从学校上空飞过。

三、简练

消息是一种最追求时效性的文体，它也是一种最受限制的文体（比如通常的字数只有数百字），这就决定了它的文字必须简明扼要。新闻的简练是指以最干净利落的语句提供最实在、丰富的信息。它在形式上的要求是尽可能多用短句子、简单句，少用长句子、复合句，除非短句子无法清楚地组织好事实来表达意思；删除一切多余的文字。比较下面的例文：

新华社曼谷11月29日电　中国红十字会捐赠的一批日常必需品于今日抵达泰国，协助解除柬埔寨难民之困苦。中国远洋轮"华阴号"于当日下午在曼谷港口卸下药品、罐头食品和布匹。这批物资将由泰国红十字会分配给越过边界进入泰国的柬埔寨难民。

法新社曼谷 12 月 2 日电　中国第一批由货轮"华阴号"运给泰国红十字会的援助于星期五抵达曼谷。船上运载了价值七万美元的罐头食品和药品，前往泰柬边境的难民营。"华阴号"停泊在曼谷空堤港。

这两条消息的语言都比较简洁明快，相比之下，后一条消息的语言更为简练，而信息更具体，交代了救济物资的价值、运抵地点和准备运送的目的地。

美国人曾经以科学的态度、用实验的方法研究句子的长短跟理解的难易关系，结果发现最易读的句子是 8 个词以下，易读的句子是 11 个词以下，比较易读的句子 14 个词，标准的句子有 17 个词，较难读的句子有 21 个词，难读的句子有 25 个词，很难读的句子是 29 个词以上。这为新闻报道提供了认知心理学的依据。因此，著名新闻学者麦尔文·曼切尔也说："许多通讯社通过大量的研究得出结论认为：使新闻报道可读的关键之一是用短句子。"①

四、朴实

报道事实这一新闻的根基要求报道的行文是纪实性的，不追求表面的文采，尽量少用形容词和副词，要求实在，不抽象。当然，朴实不是不要描绘，只是这种描绘多为白描。毛泽东的《我三十万大军胜利南渡长江》，在百余字的篇幅里，也不忘场面描写，如"长江风平浪静，我军万船齐发，直取对岸"等，被许多人称赞为"叙事如画"。

再看《肯尼迪总统被刺身亡》：

肯尼迪总统被刺身亡

[路透社达拉斯 1963 年 11 月 22 日电]

肯尼迪总统今天在这里遭到刺客枪击身亡。

总统与夫人同乘一辆车中，刺客连发三弹，命中总统头部。

总统被紧急送入医院，并经输血，但不久身亡。

官方消息说，总统下午 1 时逝世。

副总统约翰逊将继任总统。

---

① ［美］麦尔文·曼彻尔. 新闻报道与写作. 艾丰等编译. 北京：中国广播电视出版社，1981. 136.

这则消息语言极其朴实、明快，找不到一个多余的字。

五、通俗

新闻的传播对象是大众，他们在教育程度上有很大差异。新闻要让他们理解，语言的通俗是必然的要求。通俗包括采用大众化语言，少用专业性术语；句子、段落宜短不宜长；不用生僻的字和词；对专业性强词要解释说明；尽量采用群众口语中新鲜活泼的语言。例如：

原文：中国辽宁省东沟县气象站不仅能够基本上准确地作出短期、中期和长期预报，而且还能作出超长期天气预报。

法新社改为：绝大多数气象站可以告诉你今天、明天甚至两个星期内是否下雨，然而中国一个县的气象站不仅可以做到这一切，还能相当有把握地对今后十年内的气象变化作出预报。

思考与练习

1. 从最新的报纸找不同类型的消息。
2. 消息为什么成为最重要的新闻报道文体？

延伸阅读

孙发友. 新闻报道写作通论. 北京：人民出版社，2007.

第七章　消息的组成部分与写作

与同样是新闻报道体裁的通讯相比，消息的组成可以是不完整的，比如，可以是只有标题的消息，也可以是标题加导语的简讯。而通讯是不可能的。一条完整的消息一般由标题、消息头、导语、主体、背景和结尾构成。

一篇完整的倒金字塔式结构的新闻，它的组成部分有：标题、消息头、导语、新闻主体、新闻背景与结尾。

第一节　标　题

标题就是消息的题目，它是新闻内容的提要，是新闻内容精炼、形象的概括。对消息来说，标题是必不可少的，因为对于不完整的消息来说，其他部分都可以阙如，而标题则万万不可缺少。当然，通讯及其他任何作品或文章都有题目（《无题》也是题目），不过消息的标题无论从形式、内容和语法上都有自己独特的个性。

一、新闻标题的作用

（1）突出新闻精髓。消息的基本功能是快速准确地传播新闻信息，因此，消息的标题必须一目了然地告诉读者新闻事实中最精华的部分，然后在导语和主体里将新闻的信息逐级展开和丰富，以便感兴趣的读者了解更详细的信息。如《我三十万大军胜利南渡长江》、《四川汶川发生7.8级地震》等，读者一看就知道这篇新闻的主要内容。

（2）评价新闻的内容。《我三十万大军胜利南渡长江》在告知读者新闻精髓的同时，也包含了鲜明的评价。《北约野蛮轰炸我驻南使馆》不但有评价，还有直截了当的控诉。需要注意的是，并不是所有的消息标题都必然评价新闻内容，无论中国还是西方，新闻报道中的客观公正原则，都已经成为公认的职业道德律令，因此在新闻写作时都尽量不作直接评价。

（3）吸引读者阅读。消息作为新闻信息传播的一种最重要形式，要想对受众产生效果，引起受众的注意是第一步，如果一篇报道受众连看都不看，这则消息就不

会有效果。因此，要想吸引受众注意，并希望他们能够读完，首先就要让受众注意标题——有没有传达重要的信息，是不是有视觉的吸引力。在当今生活节奏越来越快、信息大爆炸的环境下，受众的注意力成为竞相争夺的稀缺资源。就整篇消息而言，标题有没有吸引力，可以说关系到这篇消息会不会被继续阅读。所以，把标题写得精练、新颖是记者和编辑孜孜以求的目标。试比较以下标题。

标题1：

"职工热线" 好似听诊器

听脉搏　知心声　释疑难

广州市总工会"3342523"电话开通后，每天铃声不断……

标题2

广州市总工会"职工热线"电话受欢迎

其实，标题1和标题2所揭示的新闻内容是一样的，但是对读者的吸引力却大不一样。

（4）美化版面。新闻标题美化版面的作用体现在两个方面，其一是标识重点。一个报版上一般要安排10～20篇稿件，但其中孰轻孰重，往往是通过标题来表现的。重要稿件的标题，必定占的栏数多、字号大、行数多。许多读者习惯于先浏览一遍标题，再有选择性地阅读某一篇文章，正是由于标题具有能给读者"第一印象"这样一个特点，因而确定了标题在版面上具有标识重点的作用。其二是变化版式。报纸天天出版，却找不出两个完全相同的版面样式，除了文章的内容、长短变化外，标题变化是一个重要原因。即使是同一套稿件，标题横竖的变化、题文位置的变化，甚至标题占的栏数、所用字体和字号的变化，都可以改变版式。

对于一个既有主标又有辅标（标题的类型见下文）的标题来说，主标的字号必须是最大的，同时，主标与辅标的字号、字体也应当有所变化，方能使版面看上去色彩纷呈。标题用字，可以用以下几点来概括：①眉标字体：眉标宜清秀，多用宋楷仿。②主标字体：政治经济多宋黑，文学艺术多隶楷。③副标字体可参考以下两点：除隶书、魏碑、长黑、行书外，各种字体均可；通讯、特稿等文章副标以宋、仿为主。此外，还可以通过套色、底纹等变化，使标题起到美化作用。这些任务由编辑完成，而不是记者。

二、我国消息标题的演变

（1）新闻标题始于近代。19世纪20年代，近代报纸创刊开始出现了标题和一些署名文章，但都很简单，只在正文前加上"新报"、"新闻"等字样，且各条新闻都用同一形式的标题，这种形式称为"书版报"。19世纪70年代左右，报上出现了带有空间划分的新闻标题，其实是栏题。如"上林春色"（北京）、"西湖棹歌"（杭州）、"鹤楼留韵"（武昌）、"羊城夕照"（广州）等。1870年3月24日，《上海新报》开始采用新闻标题，每条新闻都有简明标题，如《刘提督战亡》等。

（2）新闻标题发展到第二阶段，要求准确地概括事实。如《刘提督战亡》、《四川大雪》等。

（3）新闻标题发展到第三阶段，要求生动而准确地叙述事实。要吸引人，有美感。如《巴山蜀水　瑞雪纷飞》等。①

三、消息标题的类型

消息的标题具有其他文体无可比拟的多样性，这也是消息区别于其他文体的一个外在标志。其他文体多数是一行题，最多也只有两行题（如通讯、深度报道），但消息的标题结构形式特别，它有单一型（单行题）和复合型（或叫复合题、多行题，分两行题和三行题）两种。复合型由主标题和辅题（或叫辅标）两部分组合而成。主标题也被称为"正题"，是标题中最主要的部分，在版面上，所用的字号最大，居于最显著的位置，它通常用来点明消息中最主要的事实或观点。辅题是消息的辅助标题，分为引题（或叫肩题、眉题）和副题两部分。引题在主标题之上，字号较小，其作用是引出主题或说明、烘托、渲染主题。副题位于主标题之后，字号最小，起补充、注释作用。这些是从形式上进行的分类。

从内容上，还有实题（实标）和虚题（虚标）的区分。所谓实题就是标题中含有新闻要素，使读者一看就知道消息的主要内容。虚题不点明新闻要素，内容抽象含蓄，或以议论为主，阐释某种道理、原理、愿望等。单行题必须是实题，多行题里一定要有实题，可以是一行实题，也可以是两行或以上。

新闻标题复合型有以下几种形式：

---

① 孙发友. 当代新闻写作学. 武汉：华中科技大学出版社，2002.

①引＋主。

例1：

（肩）三年前摔伤　手术后昏睡

（主）南京一植物人开口说话

例2：

（肩）珠峰失足　险矣　坠入我境　幸哉

（主）法一登山运动员被我藏民救起

②主＋副。

例：

（主）国耻今洗雪　喜讯慰忠魂

（副）林则徐后裔在榕隆重举行家祭

③引＋主＋副。

例：

（肩）挽强弓 沉住气 瞄靶心 嗖嗖嗖

（主）特区姑娘将城运射箭女团金牌挂胸前

（副）目前南京以四金名列城运会金牌榜首

深圳、重庆、长春各以三金并列第二

四、消息标题的特点及与通讯标题的区别

（1）从标题的内涵上看，消息标题要具体实在，通讯标题点到为止，引而不发。所谓具体实在是指何人、何事等新闻要素在消息标题讲得简明、清晰，一看就知道是说什么事。合格的消息标题应该点明消息的核心内容，通讯则可以是抽象的一律或抒情。例如：

消息标题

（肩）在歹徒用菜刀砍杀一个无辜儿童时，她奋不顾身冲上前去与之搏斗，身

上留下三十处伤痕——

（主）**女工程师白雪洁，谱写钢城正气歌**

通讯标题

人民崇尚这颗星

爱心满人间

（2）多使用陈述句。其他的文体标题可用陈述句，也可用议论、抒情、描写
句，而消息多是陈述句，如《我三十万大军胜利南渡长江》、《北约野蛮轰炸我驻南
使馆》，这是由消息的基本功能——快速准确地传播新闻信息决定的，而陈述句是
最利于传播信息的句式。

（3）类型多样，结构形式特别。如上文提到的，消息标题最多有三行题，引
题、主标题和副题之间有复杂的关系。通讯最多只有两行题，副题少。

（4）语法上有区别，消息标题的语法结构较完整，可以独立表达意思，通讯标
题多不完整，不能独立表达意思。因为只有语法比较完整的句子才能清晰地表达意
义，也才能快速地让读者理解。例如：

消息标题

（肩）改名隐居几十年的蒋纬国异姓兄弟

（主）**金定国已在安徽找到**

（副）今日本报第八版《五色长廊》作详细披露

通讯标题

出了废品以后

信念

他、她、她

五、消息标题的写作要求

（1）标题必须写出新闻的核心内容。这是由它的特点和作用决定的。空洞的标
题无法起到标题应有的作用。因此在写作标题时要反复推敲最能突出新闻价值和亮

点的那些新闻要素，看看其是否已在标题里表现出来，是否引人注目。如果没有，就说明标题不合格。

（2）标题要简洁，标题各行长度应当上下匀称，在多行题中，应避免出现有的行过长、有的行过短的现象。这样容易造成版面空白的不平衡。以左对齐题为例，第一行题如果是 10 个字，第二行就不应该只有两个字。因为上下悬殊，就会出现第二行右端的大片空白。标题一般不宜太长，主标题通常排一行，在 10 个字以下最好。

（3）多行题要处理好主标题与辅标题的关系。一是在内容上互相之间要有层次感，要明确分工，不能重复。二是要处理好实标与虚标的关系。每一条新闻的标题，都应有一个实标题，不能全题都是虚的。主标题与副题之间内容不能重复。之所以要在主标题之外再设辅题，就是因为主标题意犹未尽，需要再把其他重要的内容放在副题里加以突出。如果主标题与副题说的是一个内容，那还要副题做什么呢？下面这条新闻标题就违反了此原则：

（主）SHL 公司在求职者中走红
（副）公司门槛近日来险些被找工作者踏破

（4）标题要新颖传神又自然妥帖。如报道月偏食现象，有的报纸直陈《我国昨日发生月偏食》，朴实却陈旧，对读者的吸引力远不如《新民晚报》的标题——《半个月亮爬上来》。再看下面的标题：

（主）叶利钦老矣，尚能饭否
（副）百病缠身总统再无往日雄风，俄人要求叶利钦下野呼声高

这个标题化用"廉颇老矣，尚能饭否"的典故，暗示俄国人要求叶利钦下台的原因，写得自然而有新意。

（5）软新闻与硬新闻应有风格不同的标题。如果将软新闻的标题也制作成"本报讯"式的标题，势必扼杀了软新闻本应有的风采。例如，美国某报刊登一篇有人在白宫四周遛狗的软新闻，标题就让人久久难忘：《白宫遛狗好不快哉》。如果这个标题换成下面那种硬新闻的标题写法，就逊色多了：《昨晚有人在白宫周围遛狗》。

第二节　消息头

电台、电视台播新闻时，在开头往往冠以"本台消息"、"本台记者报道"、"据新华社报道"等语句；报纸上刊发消息时，开头部分也有"本报讯"、"新华社北京××日电"等字样。这些放在消息前面的语句、字样，就叫消息头。也有极少数新闻把消息头放在文末，例如在《勃兰特下跪赎罪受到称赞》这则消息中，"本报综合北京电"就被放在了文末：

勃兰特下跪赎罪受到称赞

1970 年 12 月 7 日，大雪过后，东欧最寒冷的一天。对捷克、波兰进行国事访问期间，当时的联邦德国总理维利·勃兰特冒着凛冽的寒风来到华沙波兰犹太人死难者纪念碑下。他向纪念碑献上花圈后，肃穆垂首，突然双腿下跪，并发出祈祷："上帝饶恕我们吧，愿苦难的灵魂得到安宁。"勃兰特以此举向二战中无辜被纳粹党杀害的犹太人表示沉痛哀悼，并虔诚地为纳粹时代的德国认罪、赎罪。

当时的联邦德国总统赫利同时向全世界发表了著名的赎罪书，世界各国爱好和平的人们对此无不拍手称赞。1971 年 12 月 20 日，勃兰特被授予诺贝尔和平奖。

勃兰特 1973 年接受意大利著名女记者法拉奇采访时，谈到了自己当时采取这一出人意料的举动的感受。他说："我明确区分罪过与责任。我问心无愧，而且我认为把纳粹的罪过归咎于我国人民和我们这一代人是不公平的，罪过只能由希特勒等发动二战的战犯去承担。尽管我很早就离开德国，但对希特勒上台搞法西斯主义，我也感到有连带责任。出任联邦德国总理后，我更感到自己有替纳粹时代的德国认罪赎罪的社会责任。那天早晨醒来时，我有一种奇异的感觉，觉得自己不能只限于给纪念碑献一个花圈。我本能地预感到将有意外的事情发生，尽管我不知道是什么事情。献完花圈后，我突然感到有下跪的必要，这就是下意识吧！"

勃兰特在波兰犹太人死难者纪念碑前下跪谢罪，被誉为"欧洲约一千年来最强烈的谢罪表现"。现任德国总理施罗德曾亲自去波兰，为刻有下跪谢罪情景的勃兰特雕像揭幕。德国还在首都柏林著名的勃兰登堡门附近建立由 2 700 根方柱组成的纳粹大屠杀受害者纪念碑。（本报综合北京电）

（选自《天津日报》2005 年 4 月 14 日，有改动）

就稿件来源看，消息头主要有三种形式：一是讯，主要是指通过书面的方式向编辑部邮寄递交的稿件。二是电，主要是指通过电报、电传等形式向编辑部发来的稿件。三是"综合消息"类，如"本报综合消息"，主要指这类稿件既不是邮发来的文字稿，也不是电传稿，而是本报或本台记者、编辑依据手头材料综合写出来的稿件。除此之外，还有的消息头不按稿件来源标，而按稿件的重要性来标，如"本报专稿"、"本报特稿"等。新闻形式还在不断发展，消息头也在发展之中，其形态将会更加多样。完整的消息头通常由"媒体＋发稿地点＋发稿时间＋发稿方式"组成，《北约野蛮轰炸我驻南使馆》的消息头是"《人民日报》贝尔格莱德1999年5月8日电"。

消息头主要有以下几项作用：

第一，表明消息的来源。"本报讯"，说明是本报记者或通讯员采写的稿件，"新华社北京××日电"，说明这条消息是新华社采写播发的。

第二，它是责任和权利的一种标志。有了消息头，就意味着发布消息的媒体对这条消息的真实性和公正性负责，如果经常发布虚假新闻，受众对该媒体的信任度就会下降。另外，消息头一旦写上了"本报讯"等字样，就表示新闻是该媒体独家采集的，且对这篇作品享有著作权，未经同意，其他媒体不得任意转载、抄袭。

第三，标明了一种文体。有了"本报讯"之类的字样，读者一见就知道是消息，从而使之与其他文体区别开来。

第三节　导　语

一、导语的含义

导语是以凝练的形式，简洁的文字，表述新闻最主要内容的消息开头的一个单元或部分。消息的导语，通常被认为是消息这一新闻体裁特有的（也有人认为某些通讯也有导语），是消息区别于其他报道体裁的重要特征。新闻（消息）的导语，从形式看，是倒金字塔结构的消息开头一段或是第一句话；从内容看，它以凝练的语言把消息的要旨首先揭示出来告诉读者；从功能看，它必须对所报道的新闻事实进行浓缩、提炼，展示其最新鲜、最精彩的部分。它一般由最新鲜、最主要的事实或依托事实的精辟议论组成。即中国古人所说的"立片言以居要，乃一篇之警策"。

美国哥伦比亚大学新闻学院推荐的新闻学著作《新闻写作：从导语到结尾》，是美国大学新闻专业乐于采用的、在美国新闻界流行较广的一本书，其作者威廉·梅茨在该书专立的"导语的重要性"一章中指出:"导语是新闻报道中最重要的部分。抓住或者失去读者,取决于新闻稿的第一段,第一句,甚至第一行。""导语是记者展示其杰作的橱窗。读者和编辑(以及新闻学讲师)都会自然地设想,如果记者未能在导语中表现出水平,那么,他就是没水平。""……应当全力以赴地写好导语。写一遍,再写一遍,反复推敲,直到确信这是你能写出的最好的导语为止。"

二、导语的作用

导语的作用有三项:①以简洁的语言概括出新闻的要点和轮廓,使读者一看即知这条消息要传播的是什么信息。因此,导语可谓"导读之语"。②为整篇报道定下基调和框架。记者站在什么样的立场上进行报道,对所报道的事件采取什么样的态度,以及确立什么样的报道主题,都会在也应当在新闻导语中反映出来;为全篇报道定"框子",采用什么样的导语,将决定新闻躯干部分将怎样展开以及展开到什么程度。③引起读者的注意。最大限度地激发读者读完全篇报道。

三、导语的产生和发展

现代意义上的导语产生于 19 世纪 60 年代。在倒金字塔结构产生之前,消息没有导语,完全是按事件的发展顺序来写。导语的产生,如同倒金字塔结构的产生,有两个直接原因和一个根本原因。两个直接原因,一个是 1844 年莫尔斯发明电报,一个是 1861 年到 1865 年美国的南北战争。一个根本的原因,是人们对信息接收规律的把握——重结果,不重过程,而文艺欣赏是重过程不重结果。电报投入使用的初期,技术不成熟,经常容易中断,且价格昂贵。美国南北战争期间的战地记者用电报向编辑部发送消息时,开始按照事件的顺序,但屡受电报中断之苦,许多信息还没有发完电报就出故障或遇部队有新情况。这就逼得记者只能把新闻的结局或最紧要处放在最前面发给编辑部,如果可能,再把具体的事实随后发报。

可以说,导语和倒金字塔结构是"逼"出来的。为什么导语和倒金字塔结构历经一个多世纪还经久不衰?这和人们的消息接受方式有关,随着生活节奏的加快,人们在接受信息时希望以最快最短的时间接触到最重要的信息,从而决定是否要继续阅读,了解更详细的内容。

导语的产生标志着新闻文体成熟起来,并走向独立。导语刚产生时不是现在看到的形式,它也经过了曲折的发展过程。最初的导语很不规范,直到 1889 年 3 月 30 日,美联社记者约翰·唐宁采写了一条消息,方开创了现代新闻导语之先河。这

条消息的导语是这么写的：

> 萨摩亚·阿庇亚3月30日电 南太平洋沿岸有史以来最猛烈破坏性最大的风暴，于3月16日、17日横扫萨摩亚群岛。结果有六条战舰和十条其他船只要么被掀到港口附近的珊瑚礁上摔得粉身碎骨，要么被掀到阿庇亚小城的海滩上搁了浅。与此同时，美国和德国的143名海军官兵有的葬身珊瑚礁上，有的则在远离家乡万里之外的无名墓地上，为自己找到了永远安息的场所。

唐宁这条新闻导语的成功之处，在于其包含了新闻最基本的六个元素：何事、何人、何时、何地、何因和如何。美联社总编辑梅尔维尔·E.斯通对唐宁的这则新闻导语大加赞赏，要求全体记者效仿，并提出：凡新闻，必须有导语。

类似唐宁这则导语般六要素俱全的新闻导语，新闻界称之为"全要素导语"或"第一代导语"。第一代导语有许多长处，如具体、完整、信息量丰富等。看了导语，就对整个新闻事实有了大体的了解。但它的不足也是明显的：冗长、臃肿、重点不突出、主次不分，给读者的印象比较肤浅等。因而，有人说这种导语像一根"晒衣绳"，什么东西都往它的上面挂，讥讽其为"晒衣绳式导语"。

社会的进步，信息交换的频繁和生活节奏的加快，使人们对新闻信息的传递方式有了新的要求。同时，由于广播电视的出现，更加速了新闻形式改革的进程。因为广播电视是靠电波来传递信息的。电波传递信息的特点是不固定性，因为广播电视传播的手段主要还是作用于人的听觉，是一串信息流，听到了就听到了，没听到就不能回头听。因而，广播电视在传播新闻信息时，就得把新闻重要的主要的东西提出来，放在前面传送，以给受众鲜明的印象。这就逼迫新闻导语更进一步简练、具体、准确。于是，报纸要吸引读者，也得改进写作方式，把导语写得更简洁、有吸引力。就是这样，第一代冗长的导语被淘汰了。

从20世纪30年代起，有新闻工作者主张：不必强行在新闻导语中把六要素全塞进去，可根据每则新闻的特点，从六要素中选择一两个最能引起人们兴趣的要素，写入导语，其余要素则放到新闻躯干或结尾部分。这样，可以更突出重点，达到先声夺人的效果。第二次世界大战以后，基本上是按这种观点来写作导语的。这被称为"部分要素导语"，也叫"第二代导语"。

第二代导语只强调部分要素，因而，它与第一代导语相比，显得简洁、明朗而且直截了当。如报道同一件事，采用第一代导语可能这么写：

今天下午，肯尼迪总统在前往达拉斯市的路上遭到枪击。刺客对着总统专车连发三弹，命中总统头部。总统在送往医院途中因流血过多而身亡。

而第二代导语就简练多了：

肯尼迪总统今天在这里遭到枪击身亡。

第二代导语是将最重要的事实放在导语里，它真正体现了倒金字塔式的特征，因此长期以来一直受到欢迎。在我国，新闻导语的出现是在 20 世纪 20 年代以后，这比外国晚了 40 年左右。国人最早提出新闻写作应有"导语"的是徐宝璜。徐宝璜在其新闻理论著作《新闻学》中"新闻之格式"一节中说："新闻之格式，乃分新闻为撮要与详记二部。新闻之第一段，曰撮要……""新闻之撮要，以新闻之精彩及数问题之简单答案组成之。"徐宝璜说的"撮要"，就是我们说的导语。经徐宝璜、任白涛等人的介绍和提倡，到了 20 世纪 20 年代，上海和北京的一些报纸，如《商报》、《新闻报》、《晨报》刊出的新闻开始出现了导语。由于导语这种写作方式是舶来品，所以我国导语写作一开始就进入了成熟期，较快进入了第二代导语的写作。

改革开放以来，我国新闻事业迅速发展，新闻写作方式发生了巨大变化。其中导语写作方式也有了新的发展，出现了间接导语、延缓导语、复合导语等许多新的形式。有人认为，导语正在向第三代发展。第三代导语，也称丰富型导语。在第二代导语突出部分要素的基础上，第三代导语与之一脉相传，把落脚点放在了"如何去突出这些部分要素"上。也有人认为不存在这种导语。体会以下同一个新闻事件的三代导语。

第一代　本报上海 9 月 22 日电记者吕网大报道　我国优秀跳高运动员朱建华今天下午在上海虹口体育场举行的第五届全运会田径决赛中，跳过 2.38 米，打破由他本人保持的 2.37 米世界男子跳高纪录。

第二代　今天下午，朱建华以他有力一跳，飞过 2 米 38 横竿，再次成为全球跳得最高的人。

第三代　他平缓而有节奏地飞跑到最佳点，突然背向横竿凌空跃起，巨大身躯

拖着收拢的双腿向前飞去，以这样优美和谐风姿跳过 2 米 38 的高度。一个新的男子跳高世界纪录诞生了。

四、消息导语的写作要求

无论新闻报道的是什么内容，一百多年来，导语形成了一些大家公认的准则：

（1）要实在，忌空泛，迅速把最主要的新闻事实告诉读者。新闻导语，一开始就要将最重要的信息写上去，以吸引读者。例如：

中国女子排球队今晚在这里进行的第 23 届奥运会女排决赛中，以三比零战胜美国队，夺得奥运会冠军，并赢得了世界女排大赛"三连冠"的荣誉，在世界排坛史上写下了光辉的一页。

这是一条成功的导语。一些报道党和政府部门工作的新闻导语喜欢使用"为了推动……活动进一步走向深入"、"为了搞好……教育"、"随着……的深入开展"等句式来开篇，形同公文、讲话的开头，这些做法都是违背新闻特点的。试看下面这则导语：

为广大回族群众生产糕点、糖果等食品的甘肃兰州市回民食品厂，近年来积极更新产品、增加花色品种，提高产品质量，扩大糕点、糖果生产，以适应广大回族群众的需要。

这则新闻导语不单语言重复啰嗦，而且语意抽象概括，言之无物。新闻导语在凝缩、概括新闻事实的同时，要注意不要对新闻事实的叙述流于综述化、概念化，要讲形象，要注意用形象说话。

为了避免空泛，在导语中突出最主要、最有吸引力的新闻事实，实际上受记者对新闻价值的判断影响，当然，也受写作水平的制约。从写作的角度来说，要精心挑选置于导语之首的新闻要素，力求使导语一开始就引人注意。新闻五要素都可以置于导语之首交代，但置入哪个要素，则大有文章可做。例如：

省质监局局长马敏昨天宣布，将采取奖励的方式鼓励群众参与质量监督。

昨天，省质监局局长马敏宣布，将采取奖励的方式鼓励群众参与质量监督。

"我省将从明年起采取奖励的方式鼓励群众参与质量监督。"省质监局局长马敏昨天宣布。

因为这里的人物不具备新闻价值中的"显著性"，因此不应该放在导语之首。如果是政界要人或名人就不一样了，他们本身就有新闻性。同样，这里的时间，也没有新闻价值，也不要放在最前面。再看这个例子：

新华社北京11月2日电　中共中央副主席邓小平今天在这里会见了日本国会议员、前首相福田赳夫。

稿子往下写到一半，才告诉读者这样的新闻：

邓小平在谈到叶剑英委员长提出的关于台湾回归祖国的9点建议时说："这项建议是非常合理的。"邓小平说："我们所建议的是双方在平等基础上谈判，而不是一方向另一方投降。"

外国驻京记者转发新华社这条新闻时，导语是这样写的：

路透社北京11月2日电　邓小平副主席今天说：中国没有叫台湾投降，而是希望它接受在平等的基础上就中国和平统一问题进行谈判。
新华社说，他是在同日本前首相福田赳夫在这里会见时说这番话的。

比较而言，后者因为在导语里抓住了更为重要的事实而显得技高一筹。在导语里是突出时间、地点、人物、结果还是原因，归根结底看作者的新闻判断力。

（2）要简练，忌冗长。第一代导语之所以被第二代导语取代，一个重要原因是第一代导语太冗长。读者如果不能一眼看出新闻最重要的地方，他就会失去读下去的耐心，这条新闻就白写了。从消息的构成来说，导语后面还有新闻主体，它们各有分工，导语没有必要侵占主体的地盘。如果导语写得过于详细冗长，就很容易与主体部分重复。这是导语写作需要避免的错误之一。所谓简练和冗长，是看导语是否用了最精练的语言突出了最重要最精彩的新闻信息。

例文1　中国摄影家协会主席徐肖冰今天在中国美术馆向三百多名观众介绍了

意大利摄影家洛蒂，称赞他拍摄的《周恩来总理在病中》的彩色照片，是珍贵的摄影艺术作品。他的这幅作品，现在悬挂在中国千千万万家庭中。洛蒂拍摄的《周恩来总理在病中》，是今天开幕的《意大利摄影作品展览》展出的一百四十多幅作品中的一幅。

例文2　《意大利摄影作品展览》今天在中国美术馆开幕，展出一百四十多幅作品。

这是对同一个新闻事实写的不同的导语，我们不能因为例文2文字少就说它更简练，相反也不能因为例文1文字多而说它冗长。因为当时中国大多数普通人对意大利摄影作品并没有了解，如果这条新闻用例文2作导语，这部分人就可能不会对新闻感兴趣。而《周恩来总理在病中》的彩色照片，现在悬挂在中国千千万万家庭中，而它就是意大利摄影家洛蒂的作品，也来参展了，读者看到例文1就可能对这条新闻甚至对展览也感兴趣。因此简练与否，与导语的信息含量相关，不仅仅是文字的多寡。

（3）要新颖多样，忌千篇一律。要做到这一点，方法很多，比如不要总是用直叙式导语，可以使用描写甚至戏剧化的写法等。《中国拥有也许是世界最高的篮球选手》的导语是这样写的：

当穆铁柱在东京新建的大谷饭店休息厅漫步时，一位女游客见了吓了一跳。"嗬！他是干什么的？是谁的保镖吗？"

再看《尼罗河自述》的导语：

我与天地同庚，像宇宙一样壮丽，像车轮一样有用。我辽阔、美丽、历史悠久，像诗歌一样引人入胜。我是全世界最长最雄伟的河流尼罗河。

这两则描写式导语新鲜、生动、有趣，别出心裁。

导语的拟人化和第一人称的使用，使人过目不忘。又如《西班牙百年奇旱》的导语：

"这不是泥土！这是尘土。"

几个字就发出震撼人心的力量，一下子抓住了读者的注意力。接着，作者写道：

身材矮小的农民福斯托·洛佩斯把他的骡子赶到一边，让它休息，然后从地上捧起一把褐色的干土。他看着手里捧着的干土从指缝间慢慢地漏下去。

洛佩斯同千百万居住在干旱的西班牙南部地区的人们一样，正在经历着百年来最严重的旱灾。

这一特写镜头式的描写，将百年干旱的情景图像化了。

人们把形象性描写开头的导语称为散文化导语，其实它不仅包含散文手法，也借鉴了小说甚至电影的手法。散文化的导语应该密切结合消息所写人物的身份、经历，贴切地运用描写、铺张、抒情、动作刻画等手法，形成电影镜头般的场景，把读者带入你所构建的画面之中；散文化的导语应该抽象出消息所要叙述的主旨，贴切地运用议论、感叹等手法，对报道起到画龙点睛的作用；散文化的导语应该符合消息所叙述事物主体的特性和特征，贴切地运用比喻、拟人、象征等表现手法，既概括消息的主旨，又吸引读者的视线。

（4）简要交代新闻来源和新闻根据。在导语交代了新闻是记者所见，还是听别人介绍的或有其他来源，读者可据此判断新闻的权威性和可靠程度。虽然这并不能避免新闻失实，但对于防止杜撰是有利的。例如：

本报讯（记者 何怡 张焱） 今年年内，北京市民有望通过刷卡、刷手机等方式，足不出户缴纳水电燃气费。

记者昨天在第18届中国国际金融展上看到，多种新兴支付手段成为展会热点。据多家参展单位透露，手机支付有望于今年在北京试点，家用POS机缴费业务也将于今年10月在京开通。

这说明了新闻来源于记者所见。导语在交代新闻来源时，一般应该注明：人物——姓名、职业、头衔，与事件的关系；场合——在什么场合下提供的新闻，记者招待会还是在某公开场合；时间——因为这与新闻事件直接相关。当然，新闻中的所有信息都是记者采集并告知读者的，而且新闻里的每一条信息，都需要交代新闻来源（即除了记者看到的、听到的外，其他信息来源也需要交代），而不仅仅在导语里告知。

五、新闻导语的种类

根据新闻事实和记者表达意图的需要，导语可以分为许多种类型。西方将它分为两大类——直接性导语和延缓性导语。前者开门见山地概括新闻精髓；后者不直接点名新闻的要旨，而是通过描写、悬念等手法，以求更生动、更形象地表现新闻事实，如描写式、悬念式、对比式、引语式等。比较常见的是，按照对新闻事实的表现手法，将导语划分为叙述式（有的称为概述式）、描写式、议论式（有的称为评论式或结论式）和对比式等类型。

（1）叙述式导语。

叙述式导语是最常见的一种导语，我国以往的消息多采用这一形式。这种导语的特点是运用叙述的方法，简略地交代最有价值的新闻事实的概况，或概括全篇的中心内容，以吸引受众注意。可分为直叙式和概括式。

直叙式，直接陈述新闻事实。例如：

上海地质学会 8 位年逾花甲的教授，自掏腰包，筹资 30 多万元，在东海万顷碧波中的小洋岛上开发建立了本市第一个青少年科普夏令营基地。昨天，他们迎来了今年第一批青少年——长宁区少科站的 40 多位同学。

概括式，这种导语总是对新闻事实作一个全面的综合和概括。其特点是直截了当概括出事实的结论。例如：

山西省大寨大队再也不吃大锅饭了。今天，他们将 860 亩耕地全部分给 120 户农民承包，实行大包干责任制。

概括式导语具有概括性、包容性，因此报道一些内容复杂、过程曲折的新闻事实时，多采用此种类型导语反映。

（2）描写式导语。

在现实生活中，许多新闻事实十分具体，且形象生动，色彩鲜明。反映这些事实，有时可采用描写的方法写导语。描写式导语就是采用描写的手法，对消息中所报道的主要新闻事实或事实的一个侧面作简洁描写，以引出新闻事实的导语形式。描写式导语用得好，可以生动地再现新闻事实，吸引受众，增强感染力。例如，前文所列举的《西班牙百年奇旱》的导语就非常精彩。

描写的一般是场面和形象。记者可以撷取新闻中某一特别的对象来写。例如：

多么威武神气的猫头鹰！一对大眼睛正在扫射着什么，翅膀微微耸起，看起来它准备振翼飞扑过去，抓住那狡猾的大田鼠。这只用棕榈树桩因材施艺而雕琢成的人工猫头鹰，最近飞越太平洋，在美国旧金山的"中国上海民间艺术展览"上栖息。

也可以抓住有价值或吸引人的场景来写。例如：

22日晚10时许，布加勒斯特华灯初上。"八·二三"体育场四周看台上观众的视线，一齐随着水银灯的光束，投向三级跳远的沙坑。"哗……"一阵阵雷鸣般的掌声，电子记分牌上显示出中国运动员邹振先的成绩："17.32米!"

描写式导语终究也是新闻报道的一部分，它需要遵循新闻写作和报道的要求，比如描写的形象和场面不能游离于消息报道的主题之外。

（3）议论式导语。

这是一种运用议论的手法对所报道的新闻事实进行必要的议论，突出新闻事件的意义，引起受众注意的导语形式。评论的方式是解释事实和评价事实，目的是揭示事物的本质。例如：

山东秦池酒厂曾因连续两年夺得中央电视台广告"标王"而名声大噪，但目前生产经营却陷入困境。厂长王卓胜说："广告上的'标王'绝不等于市场称雄。投资上的决策失误教训惨痛，'秦池'正在反思过去，调整经营战略，以期早日走出困境，再造经营辉煌。"

秦池酒厂，曾每年投3.2亿元的巨资夺得中央电视台黄金时段的广告播出权，但产品在市场上卖不出去。好酒不怕巷子深，不好的酒在大街上叫卖也没人要。市场使秦池人清醒了：广告上的"标王"绝不等于市场称雄。

在评论式的导语中，要注意两点：一是要一语中的，简洁明快，评出力度来。二是要从具体的事件中讲出大道理，评出深度来。《盲目追求广告效应　秦池酒厂陷入困境》的导语，从秦池酒厂盲目追求广告效应而使企业生产经营走入困境的事实中，引用厂长王卓胜的话作议论，说出了广告称王不等于市场称雄的大道理。

消息中的评论是解释和评价事实，是解释事实产生的原因。这就要求记者评论事实时一定要有科学的实事求是的精神，不有意拔高，不牵强附会，不给事实戴帽子。否则，因果错位，就会歪曲事物的本质，造成新闻失实（可参看第四章用事实说话应该避免的情况）。

（4）对比式导语。

对比可以使事实的变动显得更加鲜明。例如：

几年前还是水草不长，螺蚌不生，水鸟不停，鱼虾绝迹的鸭儿湖，现在又复活了！记者亲眼看到经过治理的湖面碧波粼粼，渔舟点点，成群的野鸭在湖里嬉戏。

解放前，没有一公里公路、在狭窄险道上全靠牦牛、毛驴驮运或人背的西藏，今天已有15 800公里的公路通车。

通过对比可以使导语的语言变平板为跌宕。例如：

几厘钱、分把钱的利润，有些人是看不起的。可是，武昌县法泗乡菱米村就是靠这薄利富起来了。

有的教材不认为有对比式导语，而只承认前面三种。新闻经常报道事实的变化，那么使用对比式导语就有利于反映这种变动着的事实的信息。另外，从以上几种导语及所举的例文也可以看出，无论是描写式导语、议论式导语还是对比式导语，都离不开叙述，可见，无论如何变化和创新，叙述式导语都是消息最基本的导语，叙述是传播信息最基本、最有用的表达方式。

第四节　新闻主体

消息中，导语之后的部分就是新闻主体，也叫主干。如果把导语比作人的头，那么主体就像人的躯干，因此，也有人把消息的主体部分称为"躯干"。它是新闻的主要和展开部分。主要是用具体的事实，阐述导语中提出的观点和问题。一篇好的新闻，仅仅是导语写得好还不够，还必须写好主体，以支持、解释、阐述导语中的观点和问题。对于什么是新闻的主体，不同的教材说法不尽一致。刘明华等人认为导语之后的部分属于主体①；刘海贵等认为："消息主要由新闻导语和新闻躯干及结尾三个部分组成。"② 考虑到许多消息并没有一个明显的结尾，还是按照刘明华等人的解释更为合理。

消息的主体主要担负着两大任务：一是解释和深化导语；二是补充导语没有涉及的新事实。第一项任务表明，对导语涉及的主体部分必须进一步提供必要的细节和有关材料（包括背景），以便受众对新闻事实有更清楚、更具体的了解。这就是所谓的解释和深化。第二项任务表明，导语一般只涉及最重要和最新鲜的事实，而且简明扼要，不能扩及多个有关方面，有时连新闻的六要素也不全，大都只突出一两个要素。这就要求主体补充导语尚未涉及而又应当涉及的内容。因此，主体写作的关键在于处理好与导语的关系。

一、消息主体与导语的关系

在新闻中，主体与导语的关系最密切，也最复杂。主体在新闻中写得如何，主要取决于它与导语关系处理得如何。一般来说，新闻主体与导语的关系体现在以下两个方面：

（1）主体是导语的展开和具体化。导语都写得简洁、精练、笼统。受众看了导语，对新闻事实只有一个大致了解，具体情节、做法还不清楚。于是，主体就要将新闻事实作具体的介绍和说明。例如：

网络舆情师纳入官方培训　主业为"替领导看网"

（记者涂重航　实习生徐欧露）　　网络舆情分析师作为一门新兴职业，正式被人社部纳入职业培训序列。昨日，人社部就业培训技术指导中心与人民网联合启动网络舆情分析师职业培训计划。今后，这门新兴职业的从业人员将有官方证书，"持证上岗"。

"主要替领导干部看网"

"主要替领导看网。"人民网舆情监测室副秘书长单学刚说，网络舆情涉及各行各业，甚至是明星、名人等个人，但对此需求最大的还是各级党政机关和企业的领导。

---

① 刘明华，徐泓，张征. 新闻写作教程. 北京：中国人民大学出版社，2003. 176.
② 刘海贵，尹德刚. 新闻采访写作新编. 上海：复旦大学出版社，2005. 216.

单学刚说，网络舆情分析师主要搜集汇总网络舆情，为领导了解网络信息、加强把握民意提供参考依据，起到辅助作用。

培训合格可获证书

人社部中国就业促进会素质就业办副主任吴凯表示，网络舆情分析师纳入人社部"CETTIC"职业培训序列，这类职业培训是围绕新职业、新知识、新技术、新技能，选择职业培训项目。

据介绍，参加培训并考试合格者可以获得人社部颁发的人社部 CETTIC 证书——《网络舆情分析师职业培训合格证》。

吴凯介绍，持网络舆情分析师职业培训证书可以作为从事此行业的凭证。但是作为 CETTIC 证书，还未具有强制性效果，并非只有持此证者才能从事舆情分析行业。

■ 链接

报名培训未设置门槛

单学刚介绍，网络舆情分析师并未设置入门的门槛，党政机关的工作人员、从事舆情收集工作的专业人员、媒体从业者或者有志于今后从事该职业的个人，都有资格报名。

网络舆情分析师培训，共设置 8 门培训课程，共计 36 课时的学习时间。加上考试时间，整个培训周期 5~6 天即可完成。每期培训结束都会伴随一次考试，包括笔试和上机操作环节。

（《新京报》2013 年 9 月 5 日）

这则新闻导语中只简单提及网络舆情分析师作为一门新兴职业，正式被人社部纳入职业培训序列，既然是新兴职业，"新"在何处？其职业功能是什么？什么人可以参加培训？导语都没有具体说明。这个任务就由主体承担下来了。

（2）主体对导语作补充。导语是导读之语，对新闻事实的报道，简明扼要，它只提及主要事实，次要事实的信息只能在主体部分补充。

例如1980年"全国好新闻"《野山羊来到老西沟》的导语是这么写的：

在山西省平顺县西沟大队人工植造的松柏林里，最近出现了当地罕见的野山羊。这种生活在高山密林里的野生动物来到老西沟，是这个大队二十八年来坚持植树造林、改造山区已经取得相当成效的一个明显标志。

而在新闻主体里，补充了很多导语未提及的内容，比如，为什么这里要人工造林，由谁带头造林，造林的范围和成效怎样，除了野山羊有没有其他动物，人们发现了野山羊和其他动物以后态度怎样……这些材料在主体里都得到补充。这些补充使新闻内容更丰富，同时也增强了吸引力。

二、消息主体的写作要求

新闻主体除了要处理好与导语的关系外，其自身内部的写作也有一定的规则和要求。这些规则和要求主要有：

（1）材料集中，中心突出。新闻主体要求内容充实，材料丰富。但这些内容和材料都要围绕标题和导语概括的中心来安排，而不能游离于导语之外。

一条题为"发展有机食品加速小康进程"的消息其导语和主体写得都不好：

按照党的十六大全面建设小康社会的要求，我县计划从 2003 年到 2005 年在哈黑公路以西 10 个乡镇 50 万亩中低产田中发展有机食品，大幅度提高农民收入。

总的指导思想是：以促进农业结构战略性调整为主线，以农民增收、企业增效、县乡增加财源为目标，实现发展有机食品与改造中低产田相结合，中低产田的传统耕作手段与有机食品现代技术相结合，土肥种配置集约化、种管收有机操作、过程专业化、产加销龙头牵动一体化，力争在 3 年时间内，使有机食品产业基地面积达到 10 万亩，布控面积 50 万亩，实现亩增收 60 元，农民年增收 3 000 万元，把我县建成具有一定规模的有机食品产业基地。

前面讲过要在导语里交代信息来源，这条导语就没有。分析这条消息，可以看出是县里下发的有关发展有机食品生产规划的文件，也就是说消息的信源是文件。既然消息来源是明确的，就应该采取信源式由头的写法来写导语，这样不仅能使新闻依据明确，赋予消息以权威性，而且原导语中"从 2003 年到 2005 年在哈黑公路以西 10 个乡镇 50 万亩中低产田中发展有机食品"也便成了新闻事实。如果缺少了信源——文件的新闻依据，这一规划的事实是否真实就值得怀疑，原导语用了一句"按照党的十六大全面建设小康社会的要求"这样一个笼统的概念，作为新闻依据，有些不着边际，它可以理解为是文件的一个依据，但不是新闻的依据。另外，由于这条消息基本是对文件内容的复述，因此，消息中公文语言、公文格式的痕迹很明显，缺少对这一新闻信息的消化和文件的解读。

导语部分有了"哈黑公路以西 10 个乡镇 50 万亩中低产田中发展有机食品"的规划事实，那么，在主体部分，就应当回答为什么。人们都知道有机食品的生产对

生态环境、土壤有机质要求很高，那么，为什么要在这50万亩中低产田中发展有机食品，而不选择在高产田生产？这里应该有个背景交代。同时，还应交代政府将给农民哪些扶持政策，2003年落实多少计划面积，市场及农民增收情况的预测等。农民对这些与他们密切相关的信息才感兴趣，对发展有机食品的指导思想并不感兴趣。因此，该消息的主体也没有写好。

（2）安排好主体部分的结构。主体部分内容丰富、头绪复杂，因而在采写当中，要根据新闻事实的特点，对材料作出相应的安排。在主体中，安排材料的方式一般有三种：材料的重要性顺序、逻辑顺序和时间顺序。

第一，按照重要性顺序安排材料。新闻主体中材料是按内容的重要程度来排列和决定段落层次的顺序，常呈现为"重要"、"次重要"、"次要"、"更次要"、"补充"、"进一步交代性材料"的顺序，也就是倒金字塔式的结构。例如：

北极小鸟飞行万里到达澳大利亚

法新社澳大利亚伯斯1981年8月10日电 此间捕获了一只小鸟，它体重不过三十克，却从它在北极圈的巢地飞了一万二千五百公里。

这只红脖子的滨鹬从苏联经日本、东南亚飞到澳大利亚，属于涉水类鸟，在澳大利亚历史上，这是首次捕获这种小鸟。

这只小鸟腿上套了一只小环，是苏联科学家在1979年6月套上的，地点是西伯利亚东部。

澳大利亚渔业与野生动植物部出版的一期杂志报道了这只小鸟再次被捕的消息。文章说这种鸟是饥鹬类的一种。

西澳大利亚涉水禽鸟研究组织的人员去年十月在天鹅河地区发现过这只鸟，并通知了苏联科学家。

根据澳大利亚与苏联达成的协议，苏、澳两国有义务保护这种鸟。

消息主体部分的第一段写这只小鸟从万里之遥的北极飞到澳大利亚，这是第一次捕获这种小鸟——突出"远"、"第一"，在这则新闻中，重要的是这鸟飞得"远"，全篇的材料以这个标准来选取、排列。第二段对小鸟是"远道而来"的事实再次具体确认——这又一次说明它确实是远道而来的，所以这一事实也很重要。第三段交代这是一种什么鸟——这与"远"关系不太密切，是次重要材料。第四段交代这只小鸟的发现经过——更次要。第五段交代苏澳达成协议保护这种鸟——一般材料，与小鸟飞得远关系不大。

倒金字塔式结构便于受众迅速掌握全篇之精华，满足受众尽快获取最新消息之需求；便于记者迅速报道新闻，将最重要的新闻事实最先发出去；便于编辑选稿、分稿、组版、删节，如在版面不够时，可从后往前删，无须重新调整段落。但它也易于造成程式化、单一化的毛病，而且它比较适宜写时效性强、事件单一的突发性新闻，而用它来写非事件性新闻，富有人情味、故事性强的新闻，就不太适合。

第二，按照逻辑关系安排材料，即是按事物的内在逻辑联系来安排材料。事物的逻辑关系是事物内在的联系。常见主体中材料之间的逻辑关系有因果关系、递进关系、并列关系、对比关系等。因果关系呈现的是材料与材料之间形成的原因和结果的关系。如上面谈到的《野山羊来到老西沟》的主体结构就是采用这种方式。因为西沟大队干部群众环保意识强，他们几十年来坚持植树造林，结果只有在高山密林中才有的野山羊在这个大队所造的林中出现了。许多写消息的主体以对比关系展开。例如：

从邮局看变化

新华社乌鲁木齐1980年1月17日电新华社记者顾月忠报道 春节将到，记者在新疆维吾尔自治区邮电管理局里，看到了跟一年前大不相同的情况：过去忙于分拣从内地寄来的大批副食品包裹，而今天却忙于收订大量报刊。

新疆维吾尔自治区邮电管理局副局长张勇在他的办公室对记者说："往年这个时候，你在这间屋子里准找不到我。机关的全部人马都帮助分拣包裹去了。"

前几年，由于林彪、"四人帮"极左路线的干扰破坏，新疆副食品供应十分紧张。每年新年春节期间，人们只好把钱寄到关内，委托亲友帮助买吃的东西。于是，从关内邮寄香肠、猪肉、糖、花生米等的包裹猛增。单是花生米一项，最多的时候一天就寄来16吨。开往乌鲁木齐的列车不得不加挂车皮，邮局货场包裹堆积如山。邮局分拣的同志一天干十来个小时还分拣不完。邮电学校的100多名学生到邮局帮忙，还是忙不过来。这样，机关只好关门，从局领导到职工都去帮助分拣包裹。

今年，自治区邮电管理局接运包裹的"旺季"突然不旺了。据初步统计，去年12月和前年同期相比，寄往关内的汇款减少了64 000万多元，即减少50%；从关内邮来的包裹减少了12 000万多件，即减少1/3。原来新疆的市场上，香肠、大肉等都可以买到，核桃、瓜子很多，食品商店里的砂糖、糖果和糕点也很丰富。过节需要的副食品，这里大体都有了。人们把这一变化同贯彻党的十一届三中全会精

神和中央的两个农业文件联系起来，述评："政策开了花，经济结了果。"

尽管邮包减少了，但邮局里的干部和职工还是够忙的。几十名机关干部又开赴第一线，帮助办理订阅报刊业务。因为在各个营业门市部，经常有许多人排队，渴望订到自己喜爱的报纸、杂志，据统计，去年年底与前年同期相比，全疆的报刊订户增加了20%以上。现在，新疆平均每4.7人就有一份报刊。邮电局的同志说："现在党的工作重点已经转移到四化建设上来，各族人民学科学、学文化的劲头越来越足了。"

可见，主体部分材料的展开方式是受制于或者说呼应导语的，导语进行对比，主体部分必然也进行对比。

第三，按照时间顺序安排主体材料。这类新闻没有严格意义上的硬导语，而是按着时间顺序开篇，先发生的放在前面，后发生的放在后面。这种结构叙事条理清晰，现场感强，且很适合写那些故事性强、以情节取胜的新闻，尤其适合写现场目击记。例如：

冻死的孩子重新复活

美国威斯康星州一个名叫麦肯罗的孩子，今年只有两岁半。一月十九日，在家里人没有注意的情况下，他穿着一身睡衣，只身来到零下二十九度严寒的室外。家里人发觉后把他抱回屋里时，麦肯罗的一部分血液已经"冻结"，手脚也都僵硬了。当他被送往医院时，体温已下降到十五点五度。但是，在经过了包括使用心肺泵等先进设备抢救以后，麦肯罗竟然奇迹般地复活了。像这样处于低温状态下的人能够死而复生，在世界上是没有先例的，就是参加抢救麦肯罗的医生也对此感到惊叹不已。

现在，除了他的左手可能会留下由于冻伤后遗症引起的轻度肌肉障碍以外，其他恢复都很正常，估计三四周内，即可恢复健康。

运用时间顺序安排材料，能清楚地交代事情的来龙去脉，便于受众掌握事情的发生过程。

（3）层次分明。有了好的结构不等于层次分明了。结构是就文本的总体框架形态来说的，层次分明却是相对叙述事情的秩序来说的。平时写新闻的主体，最容易出的毛病就是几层意思纠缠在一起，分不出先后，出现啰里啰嗦的现象。要克服这个毛病，就要把主体内容各层意思划分清楚，然后按时间和逻辑及重轻的顺序来叙述。要让这种叙述更清楚、受众更容易接受，通常的办法是划分段落。段落的功能就在于区分意思。西方记者就很热衷于划分段落。例如：

印度快报：中印将首度就"中亚问题"对话

参考消息网 8 月 11 日报道　印度媒体称，新德里和北京将于近日首次举行有关中亚问题的对话。

据《印度快报》网站 8 月 11 日报道，消息人士说，印度外交部高级官员将前往北京，并于本月 12 日至 13 日与处理中亚事务的中国官员进行会晤。

报道称，中国国务院总理李克强 2013 年 5 月访问印度，此行的关键成果之一就是双方将深化有关地区和国际事务的工作级接触。中印两国已经就阿富汗、西亚、非洲和反恐等问题进行过双边磋商，晚些时候还将就中亚、海上事务、裁军、核不扩散以及武器管控等问题展开双边磋商。

消息人士称，尽管印度主动通过 2012 年制定的"连接中亚政策"来关注这一地区，但是中国已经与这些前苏联国家有着深入接触，因为中国与其中许多国家接壤。

虽然新德里一直努力提高与中亚的贸易和经济合作水平，但是目前仍远远低于潜力水平。

报道指出，为了改善商业关系，印度的主要目标是加强（与中亚的）地面联系和交通线路。新德里寻求重新激活"北南运输走廊"（经过伊朗），并努力实现铁路与公路间的无缝对接。

消息人士说，在与中国官员为期两天的接触中，印度外交部联合秘书阿贾伊·比萨里亚将交换有关改善交通的外交照会。

对于印度来说，另一个重要领域就是能源合作——中国已经在此领域上取得了深入的进展。

据悉，共同应对恐怖主义和极端主义也是此次议程的重点。[①]

这则消息不到 500 字，主体部分竟然分了 7 段，平均每段近 70 字，最短的段落只有 22 字。这种分段，将内容按重轻排列，一层一个意思，十分清楚。同时我们应

[①]　http：//news. xinhuanet. com/world/2013 – 08/11/c_ 125148596. htm, 2013 – 8 – 11.

该注意到，这种分段，在段与段之间没有过渡词句，跳跃性很大。西方新闻界将此叫作"断裂行文"。断裂行文就是每一段都相对独立，它们之间靠逻辑联系起来。①这种分小段的方法在西方报道中十分盛行。美国的威廉·梅茨在《从导语到结尾》书中说："把一长段文字分成三小段来叙述，使读者下意识地感到每读一段都得到一些'新东西'，'重新开始'了三次，要比一长段容易读下去。"

（4）曲折生动。俗话说："文似观山不喜平。"主体部分若仅仅满足于对事实的一般化叙述，而不考虑怎样写得生动、耐读，同样很难收到好的效果。因此，要写好主体部分，使之为读者所喜爱，除了前面讲到的以外，在表达上还应力求波澜起伏，文字灵活跳跃。文贵在变，变才能多姿多彩。例如：

陕北有煤海

新华社西安 1984 年 10 月 18 日电（记者冯森龄）　记者新近去陕西北部的神木、府谷等地采访，所到之处几乎都见到了煤，简直像是走进了煤的海洋。

在许多村庄，我们看到农户门前屋后堆放着煤，大大小小的矿点放着煤，有些地方连院墙、猪圈、厕所也是用煤块垒的。

在乌兰木伦河等河谷，裸露在岸边的一条条煤层呈现在我们面前。同行的人目测了一下，有的煤层的厚度达七八米，比两层楼房还高。

在一些产煤的现场，更使我们开了眼界。其中店塔乡雁毛村的农民在河滩挖煤时，把河床表面薄薄的一层流沙和碎石清除掉，下面就是一大片平坦坦的煤田。人们在这里先挖下一尺多宽的深槽，然后就像切豆腐一样，用钢钎和榔头一块块地把煤切下来，搬上架子车运到河边。

神木县委顾问张凤翼告诉记者，当地洪水季节可热闹哩。河岸尚未开采的煤，附近已经开采、未及运走的煤，被冲得顺水而下。有一次，大约 28 立方米的大煤块给冲到了下游。沿河一些农村把发洪水当做捞煤的好机会，有的村子一次就捞到了 4 000 多吨煤。许多农户捞一次煤就足够烧一年。

因为煤多，据说逢年过节当地群众形成了一个传统习惯，就是家家户户在院里或门前垒成塔形的煤堆，高一二米不等，点燃起来煤火彻夜通红，人们围着煤火堆谈笑玩耍。

这里到底有多少煤？据正在进行勘探工作的几位工程技术人员介绍，他们经过

---

① 刘明华等. 新闻写作教程. 北京：中国人民大学出版社，2003.

最近6年的普查，仅在神木、府谷县境内初步探明的地质储量即达数百亿吨之多。而随着勘查工作的开展，新的煤炭资源又在陕北其他地方陆续发现，因此有人说这一带煤藏多得估不透是有道理的。专家们还兴致勃勃地说，这里不仅煤多，而且埋藏浅，地质构造简单，容易开采，煤质也非常好。它所含的灰分、硫、磷的比例之小好于国家规定的标准和国际商品煤的要求，不用洗选就可以作为商品煤在国际市场销售；衡量煤炭质量优良的发热量为7 000大卡左右，在国内外同样是数得着。

据了解，陕北的煤海把国际经济界人士也一批批地吸引来了。一位外国专家实地考察后，连连赞叹："绝妙！绝妙！"美国一位"老煤炭"说：我平生几十年去过好多国家，但还没有见过这样量大而质优的煤田。

显然，作者在这里以富有弹性的笔触，把主体写得曲折活泼，大起大落，突破了平铺直叙的习惯写法，因而使结构显得不平板，读来令人感觉津津有味，印象也十分深刻。

新闻主体，虽然短不过三五百个字，有的甚至几十个字，也应该波澜横生，跌宕起伏。因此，除了叙述主要的新闻信息，应尽可能增加描写、说明等表达方式；写人物精彩的直接引语；写细节和场景等。

第五节　新闻背景

一、什么是新闻背景

背景原来是绘画、照相等艺术作品中衬托主体的背后景物。借用到新闻上来，就是新闻背景。新闻背景是新闻事实之外，对新闻事实或新闻事实的某一部分进行解释、补充和烘托的材料，具体可以从三方面理解：从内容层次看，它是新闻事件后面的事件；从功能看，它是对新闻事实产生的环境、条件和原因作出的说明和解释；从时间看，是指过去的事实，所以新闻就是背景＋事实＋解释。交代新闻背景是消息写作中不可忽视的环节。有人认为，新闻背景与新闻导语几乎同样重要，一篇新闻作品是否成功，一半取决于导语是否精彩，另一半取决于背景交代是否充分、巧妙。

《别了，"不列颠尼亚"》和《从邮局看变化》如果剔除背景材料，就无法显示新闻主体的价值，《从邮局看变化》如果没有背景材料（过去的事实，如以往春节前后，这里的邮局要分拣大量从内地寄来的副食品包裹等内容），根本就无法表现

"变化"这个主题。

二、新闻背景的作用

之所以需要新闻背景，是因为它能起到以下作用：

（1）说明新闻事实产生的具体条件和起因，揭示事实的实质。

专家称南方高温因青藏高原冬季积雪减少

截至昨日（7日）15时，全国有130个测站出现今年以来当地最高气温，主要分布在黄淮东部、江淮和江南东部及重庆南部地区。浙江奉化43.5℃，打破该省高温纪录。中央气象台连续第17天发布高温预警，其中最高级别的高温预警——高温橙色预警持续发布日数已达14天，此为历史首次。

长时间高温背后的原因是什么？全球变暖和我国今年高温有何关系？昨天，中国气象局"直击天气——与科学家聊'天'"活动上，相关专家对近期高温给予释疑。

（1）高温跟北极冰川有关？

北极和青藏高原冰雪减少，成为热源。

中国气象局气候研究计划首席科学家、正研级研究员李维京：今年青藏高原热力作用非常显著。今年整个冬季到春季，青藏高原的积雪很少，使得高原接受的太阳辐射比较多。青藏高原到夏季的时候就成为强大的热源。这个热源有利于副高偏北、偏西，而且有利于华北降水，不利于长江及江南地区的降水。

同样，从中高纬度来看。从去年9月份的秋季以来，北极海冰相当少，处于近10多年来的低点。北极海冰减少，它吸收太阳的热量较多，也有利于副高偏北，季风偏强，有利于华北降水，不利于长江及江南地区降水。

（2）天特热意味全球变暖？

今年气候特点跟全球变暖趋势一致。

北京大学物理学院大气与海洋科学系教授胡永云：全球变暖是非常长的趋势，过去几十年来的温度都在升高，我们说这是全球变暖，如果有一天的温度不是太高，不意味着这个趋势就停止了。

分析今年的气候特点，跟气候模式预测的全球变暖未来的变化趋势比较一致。假定二氧化碳的排放量不断增加的情况下，中国北方的降水确实是在增加，南方的降水确实是在减少。

从最近几年气候资料的分析，我们发现随着气候变暖，副热压高压的位置逐渐向北走，南半球也在逐渐向南走。总的来看，今年的南方干旱、降水偏少而北方降水偏多，跟这个形势是一致的。千万不能说今年的温度太高就是全球变暖，这不意味着全球变暖，而是说形势是一致的。随着未来的发展，可能还会出现这种天气。①

读者不仅仅要从新闻里看到是什么和怎么样，还希望知道为什么会这样。这也是西方新闻从客观报道发展到解释性报道的根本原因。上面的例文报道了 2013 年夏天，南方多地连续出现百年来罕见的高温，还解释了原因可能在哪里，比如"从去年 9 月份的秋季以来，北极海冰相当少，处于近 10 多年来的低点。北极海冰减少，它吸收太阳的热量较多，也有利于副高偏北，季风偏强，有利于华北降水，不利于长江及江南地区降水"等，看了新闻，读者的疑问得到解释。解释性新闻和预测性新闻都是依赖背景材料才能成立，否则就无法写。

（2）对比衬托新闻事实，以显露新闻的新意。

如前文列举的《从邮局看变化》如果没有与过去同一个邮局、同时段的邮包情况的比较，"变化"就无法显示，新闻的"新"就难以表达。

（3）巧妙表达个人观点，流露作者的倾向，也就是用新闻背景材料达到"说话"的意图。例如：

谢胡自杀死亡

新华社北京 12 月 19 日电　据阿通社报道：阿尔巴尼亚部长会议主席穆罕默德·谢胡 12 月 18 日清晨自杀死亡。

这一消息是阿尔巴尼亚党政领导在 18 日晚发布的一项公报公布的。这项公报说，谢胡是在"神经失常"时自杀的。

在这之前，阿通社在 12 月 17 日曾经发表谢胡 16 日在地拉那接见罗马尼亚政府贸易代表团的消息。

谢胡自 1948 年起任阿尔巴尼亚劳动党中央政治局委员。1954 年起任阿尔巴尼亚部长会议主席，终年 68 岁。

（原载《解放军报》1981 年 12 月 20 日）

---

① http://discovery.163.com/13/0808/11/95OL7KFH000125LI.html.

这篇短短的消息是有言外之意的：阿尔巴尼亚党政领导说谢胡是在"神经失常"时自杀的，然而背景材料根据阿通社的报道，告诉读者，谢胡16日还在地拉那接见罗马尼亚政府贸易代表团，说明他神智正常，怎么过了两天就"神经失常"并且自杀身亡呢？其中必有不可告人的内幕。

（4）丰富新闻内容使之充实饱满。例如：

淮南八公山豆腐又上市了

据新华社合肥电　具有悠久历史的安徽淮南八公山豆腐，随着集市贸易的复苏又上市了。清晨，淮南八公山下的村民，挑着一副副豆腐担子穿过村头，到淮南煤矿和寿县城镇出售八公山豆腐，顾客非常欢迎。据李时珍的《本草纲目》记载："豆腐之法，始于汉淮南王刘安。"淮南，即今安徽淮南一带。这里制作豆腐，原料挑选严格，磨得均匀，豆渣淘得净，且多用泉水，制成的豆腐洁白、细嫩、味美。别的地方一斤黄豆出三斤豆腐，这里可以出到四至五斤。别的地方豆腐作汤，豆腐沉于水中，这里豆腐做汤，豆腐漂浮于水上。淮南八公山一带的农民，制作豆腐的技艺世代相传，很多人掌握了一套好手艺。淮南八公山豆腐向来远近闻名。

这篇消息真正的主体只有前面两句话，其他全部是背景材料，有历史背景、地理背景等，写得自然流畅，富有知识性和趣味性。如果没有背景材料，这篇新闻就会干瘪无趣。

三、新闻背景的类别

从背景在新闻中的功能来看，可划分为对比烘托性背景、注释说明性背景和揭示性背景材料等。

（1）对比烘托性背景材料。这类背景用来构成与新闻事实的对比关系，从某一方面烘托新闻事实，从而显示出事实的特点和意义。之所以需要这种背景，是人类认知规律在起作用。一个事物，孤立地看，看不出它的本性，而将它与周围、与过去的事物和情形作比较，其特点就显现出来了，即所谓"不怕不识货，只怕货比货"。

河南跻身国家高等教育"2011 计划"

近日，从河南农业大学传来好消息，由该校牵头组建的"河南粮食作物协同创新中心"正式获得"2011 计划"授牌。

"2011 计划"的全称是"高等学校创新能力提升计划",它以"国家急需、世界一流"为根本出发点,以人才、学科、科研三位一体创新能力的提升为核心任务,是我国高等教育领域继"211"、"985"之后第三个体现国家意志的战略性计划。不同的是,这次国家重点扶持的不再是哪一所大学,而是必须组团参赛,目标是实现"1+1>2"。

经过多个环节的筛选,167 个中心最终只有 14 个入选首批国家级协同创新中心。14 家牵头高校中,有九家"985 高校"、两家"211 高校",三家地方高校。作为我省唯一入选协同创新中心,河南粮食作物协同创新中心在河南省人民政府主导下,由河南农业大学牵头,协同单位包括河南工业大学、河南省农科院、北京奥瑞金种业股份有限公司等。①

这篇消息并非写得很好,但是河南农业大学牵头组建的"河南粮食作物协同创新中心"正式获得国家"2011 计划"授牌之不易,通过导语后面的两段背景(最后一段是烘托性背景)得以显示,读者可以看到这的确是难得的好消息。《从邮局看变化》也是通过对比烘托显示出变化的巨大,从而达到歌颂党的政策的目的。

(2)注释说明性背景材料。注释说明性背景材料用来说明事实的由来,或交代人物以往的经历,或点明新闻事实产生的原因、条件和环境,它往往是引导人们从未知跨向已知的桥梁,或对某些难懂的专业术语进行解释,包括对政治背景、地理环境、历史演变、人物背景、事物背景、专用术语的解释等。如毛泽东写的新闻《中原我军占领南阳》中,有这么一段文字:"南阳古为宛县,三国时曹操与张绣曾于此城发生争夺战。后汉光武帝刘秀,曾于此地起兵,发动反对王莽王朝的战争,创立了后汉王朝。民间所传二十八宿,即刘秀的二十八个主要干部,多是出生于南阳一带。"这段文字将南阳这个地方历来为兵家必争之地的特点作了说明,更体现出我军占领南阳的战略意义。

又如《我国最大的受控核聚变实验装置"中国环流器一号"顺利启动》里的背景材料:"受控核聚变的研究是当前世界科学技术最大的主攻课题之一。它的任务是根据太阳和其他恒星释放能量的原理,设法将氢弹爆炸这一瞬间完成的核聚变现象变成可以控制的过程,从而使它的能量充分被人类所利用。核聚变能源同世界上已有核电站所产生的核裂变能相比,不仅能量大得多,而且更加安全。地球上丰富

---

① 张竞昳,周红飞. 我省跻身国家高等教育"2011 计划". 郑州晚报,2013-07-27.

的氘、锂等，都是极有前途的聚变燃料。如果把海水中所含氘全部用来生产聚变能，最少可以供给人类使用上百亿年。"

"受控核聚变"是一个专业性很强的术语，普通读者不明白，作者需要进行解释、说明。

当报道人物新闻时，需要对人物的身份、经历、成就等进行介绍，这就是人物背景材料。如新闻《佤族第一个女大学生》中，有这么一个说明："沙文仙是一个从小就失去父母的孤儿。临近解放时，她的家乡还保留着古老的部落组织和原始公社的残余。17万佤族人民中，只有为数很少的几个上层人士的子弟念过小学和初中。佤族没有文字，用刻木、结绳记事，许多人连自己的年龄有多大，家里有几口人都数不出来。"这段文字对佤族第一个女大学生和她的族人作了简介。只有在这种落后的环境中出"第一个大学生"才有新闻价值，如果这个地方很富有、文化也很繁荣，再去写出了大学生，就没有意义。因而，这里用人物（当事人和她的族人）背景材料是十分必要的。

（3）揭示性背景材料。揭示性背景材料用于披露新闻事实背后的有关情况，包括鲜为人知的情况，为受众的判断提供依据。比如，前文列举的《谢胡自杀死亡》就揭示了某种新闻背后的"新闻"。

四、新闻背景材料的写作要求

新闻背景材料虽然作用巨大，但并不是随便用就可以达到效果的，它也有使用恰当与否的问题。也就是说，用得恰当，背景材料作用就大；用得不当，背景材料就起不了作用，甚至起反作用。一般来说，使用新闻背景材料要符合以下一些要求：

（1）需要的时候才用。所谓需要表现在：取决于新闻内容表达的具体需要，读者的需要，记者为了自己的写作意图的需要。新闻内容表达的需要，意思是如果缺少了背景材料，内容表达就有缺陷。"解放前，没有一公里公路、在狭窄险道上全靠牦牛、毛驴驮运或人背的西藏，今天已有15 800公里的公路通车。"记者之所以将解放前西藏没有公路的材料用上，是为了与今天的西藏公路建设对比，突出西藏变化大的主题，符合自己的表达意图。前文例子中之所以要解释"受控核聚变"这个专业性很强的术语，是因为普通读者不明白，作者需要进行解释、说明。《谢胡自杀死亡》中，记者之所以补充谢胡在"自杀"前两天还在接见外国代表团，是想暗示他不是自杀的，而是另有内幕。毛泽东在《中原我军占领南阳》中，将笔停下来，对南阳这个地方进行了一番介绍，目的不是要说东汉、三国的事，而是要说明南阳解放的意义：南阳地理位置重要，蒋介石派驻重兵把守，现在被解放军占领了，其他地方的国民党将领不如趁早投降。例如：

中原我军占领南阳

新华社郑州 1948 年 11 月 5 日电　在人民解放军伟大的胜利的攻势下，南阳守敌王凌云于四日下午弃城南逃，我军当即占领南阳。南阳为古宛县，三国时曹操与张绣曾于此城发生争夺战。后汉光武帝刘秀，曾于此地起兵，发动反对王莽王朝的战争，创立了后汉王朝。民间所传二十八宿，即刘秀的二十八个主要干部，多是出生于南阳一带。在过去一年中，蒋介石极重视南阳，曾于此设立所谓"绥靖区"，以王凌云为司令官，企图阻遏人民解放军向南发展的道路。上月，白崇禧使用黄维兵团三个军的力量，经营整月，企图打通信阳、南阳间的运输道路，始终未能达到目的。最近蒋军因全局败坏，被迫将整个南部战线近百个师的兵力，集中于以徐州为中心和以汉口为中心的两个地区，两星期前已放弃开封，现又放弃南阳。从此，河南全境，除豫北之新乡、安阳，豫西之灵宝、阌乡，豫南之确山、信阳、潢川、光山、商城、固始等地尚有残敌外，已全部为我解放。去年七月，南线人民解放军开始向敌后实行英勇的进军以来，一年多时间内，除歼灭了大量的国民党正规部队以外，最大的成绩，就是在大别山区（鄂豫区）、皖西区、豫西区、陕南区、桐柏区、江汉区、江淮区（即皖东一带）恢复和建立了稳固的根据地，创立了七个军区，并极大地扩大了豫皖苏军区老根据地。除江淮军区属于苏北军区管辖外，其余各军区，统属于中原军区管辖。豫皖苏区、豫西区、陕南区、桐柏区现已连成一片，没有敌人的阻隔。这四个军区并已和华北连成一片。我武装力量，除补上野战军和地方军一年多激烈战争的消耗以外，还增加了大约二十万人，今后当有更大的发展。白崇禧经常说，"不怕共产党凶，只怕共产党生根"，他是怕对了。我们在所有江淮河汉区域，不仅是树木，而且是森林了。不仅生了根，而且枝叶茂盛了。在去年下半年的一个极短时间内，我们在这一区域曾经过早地执行分配土地的政策，犯了一些策略上的"左"的错误。但是随即纠正了，普遍地利用了抗日时期的经验，执行了减租减息的社会政策和各阶层合理负担的财政政策。这样，就将一切可能联合或中立的社会阶层，均联合或中立起来，集中力量反对国民党反动统治势力及乡村中为最广大群众所痛恨的少数恶霸分子。这一策略，是明显地成功了，敌人已经完全孤立起来。在我强大的野战军和地方军配合打击之下，困守各个孤立据点内的敌人，如像开封、南阳等处，被迫弃城逃窜。南阳守敌王凌云统率的军队是第二军、第六十四军以及一些民团，现向襄阳逃窜。襄阳也是国民党的一个所谓"绥靖区"，第

一任司令官康泽被俘后，接手的是从新疆调来的宋希濂。最近宋希濂升任了徐州的副总司令兼前线指挥所主任，去代替原任的杜聿明。杜聿明则刚从徐州飞到东北，一战惨败，又逃到了葫芦岛。王凌云到襄阳，大概是接替宋希濂当司令官。但是从南阳到襄阳，并没有走得多远，襄阳还是一个孤立据点，王凌云如不再逃，康泽的命运是在等着他的。

（2）在使用背景材料时，要做到简练、精当。新闻主要是报道新近发生的事实，背景材料只起一种衬托作用，因而不能太长，只能极简练地用上一些。这跟上面所讲的需要时才用，有相近的意思。如新闻《青海湖200年后将成为盐湖》的导语中写道："中国最大的内陆咸水湖——青海湖200年后将成为一个盐湖。"这里"中国最大的内陆咸水湖"几个字，就是背景材料。它十分简练，但又具体、详细地交代了青海湖在中国独特的地位。可见，背景材料不在多，而在精。因此，选择背景材料要典型，文字要精练，千万不要写得冗长。

（3）灵活穿插。背景材料不必放在一块或同一段，可以自然、灵活地穿插在消息的多个地方。《别了，"不列颠尼亚"》的背景材料很多，但是穿插灵活，一点也不使读者感到沉闷、累赘。

别了，"不列颠尼亚"
周树春　胥晓婷　杨国强　徐兴堂

在香港飘扬了150多年的英国米字旗最后一次在这里降落后，接载查尔斯王子和离任港督彭定康回国的英国皇家游轮"不列颠尼亚"号驶离维多利亚港湾——这是英国撤离香港的最后时刻。

英国的告别仪式是30日下午在港岛半山上的港督府拉开序幕的。在蒙蒙细雨中，末任港督告别了这个曾居住过25任港督的庭院。

四时三十分，面色凝重的彭定康注视着港督旗帜在"日落余音"的号角声中降下旗杆。根据传统，每一位港督离任时，都举行降旗仪式。但这一次不同：永远都不会有另一面港督旗帜从这里升起。四时四十分，代表英国女王统治了香港5年的彭定康登上带有皇家标记的黑色"劳斯莱斯"，最后一次离开了港督府。

掩映在绿树丛中的港督府于1885年建成，在以后的近一个半世纪中，包括彭定康在内的许多港督曾对其进行过大规模改建、扩建和装修。随着末代港督的离去，这座古典风格的白色建筑成为历史的陈迹。

晚六时十五分，象征英国管治结束的告别仪式在距离驻港英军总部不远的添马舰东面举行。停泊在港湾中的皇家游轮"不列颠尼亚"号和邻近大厦上悬挂的巨幅紫荆花图案，恰好构成这个"日落仪式"的背景。

此时，雨越下越大。查尔斯王子在雨中宣读英国女王赠言说："英国国旗就要降下，中国国旗将飘扬于香港上空。150多年的英国管治即将告终。"

七时四十五分，广场上灯光渐暗，开始了当天港岛上的第二次降旗仪式。156年前，是一个叫爱德华·贝尔彻的英国舰长带领士兵占领了港岛，在这里升起了英国国旗；今天，另一名英国海军士兵在"威尔士亲王"军营旁的这个地方降下了米字旗。

当然，最为世人瞩目的是子夜时分中英香港交接仪式上的易帜。在1997年6月30日的最后一分钟，米字旗在香港最后一次降下，英国对香港长达一个半世纪的殖民统治宣告终结。

在新的一天来临的第一分钟，五星红旗伴着《义勇军进行曲》冉冉升起，中国从此恢复对香港行使主权。与此同时，五星红旗在英军添马舰营区升起。两分钟前，"威尔士亲王"军营移交给中国人民解放军，解放军开始接管香港防务。

零点四十分，刚刚参加了交接仪式的查尔斯王子和第28任港督彭定康登上"不列颠尼亚"号的甲板。在英国军舰"漆咸"号及悬挂中国国旗和香港特别行政区区旗的香港水警汽艇护卫下，将于1997年年底退役的"不列颠尼亚"号很快消失在南海的夜幕中。

从1841年1月26日英国远征军第一次将米字旗插上港岛，至1997年7月1日五星红旗在香港升起，一共过去了156年5个月零4天。大英帝国从海上来，又从海上去。

（新华社香港1997年7月1日）

第六节　消息结尾

消息的结尾，与导语、主体甚至背景相比，重要性没有那么强，有的消息没有结尾。这使得很多新闻采访写作的著作和教材甚至不谈结尾，即使谈到，也只有很少的三两页。但也有人认为它是新闻的重要组成部分，一个好的结尾，可以升华消息的主题，拓宽新闻的视野，昭示新闻的旨意，给人留下深刻的印象。对于什么是消息的结尾，诸多解释都不乏矛盾之处，如刘海贵、孙发友认为，消息的结尾，就

是消息的最后一个自然段或最后一句话。丁柏铨认为："结尾是一篇文章的自然收束。"① 但这些教材又一致认为有些消息没有结尾，这就与这些定义相互矛盾了——任何一篇消息都要自然收束，都有最后一段或一句，照此推论，任何消息都有结尾。因此，需要给消息的结尾重新定义。

消息结尾，是指新闻主体叙述完了以后，记者为了深化新闻主旨、强化新闻价值或增加消息的信息量，以总结、评论、呼吁、建议或增添与主体有关的信息的方式，而精心设计的相对独立的收结部分。

并非所有消息都必须具备这样独立的组成部分。新闻实践表明，同消息的简洁明快、干脆利索、用事实说话等基本特征相适应，相当多的消息可以是表述完新闻事实便就此收住，可以不必有结尾，如用倒金字塔结构写出的新闻，这种结构的特点是按内容的重要程度来安排材料，由重要到次要，事情说完了，也就结束了，无须再作结尾。另外，由于有些新闻事实意义很清楚，且事实表意很完整，无须记者再点明旨意或作其他的补充，因而也不作结尾。反之，则需要结尾。比如，非倒金字塔结构的新闻，如时间顺序式的新闻就需要结尾，因为按照时间顺序，事实的开头、发展和结局是写作的顺序，因此结尾就是事实的结局，必须交代。例如：

两大学生玩命

北京晚报1月24日报道　1月22日下午7时，北大分校物理系18岁学生吴某，与三名女同学到学校附近的铁道边散步。

吴对女同学说，国外曾有人趴在铁轨中间，火车过后安然无恙。

这时，一列火车正巧从西直门方向驶来，吴和一女同学欲亲身一试。他们迎着火车趴在铁轨中间。火车司机发现后，立即采取紧急制动措施。车头和一节车厢从他们上面驶过之后停了下来。女同学从车下爬出，侥幸留下了性命。吴某却没出来。他的颅脑受到严重损伤，已经丧生。

两人趴在铁轨上实验的结果是受众必须要知道的，这也是这个事件的结局和消息的结尾。它是必不可少的。

只有当结尾能够加深读者对新闻的感受和理解，能够深化新闻的主题、增强新闻报道的社会效果，增加消息的信息量，或者是为"后续报道"做伏笔等情况下，

---

① 丁柏铨. 新闻采访与写作. 北京：高等教育出版社，2003. 258.

消息才有必要写结尾，并要尽力写好结尾。写好结尾，应该注意围绕以下原则：

（1）要紧扣主体部分的新闻事实，而不要为了结尾硬来一通"套话""空话"。以此而论，每一个结尾都应该是独一无二的，一段文字不可能既可以作这条新闻的结尾，也可以作那条新闻的结尾，如果真是这样，说明这条结尾是失败的。毛泽东写的《我三十万大军胜利南渡长江》的结尾："人民解放军正以自己的英雄式的战斗，坚决地执行毛主席、朱总司令的命令"，看来不是一个好的结尾，因为它可以放在许多类似的战斗消息里作结尾。

（2）要能增添信息，而不要与其他部分同义反复。消息的标题、导语、主体、背景和结尾，各有其功能，共同为简明扼要迅速准确地传播信息服务，结尾如果与其他部分重复，反而影响消息的信息传播功能。《黄河水奔流千里到达天津》的结尾就很有必要：

河南此次将向天津输水约 3.5 亿立方米，由于路远，国家投入大量人力、财力、物力，水到津后一立方约花 1 元多，市民用水每立方才收 8 分 8 厘。节水仍是当务之急。

（3）要力求新颖别致，而不要平庸老套、千篇一律。前人民日报总编范敬宜，在辽宁日报做记者时，写过一篇反映农村包干到户前后巨大变化的新闻《两家子公社夜无电话声　早无堵门人》，以自己的一首诗结尾：

四日深夜，记者步出敞开的公社大门，遥望沐浴在银色月光下的远近村庄，显得分外安谧，不禁遐想联翩，成诗一首：

劫后灾痕何处寻？月光如水照新村，只因仓廪渐丰实，夜半不闻犬吠声。

消息通常不需要抒情和议论，但是这首既抒情又议论点题的诗，放在结尾处既妥帖自然，又新颖别致，令人耳目一新。

（4）要精粹有力，而不要拖泥带水、絮絮叨叨。总之，既然消息要有结尾，就要努力使之成为有力的"豹尾"，而不是可有可无的"狗尾"。

消息结尾的写作方法如下：

（1）**背景性结尾。**

如前文《黄河水奔流千里到达天津》结尾增添了背景性材料：由于路远，国家投入大量人力、财力、物力，水到津后一立方约花 1 元多，市民用水每立方才收

8分8厘。从而呼吁"节水仍是当务之急"就自然水到渠成，令人信服。

（2）评论式结尾。

《两家子公社夜无电话声　早无堵门人》的结尾既有抒情又有议论：只因仓廪渐丰实。解释了为什么农村有这样的变化——农民的生活改善了，社会风气也随之改变。

（3）引语式。

如全国好新闻《一张营业证解决了十三口人生活》的结尾：

市场管理委员会的同志对记者说："我们以前光干蠢事，生怕产生'资本主义'，其实啥叫资本主义，自己也没搞清。你看，艾得力斯小饭馆一开，自己的问题解决了，又方便了群众，支援了国家，他今年已经交税和管理费500多元。"

这既是引语式，也是评论式，用人物的直接引语揭示了新闻事实的意义。

思考与练习

1. 消息的标题与通讯相比有什么特点？
2. 导语的重要性表现在哪里？
3. 写作消息主体要注意些什么？
4. 消息的背景起什么作用？
5. 采写动态消息、综合消息和述评消息各一篇。

延伸阅读

《我三十万大军胜利南渡长江》不是新闻范文
夏德勇

毛泽东于1949年以新华社名义写作的《我三十万大军胜利南渡长江》，历来被当作动态消息的典范，或被名之为精品，选入多种新闻作品集，还被选入多种中学语文课本，如人教版、北师大版、广东教育版等。对这篇作品的分析鉴赏文章可谓汗牛充栋，有的甚至把它认定为不朽之作，如中国新闻精品研究集大成者孔祥军认为："像《我三十万大军胜利南渡长江》这样堪称不朽之作的篇章并不多见。"[1] 其

---

① 孔祥军. 精品新闻学——理论建构与媒体运行. 北京：新华出版社，2008. 194.

他颂赞者持论大同小异，如肯定这篇消息记载的是我国解放战争时期的一个重大战役，也是我国新民主主义革命史上具有重要意义的一件历史事件。全文气势磅礴，内涵丰富，生动形象，简洁精练，而且报道及时，是我国现代新闻史上的一篇新闻名篇。总之，不论是把它叫作名篇也好，精品也好，不朽之作也罢，都是持无条件的肯定态度。但是如果抛开先入之见，以客观冷静、实事求是的科学作风来衡量，这篇作品既谈不上精品，也离不朽之作甚远，最多只能算一篇合格的动态消息。

动态消息要求迅速、及时地报道新近发生的事实变动的信息，这是动态消息最基本的要求。这篇作品显然完成了这个任务。新闻事实是解放军渡江战斗于1949年4月20日午夜开始，到21日已经有大约三十万人渡过长江。毛泽东在22日凌晨即以新华社的名义写出了这条重大新闻。新闻的重要性和及时性都值得称道。另外，新闻要素交代清楚、齐备，简明扼要。但这些都只是合格消息的基本条件。

但是除了这些显而易见的优点以外，这篇消息的缺陷并不少。

先看语言。毛泽东同志是公认的文章大师、语言大师。这篇作品的语言也一直备受称道。有的称赞其语言准确严谨、鲜明生动、简练明白，有的认为其气势磅礴，叙事如画。不过仔细研究，存在的问题也颇为明显。

一是用语不当。本篇最重要的、最能够显示本篇气势的成语"摧枯拉朽"完全被作者弄反了意思。摧，摧毁；枯，枯草；拉，折断；朽，朽木。摧枯拉朽，比喻轻而易举地摧毁腐朽的事物和不堪一击的势力。房玄龄等《晋书·甘卓传》："将军之举武昌，若摧枯拉朽，何所顾虑乎？"《水浒传》第一百零九回："杀散左哨军兵，如摧枯拉朽的直冲进来。"摧枯拉朽，亦作摧枯拉腐。这些句子中的"摧枯拉朽""摧枯拉腐"都是用在进步正义力量打败落后腐朽力量的事情上的，而这篇新闻原文却恰恰相反，把主体和客体说颠倒了，与前面几例是不同的。因此这句话是语误，把意思说反了。如果改成"人民解放军遇着国民党反动派经营了三个半月的长江防线好似摧枯拉朽"（不改变原来文字，只调整一下语序），这样说岂不是更通畅准确？或者把"摧枯拉朽"四字改为"土崩瓦解"也就顺畅准确了。

二是用词不精。如导语中已经交代过三十万人民解放军渡过长江，主体部分又说了一次三十万人民解放军和两次人民解放军，显得重复累赘。既然在标题中作者已经明白无误地表明了自己的立场——"我三十万大军"，表明自己就是站在人民解放军一方，人民解放军就是"我军"。那么，这三个地方如果直接用"我军"指称，更容易达到简洁明白的效果，而且作者在主体部分也的确写了"我军万船齐发"这样的句子。如果在这几个地方都用"我军"指代，意思不会受到任何影响，还可以少用十二个字，使消息的文字更加精练。

三是用词不准。"繁昌、铜陵、青阳、荻港、鲁港诸城"的说法不准确,这五个地名中,只有前三个算是城(县城),后面两个只是稍大的村镇,说它们是城,不够准确。这一点毛主席自己也好像意识到了,他在同一天稍后写的《人民解放军百万大军横渡长江》里也写到这几个地方,但是已经把它们称为"地区",这样一改就符合实际了。

在全国好新闻评选和其后的中国新闻奖评选中,因为一个字不准确而失去评奖机会或降一个奖励档次的例子并不鲜见,这篇作品仅语言方面就存在这么多问题,我们还能说它是精品或不朽之作吗?之所以出现这些问题,最大的可能是毛主席得知我军已经渡过长江而且势如破竹,以至于兴奋难抑,一挥而就写下了这篇传诵半个多世纪的新闻作品。这虽然没有切实的材料佐证,但是读者从作品里是非常容易感受到的。

问题还不仅于此。除了语言的问题外,在消息写作上,也存在不足之处。

其一是在导语中突出解放军战果不明显。第一句"英勇的人民解放军21日已有大约三十万人渡过长江"是导语。导语是一篇新闻的精髓。这个导语只说人民解放军"渡过长江","渡过长江"以后是遇到敌人激烈抵抗,战斗呈现胶着状态,还是进展顺利?导语没有讲。我看至少应该加上"突破敌阵"四个字,突出人民解放军的战果,使导语变成"英勇的人民解放军21日已有大约三十万人渡过长江,突破敌阵"。这是因为"突破敌阵"是本消息极其重要的信息,"摧枯拉朽"等核心词汇的使用和场面叙写都与此有关,没有"突破敌阵",就没有下文那些广受称道的场面。既然是极其重要的信息,作为"立片言以据要"的导语里就不应该忽略。

其二,有的观点认为这篇新闻没有背景和结语,只有导语和正文两部分。其实这样的说法是不准确的。我的看法完全相反,它背景和结语都有。"国民党反动派经营了三个半月的长江防线"里的"经营了三个半月"就是背景材料。"人民解放军正以自己英雄式的战斗,坚决地执行毛主席、朱总司令的命令"就是结尾。但是就是这个结尾很成问题——它完全是一个多余的结尾。我们知道消息的结尾有时是自然的结尾——事实报道完了消息就结束了,没有必要硬加尾巴。有的消息有结尾,这些结尾要么增添了新的信息,要么紧扣事实发表精练的议论,这些议论必须是独特的,即只能放在这一篇消息里,不能被移动到其他任何消息里作结尾。本篇的结尾恰恰不是独特的,它能够作本篇的结尾,也能够放在关于解放军其他的战斗报道里,因为这些战斗都是在执行毛主席、朱总司令的命令。新闻(特别是动态消息)用事实说话,即通过对事实的选择和叙述来流露倾向性,本消息的标题、导语和主体已经充分表达了作者的倾向,因此,这个长达三十个字的结尾完全可以删去。

因此,无论从语言还是消息写作的角度来说,这篇消息都不能算消息范文。

第八章 通　讯

第一节　通讯的概念与特点

与消息相同的是，通讯也是一种新闻报道体裁，但它是我国特有的一种体裁。在西方，人们把新闻报道的体裁分为纯新闻和特稿，纯新闻即我国新闻界所讲的消息，我国的通讯属于西方特稿的范畴，当然，特稿的范围大于我国的通讯。我国通讯文体的发展历程，可追溯到春秋时代的记叙文，这种文体叙述人物事件过程明晰，描述细致，形神兼备，《左传》便是春秋时代记叙文的代表作。此后，记叙文体得到了长足的发展，如汉代司马迁的史传著作《史记》。我国近代报纸是由西方传教士为传教而创办起来的，而西方传教士创办的报纸则主要是雇佣中国文人为他们写稿、编稿，因此，其写出的报道自然带有我国古代文体的特征。如外国传教士办的报纸《东西洋考每月统纪传》1835 年 7 月发表的一则新闻：

广东省城医院

宽仁孚众，是耶稣门生本当所为。今有此数之门徒，普济施恩，开医院广行阴骘尽情，真可谓怀胸急之仁。每日接待病人及各项症故，且赖耶稣之颂佑，医痛效验焉。有盲者来，多人复见。连染痼疾，得医矣。四方之人常常院内挤拥，好不热闹。医生温和慈心，不忍坐视颠危，而不持不扶也。贵贱男女老幼，绪品会聚得瘥。

出于传教的目的，这条新闻里面充满了议论和概念化的叙述。

19 世纪 80 年代初，电报传入我国，并迅速用于传送新闻信息，"电讯"、"通信"应运而生。前者由记者用电报发回报社编辑部，文字极为精练，只述新闻事实，不加议论，后来在新闻实践中逐渐规格化，并引入西方新闻界的导语，发展为消息；后者则由驻外埠记者用信函发回编辑部，对新闻事件介绍比电讯详尽、生动（当时电报费很贵，19 世纪 80 年代从天津发电报到上海一个字要一角五文），所以，

那时的通讯就叫作"通信"。辛亥革命后，电报费降到每个字三文钱，一些有实力的报社开始用电报发通讯作品。到20世纪20年代，"通讯"逐渐取代"通信"一词，沿用至今。

什么是通讯？

通讯，是我国新闻报道的一种常用体裁，它运用叙述、描写、抒情、议论等多种手法，具体、生动、形象地报道新闻事实或新闻人物，它是记叙文的一种，是报纸、广播电台、通讯社常用的文体。它包括人物通讯、事件通讯、工作通讯、风貌通讯等几类，它和消息一样，要求及时、准确地报道生活中有意义的人和事，但报道的内容比消息更具体更丰富。

具体来说，消息和通讯有如下区别：

从题材上说，消息选材范围广泛，有一定新闻价值的事实都可以作为消息的题材被报道出来。通讯选材较严，它一般只报道有意义的、人们普遍关心的、比较重要的事实。从内容上说，消息通常只作概括、简要的报道，通讯不但要告诉读者生活中发生了什么样的事情，而且还要将事情的来龙去脉、因果关系、人物的思想状态交代清楚。从结构形式上来说，消息通常要遵守一定的格式，按照导语、主体、结尾、背景材料等几个部分来写（可以有不完整的写法，最简略的是标题新闻），通讯则必须完整，结构上往往根据写作对象不同而采取灵活多样的结构；从表达方式上说，消息以叙述为主，较少用描写、议论、抒情，通讯则多种表达方式综合运用。从语言上来说，消息要求简洁、明了，通讯则要求详细、形象；从时效性说，消息要争分夺秒，耽误了时间就丧失了新闻的价值。通讯则不像消息那样严格，同一题材的内容，往往是先发消息，后发通讯。还有一个区别，消息通常以向读者迅速告知信息为主要功能，但通讯除了这种信息功能外，还具有很高的审美功能。例如：

相思正是吐黄时
连锦添

到过闽粤沿海的人，一定迷恋那里的绿。多年前我在厦门大学读书，常常越过山坡到海里逐浪。对面朦朦胧胧的小岛是大担。海面像个硕大音箱，风顺时，国民党的广播麻麻地传过来。路边有一丛丛青翠的树，树叶实如鸭舌，光洁如洗，烈日里常在它的疏影下纳凉，或采几簇顶在头上，却一直没留意它的芳名。年前回母校，才听朋友见告：那是台湾相思。

我在香港也见到过很多这样的树。它靠海生长，嫩黄的叶子高高地翘起，在山坡上临风袅娜。西北风吹到南国的时候，才见它吐出一串串的小黄花。一位台籍青年朋友告诉我，它原是台湾之特有。多少年前，东风为媒，把台湾相思树种吹越海峡到了闽南沿海，从此落地生根，随风繁殖。闽台民间在战火离乱的年月，常常托物寄情，互相寄送，誓言相思，生死不忘。

当北国瑞雪初降的时候，香港秋风秋雨。从台海海峡彼岸传来讯号：台湾开放民众赴大陆探亲，将有成群结队的台胞，经香港走上回故乡之路。整整两天，我坐在尖沙咀中旅社的台胞接待室，认识了一副副陌生而又似曾相识的面孔，希望从这些风雨兼程的归乡客身上发现点什么。

38 × 365 = ？

某天夜幕初落，我遇见一位匆匆从启德机场赶来的老人。透过陌生生的眼神，我发现他的瞳孔仍像燃烧着一堆火。当他巍巍颤颤的手扎取出证件时，我的眼睛一亮：那因多少次折叠而磨损的信纸里，竟然夹着一束相思树叶！

那睽别40年的相思泪，也曾滴落在这枯黄的树叶上么？

没有人统计过台湾有多少原籍大陆的退伍军人。手头有个资料说：33年来台湾已发出75万张"授田证"给退伍的"荣民"。这数十万人中，部分因老病死，健在的仍占多数。这几年，好些人冒着坐牢的危险，辗转万里回故乡探亲。在岛内，有人穿上写着"想家"大字的衬衣沿街诉说，有人银幕日游大陆河山泪雨涟涟，有人在难以排解的思乡思亲中自尽。

38年的风雨沧桑，天若有情天亦老！往昔少艾，如今垂垂老矣！在香港中旅社这间小小的屋子里，我遇见的乡亲是回乡心情最迫切的一群。

他，张先生，这个湘西吊脚楼出来的人，长得壮壮实实。18岁被抓兵时，母亲正在病中。他一去台湾38载，从军中汰退，没有谋生技能，在小厂里打杂工，在高雄街头为人擦皮鞋，能赚几个台币？至今仍是响当当的光棍汉。想成家吗？年轻的时候没钱，年老了，哪个女子敢把终身托给这样的老兵？

张先生对我说："就算我自己被嫁到台湾去，一嫁就是38年，这回是回娘家。"我赶紧对他说："你回娘的家。"

或许久居高雄孤冷的逆旅楼头，独对残灯太久太久，他的眼神闪过一丛暖意，我的话竟引来他声泪俱下的叙述。

小时候家里很穷。他命里不好。在家乡的农舍里，母亲紧抱着眼眶溃烂的婴儿，整夜啼哭令她不安。看不起医生，邻人告诉她用盐水或许能治好。母亲不忍心用家里仅有的粗布去擦拭孩子嫩弱的皮肤，就用舌尖一分分舔治婴儿的眼眶。孩子终于

睁开了明亮的双眼，母亲张着久被盐水与浓血腐蚀而溃疡的口腔，咿呀着一个个向邻居倾吐着自己的喜悦！这情景，也就成了漂泊游子永久的记忆。

泪水从他苍老的眼眶里渗出来。我不忍心再问下去。中国的母亲，伟大的母性！可知你们各自怎样度过这么多年月？38个中秋夜，张先生都在自己简陋的居所备上小菜独酌，桌面上为母亲留下一双空碗和筷子，对皎皎空中孤月轮，一寸相思一寸灰！

他自言识字不多，从衣袋里摸出一支笔，伸开粗糙的左手歪歪斜斜写出个式子让我看：

$$38 \times 365 = ?$$

朋友，你可知道这个式子的含义？在张先生的内心深处，家，从来就是渺不可及的幻想，如今，一下子变得近在咫尺了。

两位出家人

前来办手续的台湾同胞，表情各异，各想各的心事。有的早已跟亲人商量好重逢的日子，有的要回去看望正做手术的儿子，但彼此牵动的是同一根情弦：赶快回家！

没想到在这里遇见一位身披袈裟的僧人。他50多岁的年纪，一口粗重的东北口音，穿一双布巾鞋，在这衣香鬓影的人群中很引人注目。

他不苟言笑。一番对答，我始知他法号慧真，是台湾一家寺庙的和尚。他也曾是阿兵哥，后来遁入空门，一心念经，不问世事，台湾要开放大陆探亲了，寺里住持决定派人协助，慧真主动要求到香港来，协助那些平时极少出寺门的"难兄难弟"，为他们带带路，跑跑腿。他熟门熟路，已是这里的常客了。

不久又进来一位年轻僧人，风尘仆仆。一开口，才知是个尼姑。她帮助一位老人办手续，一僧一尼两个出家人随便交谈起来，彼此询问是台湾哪个庙的。原来他们互不相识，为了"普度众生"，竟在香港不期而遇。

尼姑的健谈出乎我意料。一问，知她是台湾大学的毕业生。出家十几年了。她那个庙在台湾是个大庙，有1 000多出家人，全世界好几个地方有分庙，平常联络用的是电传机。

我正想问她台湾何以出家人这么多，却听她侃侃说道："我们出家人也不愿当井底蛙。大陆寺庙和佛学院的情况我们知道很多。师兄弟有去过峨眉山和厦门南普陀的。大陆那么多名山大川、天下名刹叫我们好羡慕。我们中学第一节地理课，老师就叫我们填大陆地图，可是大陆是什么样子呢？至今不清楚。"

何不去亲眼看看？她说等帮完99个人归乡，一定去。

看来，出家人也并非不食人间烟火。也许，他们每人都有人生的重大变故和伤心旧事，但并非万念俱灰。两岸亲人隔绝几十年，这亘古未遇的尘世悲剧，感动得连庙里和尚尼姑都下山来！

梦中大陆

50 多岁的方先生带着他的年轻妻子一进门槛，我首先留意到他那头白的头发。他，山西人，妻子是台湾出生。从装束看，颇有点像"夫妻双双把家还"。

"我现在还无亲可探，我来只是想打听一下，能否找到失散 40 年的叔叔。"

他是个商人，这几年生意虽好，却有一桩未了的心愿：找叔叔，这是他在大陆唯一的亲人。当周围人一个个为找到失散亲人雀跃时，方先生心里益发焦虑。

"请问没有找到叔叔前，你会到大陆观光吗？"

"我完全有条件去，但是找到亲人前我不会去。光到故乡旅游有什么意思？我要探亲。"

他的妻子每回都跟着他。她，喝台湾的泉水长大，从来不知道遥远的大陆是什么样子。当她决定嫁给一个举目无亲的外省人时，父母曾经反对。她祖上是从漳州去台，但丈夫的源头在哪里？那一脉相承的归宗观念已是根深蒂固。随着儿女的出生，她担心下一代要断了根，台湾人看重的族谱，不知要如何书写。

他父母早逝。唯一的资料是老家山西临汾城外东门，叔叔曾任国民党军医，1949 年南京一别，各奔东西。

我建议他给当地政府写信询问，并答应为他在内地报刊上登一个启事。他欣慰了。

两岸都是家

九龙机场的候机室里，天天挤满匆匆赶路的人。有的飞内地，有的回台湾，38 年物事变化，感受因人而异。

王先生的一段心路历程：

"像我这样年龄的人，还能看到白发皤然的老母是幸运，今生今世不能够留下来奉养她，又不能接走她，流一场眼泪再回台湾也心甘！"

"回到家乡，每天都有很多人来问候，30 多年不见，大家好像是一下子老了几十岁。临走时那个难忘的夜晚，兄弟们聊天到三点。躺在床上怎么也睡不着。约莫过了一个钟头，起床上洗手间，经过厨房时听到里头有动静，一靠近声音就没有了。再回睡房似乎又听到了响声。迷迷糊糊睡着了，第二天起来才发现，桌上有一盘热腾腾的饺子。原来我妹妹和弟媳们为了让我吃得饱饱的上路，好不容易等我们弟兄们上床后，才偷偷到厨房里剁馅、包饺子，一直忙到天亮。一边儿赶着弄，一边担

心吵醒我，怕我知道了会阻止她们。近40年的乡愁换回这些细心的动作，已经够了。"

于微深处发现的真情，真是千金难买！在张先生的心中，则产生一种超越一切的力量：

"在这有生之年，只要我的腿还跑得动，我要不停地来去，因为海峡两岸都是我的家，假如跑断了腿是我此生的命运，我也认了，也总比做一辈子孤魂野鬼好些！"

当我随几位归乡客过罗湖到深圳去时，列车奔驰在风景如画的九龙半岛上，我又看见了那一丛丛临风婀娜的相思树。台湾相思，多美的名字！一张张新认识的面孔和熟悉的相思树，在我脑中交相辉映。地球上的植物当初衍生繁殖时，本无名字，人类把自己悲欢离合的故事赋予它，才使草木有情。斜风细雨打在它的树杆枝叶上，我想起了一个古老而又年轻的字眼——亲情。亲情是什么呢？当你们在一起的时候，它是欢乐；当你们分离的时候，它是辗转，是梦，是泪，是杜鹃啼血！它是"多么熟悉的声音"，它"从来不需要想起"，但"永远也不会忘记"！

远方的亲人，你听到了么？

（《人民日报》海外版1987年11月12日）

这篇通讯在写法上和抒情散文有许多相同之处，如借相思树抒发台湾和大陆亲人骨肉分离而今可以相见的相思之情，这是典型的借物抒情的散文笔法。借人物的遭遇抒情，借细节抒情，还有多处自然而浓烈的直接抒情，再加上第一人称的叙述方式，都使得其成为情感浓烈真挚、足以动人的抒情散文。但是，它又是真实的，还有一个新闻由头——台湾最近开放民众赴大陆探亲，成群结队的台胞，经香港走上回故乡之路。这使它具备了重要的新闻价值。

通讯有以下特点：

（1）新闻性。即具有新闻价值，必须真实，新鲜，具有时效性。这是其作为新闻体裁的基本要求，与消息是相同的。只不过其时效性比消息要弱一些。同样具有新闻价值，但是通讯的题材在重要性和显著性方面比消息更突出。

（2）完整性与具体性。通讯是消息的深入和补充，要详细、具体、深入地展示所报道人物、事件、现象、经验教训、风土人情的具体情况和细节，如果是事件要展示事件的全过程。如报道兰考县委书记焦裕禄时，《人民日报》在1964年11月20日刊登的消息《焦裕禄同志为党为人民忠心耿耿》，仅用1 000来个字，就对焦裕禄光彩照人的一生作了概括报道，而穆青等采写的通讯《县委书记的榜样——焦裕禄》，洋洋洒洒一万多字，其手法之细腻，形象之鲜明、生动，是消息远不及的。仅举其中一节为例。焦裕禄患有严重肝病，消息在写他同疾病作斗争时，只用了这么一句："焦裕禄身体有病，可他为了给党给人民多做一些工作，一直带病坚持工作。"而通讯详细得多：

> 焦裕禄的肝病越来越严重了。很多人都发现，无论开会，作报告，他经常把右脚踩在椅子上，用右膝顶住肝部。他棉袄上的第二和第三个扣子是不扣的，左手经常揣在怀里。人们留心观察，原来他越来越多地用左手按着时时作痛的肝部，或者用一根硬东西顶在右边的椅靠上。日子久了，他办公坐的藤椅上，右边被顶出了一个大窟窿。他对自己的病，是从来不在意的，同志们问起来，他才说他对肝痛采取了一种压迫止疼法，县委的同志们劝他疗养，他笑着说："病是个欺软怕硬的东西，你压住它，它就不欺负你了。"焦裕禄暗中忍受了多大痛苦，连他的亲人也不清楚。

消息和通讯相互比较，我们看出，消息告诉人们的仅仅是"焦裕禄带病坚持革命工作"这么一个信息。而通讯，不仅告诉人们这个信息，而且还告诉人们焦裕禄是如何带病坚持工作的。他常常一边工作一边用东西压住肝部，以致出现了几个特殊的细节，他棉袄第二、三个扣子不扣，他的办公椅上右边有个洞；他对疾病表现出来的乐观态度："病是个欺软怕硬的东西，你压住它，它就不欺负你了……"这些具体详细的描述，信息量比消息那几句话丰富得多。

（3）形象性。通讯必须形象地报道真人真事，它比消息更生动形象。消息概括性强，通讯具体性、形象性强。在表达方法上，通讯更灵活自由，描写、议论、抒情可运用，语言更加生动活泼，具有生活气息和文学色彩。消息写作主要用逻辑思维，通讯写作除逻辑思维外，还较多运用形象思维，使得通讯具有较高的文学性。有的通讯就是成就颇高的文学作品，如魏巍影响了几代人的作品《谁是最可爱的人》，最初是从朝鲜战争战场上采写来的人物通讯，后来被许多教材作为散文对待。通讯和文学里的散文、报告文学有时没有界限。前新华社社长穆青的通讯作品被人民文学出版社作为散文出版①，影响巨大的人物通讯《县委书记的榜样——焦裕禄》、《为了周总理的嘱托》，都被收进这个散文选。

（4）故事性。无论中国还是西方，有很多新闻工作者和学者都直截了当地宣称，写新闻就是写故事。这并不完全准确。因为很多消息，只是简短地告知受众发

---

① 参见穆青. 穆青散文选. 北京：人民文学出版社，1984.

生了什么新闻，有的还不一定是事件新闻，因此谈不上讲故事。讲写新闻就是写故事，更多地是指通讯写作，写通讯和消息在观念上的最大差异就是要有"讲故事"的意识。《华尔街日报》的资深头版撰稿人威廉·E. 布隆代尔撰写的《〈华尔街日报〉是如何讲故事的》，用来培训《华尔街日报》特稿记者，告诉记者怎么找到好故事，如何构思，怎样让故事充满吸引人的元素等。而在国内，直截了当地宣称写通讯要注重故事性还要承担相当压力，因为在人们的观念中，讲故事就意味着虚构，而虚构是与新闻格格不入的。其实，故事既有虚构的，也有完全真实的。宣称新闻讲故事并不必然导致新闻的虚假，关键是你的采访是否扎实，是否严格按照新闻真实性的原则写作。因此，当你想写好一篇通讯时，最基本的功夫其实不是怎样写，而是比写困难得多的采访，特别是细节、数据和过程的采访，是采访最需要解决的内容要详细深入地了解事件的来龙去脉（过程、情节）。新华社前总编南振中写一篇县委书记的人物通讯，采访材料记录了 20 万字，发表时只有 4 000 多字。美国一位记者说，当你认为你的材料足够写一本书的时候，可写一篇报道。

通讯的完整性、形象性和故事性使它与文学中的纪实类体裁（如报告文学、纪实散文）没有明显的界线，这也说明写好通讯是需要比较高的文学修养和写作能力的。同时，通讯所包含的大量丰富的数据和细节，也对通讯的采访提出了更高的要求。因为通讯要求绝对真实，不允许像文学那样想象和虚构，这只能靠扎实、深入的采访。

第二节 通讯的分类

对通讯的分类，常见的有以下几种方式，一是按照报道内容分，把通讯分为人物通讯、事件通讯、工作通讯和风貌通讯四种。一是按形式分，把通讯分为集纳、访问记、特写、速写、新闻故事、巡礼、纪行、纪实、纪事、侧记、札记、散记等类型。这两种分类法逻辑性弱，相对比较乱，如特写与速写、巡礼、纪行、纪实、纪事、侧记、札记、散记之间没有明显的区分。因此，这种分类逐渐不被使用。另外一种是根据报道视角、表达方式、结构特点等，从形式上把通讯分为叙事记叙型、调查分析型和谈话实录型三种。叙事记叙型通讯以叙述、描写为主要表达方式，可以记人（相当于人物通讯），可以记事（相当于事件通讯），还可以记地（相当于风貌通讯），既可以根据事后采访所得材料进行记叙，也可以根据事发时的目击和同步采访所得材料进行记叙。调查分析型通讯以调查和分析为手段，对工作经验和教训、社会现象、错误倾向、认识误区等进行分析报道，工作通讯、解释性报道、调查性报道都属于此类，如影响很大的通讯《醒来，铜陵！》、《金牌不是名牌》、《深圳特区还能"特"下去吗?》等。访谈实录型通讯以记录记者的提问和采访对象的回答为主，部分有采访现场的场景和氛围的记录。主要有专访、访问记等形式。

第三节　通讯的主题

对于新闻报道没有主题这一问题，是有争议的。有的认为所有的新闻报道都有主题，有人认为有的消息只是告知一个简单的信息，如"明天会急剧降温"、"油价将于今天上调"等，硬要说它们有什么主题，太勉强了。艾丰将新闻报道的主体分为四类：第一类就是这样谈不上有主题的新闻；第二类是暗主题的新闻，如实叙述事实就可以，不需要明确地揭示主题；第三类是明主题新闻，在这种报道中作者明确地突出和揭示自己的主题；第四类是多主题新闻，一篇报道有几个主题。这种说法有很大的合理性。①

对新闻是不是都有主题的争论，只能针对消息，而对于通讯和深度报道则没有人否认其主题的存在，也没有人否认其主题正确、集中、鲜明、新颖的要求，都承认主题是通讯的灵魂。如有的认为："通讯的主题，是人们评价一篇通讯首先的评价标准。一篇通讯的质量高低、价值大小，主要看其主题正确不正确、深刻不深刻，思想意义和指导作用大不大。"②

通讯的主题是作者从素材中体现、提炼、概括出来的事实的意义和作者的意图、理念，是作品所表达的中心思想或基本观点，是作者通过事实想说的话，它是通讯的灵魂和统帅。作者在写作前必须明确，他想通过这篇通讯突出这件事或这个人的什么？想通过这篇文章表达什么？是这个人的某种特别的个性精神呢，是这件事所含有的某种独特的意义呢，还是这个事物所显示的某种突出的问题？这就是主题要解决的问题。通讯主题提炼的要求是正确、鲜明、新颖、深刻。这和一般文章写作中对主题的要求是相同的。但通讯是一种具体详细地报道新闻事实的新闻文体，它的主题提炼和一般文章的主题提炼既有相同之处，也有不一样的地方。

通讯主题的提炼应该注意这些方面：

（1）符合被报道事实的特征。任何文章的主题都是主客观的统一。不同于一般文章写作可以"意在笔先"（当然，所谓"意在笔先"的"意"也是在客观事物的

---

① 艾丰. 新闻写作方法论. 北京：人民日报出版社，1995. 125~126.

② 刘明华，徐泓，张征. 新闻写作教程. 北京：中国人民大学出版社，2003. 336.

刺激下而形成的），作为新闻报道文体，通讯主题的确立往往是在作者对报道对象进行了大量的采访基础上，根据自己的思想认识、党和政府现阶段的方针政策等方面，提炼出主题。因此，主题首先是事实本身存在的某些特性和影响的客观反映，记者只能去发现和认识它，而不能随意对它拔高或贬低，不能为了宣传或其他意图而贴标签。比如，2011 年 7 月发生的温州动车事故，事实本身是无法提炼出值得歌颂的主题的。以往曾经流行的"灾难本身不是新闻，救灾才是新闻"是不符合新闻规律的，已经被抛弃了。这体现了事实对主题提炼的制约作用。

（2）事实需要作者的思想烛照才能提炼出深刻新颖的主题。通讯对新闻事实的报道不是镜子似的反映，而是深深地打上了作者的思想烙印，体现了作者的认识和思想水平。要使通讯的主题深刻、新颖，给广大读者以思想启迪，作者必须具有深邃的思想。思想水平的提高要靠平时多阅读高水平的哲学、社会学、政治学甚至自然科学方面的著作，同时养成思考的习惯。同时，新闻的特征还要求作者充分了解党和政府的方针政策、时代的社会心理和精神状况，这样才能站得高、看得远，以新颖深刻的主题使通讯富有穿透力。需要补充的是，大多数讲通讯写作的教材在讲到通讯的主题时都强调要"体现时代精神和强音"，这是因为"通讯主题的确立，不仅受制于报道对象，还受制于时代精神"。① 这只讲到了一方面，通讯和其他新闻作品的确需要体现时代精神，但还有更高的要求——还需要超越时代。因为有时候所谓"体现时代精神"会变成流俗和从众。比如"文革"时期的报道在主题提炼上都是大同小异的，但我们不能说它们没有体现时代精神。能够超越时代的只有少数人，这就是一些专家型或学者型记者，如美国的李普曼。20 世纪 20 年代，当意大利法西斯主义崛起之时，英国不少政治家对墨索里尼毫无保留地表示了敬仰，称赞法西斯主义"重建了社会精神"，而墨索里尼也获得了美国报界几乎是异口同声的支持。李普曼却认为墨索里尼是对欧洲和平的最大威胁。1939 年，当英国首相张伯伦手持《慕尼黑协定》宣称赢得了和平时，李普曼尖锐地指出，这不过是对捷克人和西方民主国家的愚弄。果不其然，1939 年第二次世界大战的爆发，证明了他的远见卓识。光明日报记者樊云芳谈提炼通讯主题的文章《奇妙的冶金术——关于提炼新闻主题》，其实是说明为了体现所谓时代精神而扼杀了通讯主题的独特性。1980 年底，樊云芳要报道太原工学院的副教授栾茀。1949 年栾茀还在台湾大学读书，新中国成立前回到大陆，却在历次政治运动中屡受劫难，无穷无尽的批斗和审查消耗了他的大部分生命，等到他有了工作权利时，却患上了不治之症。记者见到他时，

---

① 丁柏铨. 新闻采访与写作. 北京：高等教育出版社，2008. 270.

这位当年学院的足球运动员，5 000 米长跑冠军，体重已经只有40 多公斤，"就像一具骷髅僵卧在病床上，但他还念念不忘那正在筹建的煤炭工业大学"。记者写成通讯《仙人掌》，主题是揭露极"左"路线的危害，记者部领导不满意，说这个主题已经不新了。作者继续采访和思索，写成《癌》，主题是主人公面对挫折百折不挠。领导仍然不满意，建议与当时"振兴中华"的时代精神联系起来，作者于是将题目改成《追求》，主题也变为歌颂主人公身处逆境对理想坚持不懈的执着追求精神。对照当时的知识分子题材新闻作品甚至文学作品，这实际上是一个流行的主题，并不见得有多少新颖性。总之，时代精神影响了记者，但是记者未必就是它的奴隶，他完全可能挣脱它的束缚，立于时代之上。

第四节 各类通讯的写法

一、人物通讯

人物通讯是以具有新闻价值的人物为报道对象，反映一个人或几个人的思想、言行和事迹，在一个主题贯穿下容纳了相当丰富的材料，着重以人物的事迹和精神面貌来感染、教育读者的一种通讯。人物通讯是报刊、广播和电视上最为常见的通讯形式之一。它以人物的新近行动为新闻，重在表现人物的品质、性格和精神面貌，通过个别显示一般，通过平凡突出伟大，达到揭示时代特征、感染并且教育读者的目的。写人之所以重要，就因为人是有思想的。采写人物通讯就是为了通过人的思想、人的精神面貌去教育人、感染人。光写事迹，不写思想，人物是平面的；写了思想，人才有了灵魂、生命，才能有感染他人的力量。人物通讯有两个方面，可以称为"两条线"；一条是"过程线"，一条是"思想线"。"过程线"是人物生活的经历或事件发展的过程，它是事物的表面现象；"思想线"则是作者根据人物事迹所提炼出的主题——中心思想，它贯穿于人物的典型事迹中，反映着事物的本质意义。有的记者在采写人物的先进事迹时，常常被事情的过程牵着鼻子走，摆脱不了"过程线"的圈绕，多半是将好思想、好品德、好人好事平铺直叙地照实写出来，没有把这些材料提高一步来认识，只是罗列现象、堆砌材料、就事论事，这就很难表现出人物的精神世界来。著名记者郭梅尼说得好："中国有句古话：'山不在高，有仙则名；水不在深，有龙则灵。'报道先进人物，借用这句话来说：事例不在多，有'神'则灵。这里说的'神'是指先进人物的精神面貌、先进思想和人物行为。"

人物通讯报道的对象，第一类是各条战线上的先进人物。它着重揭示先进人物

的精神境界，通过写人物的先进事迹，反映人物的先进思想，使之成为社会的共同财富。如雷锋、焦裕禄、王进喜、张海迪、孔繁森、徐虎、李素丽等，都是由人物通讯向全社会推出的楷模。这样的人物通讯，社会影响最为广泛、深远。

第二类是人们普遍关心的社会名流。如著名科学家、社会活动家、爱国人士、运动员、演员等。这样的通讯在报刊上常占有相当多的数量，有些报刊甚至可以通过报道这样的人物来吸引读者，提高报刊的发行量。

人物通讯同时也报道转变中的人物和某些有争议的人物。"金无足赤，人无完人"，在写作时切不可把先进人物写成从来没有过的大智大勇、十全十美，写人叙事力求言真意切，恰如其分。

还可以报道有新闻价值的奇人和反面人物，如原江西省副省长胡长清、原全国人大常委会副委员长成克杰贪腐案件披露后，都有通讯揭示其犯罪事实，剖析其人生、思想和道德的蜕变，以起到警示作用。这是属于典型报道中的反面典型。这些都是人物通讯的题材范围。

人物通讯写作需要注意的几方面：

（1）着重揭示人物的精神境界。人物通讯的核心当然是写人，写人的什么呢？是写人的思想面貌和精神境界。前面讲到人物通讯要写人的事迹，这是必要的，但是写事迹还是为了表现人的精神世界服务的。这是通讯产生可信性和感染力的根本之处。我国的许多典型人物通讯之所以让读者觉得不可信，很大的原因是没有写好人物的精神世界，以至于读者无法理解这个人物为什么有那么多的先进事迹，包括不少产生了影响的通讯都有这个不足。如于磊焰等人采写的《中国人的骄傲——"杂交水稻之父"袁隆平》（新华社 1989 年 9 月 12 日）写人物的思想动机只有寥寥数语：靠着非凡的毅力和信念。这就太简单化了。艾笑等人采写的《白求恩式的好医生——赵雪芳》（新华社 1994 年 4 月 19 日），这样写赵雪芳全心全意为人民服务的思想动力："从当医生的第一天起，她就以白求恩大夫为楷模，理智献身于救死扶伤的崇高事业。"这样的志向是怎么来的？不可信。就是说，人物通讯必须写人物的思想境界，还必须写得真实可信，关键是真正把人当成人来写，不要神化。请看下列：

杨丙潞：从"罪人"到"英雄"

事故发生后，曾有犯罪记录的村民杨丙潞率领众多村民投入伤员救助。仅他一个人就救起近 20 名伤员。

4 年前，因铁路征地拆迁补偿问题，他率领村民上访维权，最后村民们在一次冲突中堵胶济铁路。杨最终获刑三年。

"4·28"列车相撞事故发生后，伤员救治是头等大事。事发地的王村镇，位于山东省滨州市、济南市和淄博市三市交界地带。由于王村镇属山东省淄博市管辖，救治工作也主要由淄博市承担。由于伤员太多，淄博市各大医院均被住满，一些伤员被送至距离事发地点近一百公里的县，有的甚至被送到治疗条件较差的工厂医院。而距离事发地点更近的济南市章丘县（1992 年改为县级市，即章丘市，隶属济南市）和滨州市邹平县的大医院，却鲜有伤员入住。

相形之下，当地村民的表现则赢得伤员及家属的赞许。

由于事发时正值凌晨，有关部门无法及时到达，最早前往现场救助、为伤员提供棉被衣物的，是铁路沿线的前坡村与和家村的村民们。而表现最为突出者之一，却是一名曾有犯罪记录的村民，他便是和家村村民杨丙潞。

4 月 28 日清晨 5 时，杨丙潞听到救护车响赶到事故现场，发现救护人员严重不足，而先到场的村民却被眼前景象吓得发呆，遂招呼大家一起参与抢救。

在 T195 列车第四节、第六节车厢之间，杨发现一名被甩出车外的伤员，是一个 40 岁左右的妇女，满头是血，正向和家村一名女村民小声呼救。由于没有担架，杨和女村民一起用床单将伤员裹起，抬至数百米远的救护车处。救护车当时共有十辆左右，由于一车一次只能拉走三人，车下已躺有十几名伤员。此时一辆救护车恰好还有一个空位，杨丙潞遂将他救起的伤员送至车上。

在陆续抬完几个车外伤员之后，杨丙潞从顶部进入侧翻的第三节车厢中，发现一名被别住腿的幸存伤员，遂将其托上去。另有一名男性伤员在被他救起后，念及自己的皮夹，遂又折身回去找到。

铁道上尚有几节未倾覆的车厢，旅客们透过车窗，一直注视着救助现场。忽然间有人发出惊呼：有小偷。杨丙潞这才发现，一名十五六岁的少年拿着从死者身上翻出的一美元钞票。现场警察发现后遂予以制止。车厢里的旅客群情激愤，发出"打死他"的呼声。警察问少年是哪个村的，少年回答是"和家"，杨丙潞情急，"我就是和家的，怎没见过你？"对方终于承认是另一村庄。在进一步问姓名时，杨丙潞制止，"他还是个孩子，不要让这事影响他一辈子。"

上午 9 时左右，在抢救一段时间后，更多救助人员赶到，出于对旅客财产安全方面的担心，遂将参与救助的村民排除在外，有村民为之生气，杨丙潞不为所动，仍坚持抢救，由于其先前表现赢得人们赞许，有关方面允许其继续参与救助。

一直到筋疲力尽，杨丙潞方返回家中，他算了下，自己共救了近二十人。他也

受了伤，右腿被磕破流血。

43 岁的杨丙潞当过兵，曾经参加过对越战争，当过一届村干部。2004 年，胶济铁路改线，规划之初，新线从和家村中间穿过，被拆迁房屋的最高补偿标准是 240 元/平方米。和家村村民对此不能接受，遂多次与铁路方面发生冲突。新当选村党支部委员的杨丙潞成为"维权"村民中最为突出者。

2004 年 7 月 8 日，在一次冲突之后，上百名村民冲上胶济线，导致全线停运长达近两小时，惊动铁道部。杨丙潞后以"扰乱交通秩序"为名获罪，被判刑三年。之后，拆迁最高补偿标准提高到 350 元/平方米。被判刑的杨丙潞因此反而在和家村拥有了更高威信。

救人当天晚上，杨丙潞即在电视里看到自己，在外地的朋友也打来电话祝贺。他第一次以"正面形象"出现在媒体的视角中。在为村民"维权"期间，他曾试图找到当地媒体求助，结果没有记者理会。后来因堵铁路事件被判刑之后，他成为当地最大的"反面典型"之一。

杨丙潞承认，他参与救助伤员，是为了向当地政府官员证明自己并不是一个"坏人"。"我一直不认为自己有罪，我是为自己和和家村百姓争取合理利益进监狱的。"杨丙潞说。

不过，他的行为一度并不为当地有关部门所理解。在救人当天下午，当地警察就找上门来，当时事故原因未明，有人认为其中有"人为"因素，而杨丙潞则成为首选的怀疑对象。

由于新胶济线的开通给和家村带来的伤痛，"4·28"事故发生后，有其他村民戏言"和家村出了一口恶气"，不过杨丙潞对此并不认可，"乘客是无辜的，他们是最大的受害者。"

有细心人士注意到，在整个救助前后，当地村子小卖部的矿泉水一直卖两块钱。"从这点就可以看出当地老百姓的素质。"该人士说。①

这篇通讯是对突发事件中人物的报道。文章中基本上找不到正面称赞新闻人物杨丙潞的字眼，但读完全文，杨丙潞的形象很亲切、清晰，好坏留给读者评说。

杨丙潞的形象算不上高大，他甚至还坐过牢，这样的经历，在一般的人物报道中，恐怕会"避之不及"。然而，事实上我们发现，虽然杨丙潞坐牢是"事出有因"，即便他真的曾犯过不可饶恕的罪行，对他当下的救人举动，我们仍不禁心生

---

① 柴会群，丁补之，杨丙潞：从"罪人"到英雄. 南方周末，2008－05－01.

敬意。虽然他曾因这条出事的铁路而入狱，但他并没有把怨气撒到乘客身上："乘客是无辜的，他们是最大的受害者。"

"杨丙潞承认，他参与救助伤员，是为了向当地政府官员证明自己并不是一个'坏人'"，高尚的举动背后，无须更多"高尚"的理由和动机，这样反而更真实，更能打动人心。

"在整个救助前后，当地村子小卖部的矿泉水一直卖两块钱"，细微之处，读者感受到了杨丙潞及其当地村民的质朴与善良。

（2）把人物放在具体的环境中刻画。人处在与自然、社会和自我的矛盾中，充分展示人物在这些矛盾中的行为和思想，容易产生可信性。如《县委书记的榜样——焦裕禄》，开头就把焦裕禄置于严峻的自然灾害中——他任职的兰考县风沙大、盐碱地多，容易受涝。社会环境是当时中国遭受着饥荒，因此才会有焦裕禄带领县委班子到火车站看成千上万逃荒的灾民，使大家受到教育以及体现了干部在困难面前灰心丧气。还有焦裕禄一心工作、渴望改变兰考面貌的雄心与自身患有严重疾病的矛盾。这就使得焦裕禄不辞辛劳地工作，包括他患病后仍不懈怠有了合理性，从而显示了焦裕禄精神的"榜样"特征。环境实际上是促使人物之所以"如此做"的动力。

（3）写出人物的个性。通讯写人物与小说写人物相比，除了不能虚构，在手法上有相通之处，如通过人物的外貌神态、动作行为、有特征的语言等显示人物个性。著名记者、作家艾丰的《温州奇人——记全国优秀企业家滕增寿》就很好地表现了主人公作为优秀企业家的能力和眼光，而且把这位企业家果敢、机智甚至还有一些油滑的个性写得栩栩如生。为了写人物个性，所有的细节都要符合新闻的要求，要有采访依据，不能想象。例如：

第一个孩子被救上来了，××又游向第二个。

漩涡、逆流、疲劳，让这个中年男人倍感救人的艰难。把第二个孩子救上岸时，××已腿部抽筋，不停地打颤。当看到河里的孩子只剩一缕头发漂在河面上时，他一咬牙，又纵身跳了下去。

救人英雄已经殒命，当时的情景不得而知，"腿部抽筋"、"看到河里的孩子只剩一缕头发"等，除非作者有特异功能可与死者对话，否则只能是出自作者的合理想象。对著名的朝鲜战争英雄黄继光的报道，人们也提出过类似的质疑。

对已去世典型人物的追记，一些作者往往喜欢通过"新闻还原"来再现新闻场

景，以增强新闻的现场感。对这类新闻事实的"还原"应谨慎对待，必须有采访支撑，以免陷入"合理想象"的泥潭。

二、事件通讯

所谓事件通讯，就是报道典型的、有普遍教育作用的新闻事件的通讯，重心是叙写该事件的发生、发展、结局、影响等。事件通讯所写的事件，可大可小。可以一波三折，引人入胜；也可以首尾完整，不需太多波澜。这取决于事件本身的状态，曲折和生动都不是作者加工的结果，而是事态本来如此，否则就有失实的危险。但作者可以利用写作技巧，如藏露、虚实的调度安排，使文章更富于变化。事件通讯的篇幅，可长可短，长的可以达到万字以上，如《为了六十一个阶级兄弟》，短的可比消息还要短，只有两三百字，如王匡的《西瓜兄弟》。写事当然离不开与事件有关的人，但它不像人物通讯那样着力刻画人，而是以事件为中心，在事件的总画面中，为了写好事来写人。它既可以反映现实生活中发生的重大的、振奋人心的典型事件和突出事件，也可以从某一新闻事件截取一个或若干个片断，进行细致详尽的描述，揭示事件的深刻含义，还可以是若干事件的综述。

事件通讯有如下三个特点：

（1）以事件为中心，有较强的情节性。这是事件通讯区别于人物通讯和其他通讯的基本标志。事件的本质和特点决定着事件通讯的主题。在一篇事件通讯中，通常有一个中心事件，其他事实都围绕这一中心事件展开。

（2）事因人生，人因事显，不孤立写事。事件通讯虽然以事件为中心，但并不是只见事不见人。事件是由人物的行动构成的，这就是"事因人生"；人物离开了，事件就成了静止和概念化的，必须借助于事件，人物形象才能显现出来，这就是"人因事显"。可见，人物和事件是互相依存的，在人物通讯中不能脱离事件孤立写人，在事件通讯中也不能脱离人物孤立写事。当然，事件通讯写人的着重点不在于对人物精神和个性的详细刻画，而是为了完成事件的叙述，而且写人的篇幅都比较短。著名通讯《为了六十一个阶级弟兄》描述找药救人连夜过黄河时，有如下写人的片段：

……船工们从酣睡中醒来：

"敲门干什么？"

"请摆我们渡河！"

"黄河渡口，自古以来，夜不行船，等天亮吧！"

"不能等！为了救人今夜非过河不可！"

当船工们听说是为了挽救六十一个祖国建设者，老艄工王希坚，不顾今晚正发喘，猛然从热乎乎的被窝跳了起来，系上褡包，吆喝一声："伙计们！走！"后面王云堂等几个人紧紧跟上。来到岸边，二话不说，驾起船，直奔河心。凭着与黄河巨浪搏斗了几十年的经验，凭着一颗颗赤诚的心，终于打破了黄河不夜渡的老例，把取药人安全送到了对岸……

通讯此后再也没有写过这几个人。

（3）以一滴水折射太阳的光辉。事件通讯中的事件，不管是大是小，对于大千世界来说，都不过是一滴水、一粒沙。事件通讯，是以一滴水映照太阳的光辉，是在一粒沙上见世界。如果一篇事件通讯中不能表现任何时代精神和现实特征，这篇事件通讯就没有意义。

惊心动魄 35 分钟
——空军特级试飞员梁万俊成功迫降某新型国产科研样机纪实

今年 7 月 1 日 13 时 40 分，成都某机场被紧张气氛所笼罩。

塔台上，机场边，飞机设计单位领导、空军某试飞大队领导、飞机总设计师、科研技术人员……数百人一齐把焦灼的目光投向骄阳似火的万里晴空。

此刻，一架失去动力的战机在万米高空正以极大的俯角高速向机场滑降而来！

这不是一架普通的飞机。它是我国正在研制的一种新型战机的科研样机，价值上亿元人民币。

这不是一次普通的飞行。它是该型飞机在定型关键阶段的一次试飞，结论对飞机改进意义重大。

这更不是一次普通的降落。飞机在 1.2 万米高空试飞，因意外情况燃油漏光，飞机发动机停车。为保全科研样机，试飞员决定从距机场 20 多公里远的地方空滑迫降。

下落航线与跑道呈 70 度夹角，下降速度 400 公里/小时左右，一旦失误，该机就可能冲出跑道坠毁。

惊天一落，危险空前。驾驶战鹰迫降的，就是空军某试飞大队副大队长、特级试飞员梁万俊。

"近了，近了……"转眼间，梁万俊驾驶战机俯冲直下。地面上，所有的人一

齐屏住了呼吸。

13 时 44 分，战鹰陡然降落，在进跑道 450 米处接地。在接近跑道的一刹那，机头一昂，"哧！"轮子在水泥跑道剧烈摩擦，划出两条刺眼的火龙！

500 米、800 米、1 000 米……飞机一气冲出 1 700 米，在距离跑道尽头 300 米处戛然停住。

"成功了！"欢呼声震动机场。梁万俊走下座舱，飞机总设计师与他紧紧拥抱，激动地说："你创造了世界航空史上的奇迹！"

惊天一落救新鹰！

这一落，挽救了价值上亿元的科研样机；这一落，为试飞员处理类似险情创造了成功先例；这一落，飞出了新机优异的空滑性能。

让我们把时钟倒拨 35 分钟。

这一天 13 时 09 分，梁万俊驾驶着该型国产科研样机跃升到 1.2 万米高空。当他按照预定的科研试飞计划刚刚做完一个规定动作后，突然发现油泵指示灯急剧闪烁。紧接着，油量表指针一路下跌。两分钟之内，指针指向"0"刻度。

梁万俊报告："发动机空中停车！"

一级空中特情！空军相关条例规定：此时，作为试飞员梁万俊可以视情况作出不同选择——跳伞或迫降。

面对这种极为罕见的危险情况，跳伞无可指责，只需 0.01 秒，便能远离危险。但是，凝聚科研人员无数心血的战鹰就会坠毁，故障原因就难以准确查找，新机型的改进就缺乏依据……没有任何犹豫，梁万俊便作出抉择：危险再大，也要尽一切可能把科研样机保住。

决心定下，梁万俊很快镇定下来，他娴熟而机敏地调整飞机的位置和高度，以争取每一秒的时间。

飞机像大铁砣似的向机场上空逼近。机场上，所有应急车辆全部到位，所有人的心都吊到了嗓子眼。指挥塔台里静得让人窒息，只听见指挥员下达指令的声音："保持好飞机状态，控制高度、速度，做好迫降准备。"

梁万俊心里很明白，要想将飞机空滑回去，必须准确地通过高度来换取速度，用势能来换取动能。他根据地面指挥员的命令，随时判断飞机状态，修正速度和高度偏差。

飞机滑到机场 1 100 米上空。梁万俊下降飞机高度加入航线，在跑道头 3 公里，放起落架，操纵飞机对正跑道，100 米、50 米……

"准备迫降！""明白！"天地间，惊人地默契。

于是，机场上出现了惊心动魄的成功一落！

英雄壮举绝非偶然。仰望蓝天，人们看到了梁万俊出生入死、挑战试飞极限的一道道闪光航迹。

1998年，拥有丰富飞行经验的梁万俊，从成空某飞行团副团长的岗位上来到空军某试飞大队。

这是一个英雄辈出的群体，承担着我国自行研制的新型战机科研试飞重任，曾有多名试飞员壮烈牺牲。梁万俊自觉学习老一辈试飞员迎难克险的大无畏战斗精神，高难度高风险试飞、飞行表演等重大任务，都主动请缨。几年来，他先后自学了飞行力学、空气动力学、航空发动机、自动控制、航空电子等多个学科专业，成为熟练驾驶多种机型的高素质试飞员。在试飞中，他先后遇到惯导故障、航电故障、供氧故障等险情数十次，都以过硬的心理素质和精湛的飞行技术化险为夷，圆满完成了国产最新型战机火控系统定型、某型系列战机鉴定、国产某新机首飞等数十项重大科研试飞任务，先后荣立二等功2次、三等功4次。

此次，梁万俊成功处置国产某新型科研样机重大特情，成都军区空军党委为他报请一等功，并作出向他学习的决定。军委首长称赞他是"一个思想、技术双过硬的优秀试飞员"。①

事件通讯写作的要点：

（1）叙事要清楚。包括三个方面：①新闻要素要清楚。五个"W"和一个"H"对于事件通讯的叙事来说是必不可少的。②线索要清楚。通讯的结构方式有纵式、横式、纵横结合式等。除此以外，叙事还有贯穿的线索，如《为了六十一个阶级兄弟》的贯穿性线索是找药，结构则既以时间的推移也以空间的转移为线索，所以是纵横结合式的。③层次要清楚。通讯的情节的发展不应该是笼统的，要包括不同侧面、不同角度和不同阶段，文章要眉目清楚，层次分明。

（2）叙事要有技巧。事件通讯的叙事，可以按事件原始的顺序交代，这就是顺叙。但顺叙也有详与略、繁与简的剪裁。还可以有倒叙、插叙等方法。作者将事件有逻辑地组织在一起，是事件通讯中最有技巧性的环节。

可采用的技术性方法主要有几种：

其一，时间和空间的重新组合。

在记叙文写作中，叙事的顺序（叙事时序）和事态发展的顺序（事态时序）往

---

① 卢锋，郭凯，谭洁，张金玉. 惊心动魄35分钟. 解放军日报，2004-11-08.

往是不一致的。发生在前的可以后面叙述，发生在后的可以前面叙述。从空间上说，也不一定按照甲地、乙地、丙地、丁地次序死板地进行表述，完全可以将不同的空间穿插融合。这些方法在事件通讯中都可以运用。

其二，情节线索的发展可安排曲折、断续和反跌。

在不违背新闻原则的前提下，事件通讯叙事时，可以有意识地安排曲折、断续和反跌，来增强通讯的生动性。《钱被风刮跑以后》就有忽上忽下的多重曲折，文章因而妙趣横生。《为了六十一个阶级弟兄》有多次因空间挪移而线索中断，在适当的时候又续接。反跌则是事物发展态势向反面急跌的形态，在突变中产生震动性。

其三，展示事件的关键场面，捕捉事件的戏剧性情节。

事件通讯只要把事件客观地展示出来，本身就具有吸引力。因为值得作为通讯题材的事件大多具有情节性、矛盾性和冲突性。但是捕捉戏剧性情节、展示关键场面也是常用的叙述技巧。《惊心动魄 35 分钟》中关键的场面是试飞员驾驶失去动力的战机迫降，因此作者写得详细、生动，非常有吸引力。

三、工作通讯

工作通讯是反映各行各业工作中的新情况、新办法、新经验、新矛盾或新趋势的通讯，明显地体现了新闻的指导性，如《金牌不是名牌》、《醒来，铜陵!》、《深圳特区还能特下去吗?》都是产生了很大影响的工作通讯。其报道内容有：①展示各项工作中的成功经验，发现和提炼启迪人的新思想、新观念。报道典型经验，除了采取综合消息的形式以外，工作通讯以其篇幅和时效的宽容度，几十年来一直是最具有传播效果的另一种新闻报道体裁。②反映工作中的问题和教训，揭示这些问题和教训中带有普遍意义的内涵，以引起社会的注意，推进各项工作的顺利进行。③剖析工作中的难点问题，探讨对策与解决的方法。这种类型的工作通讯比较多地体现在分析性报道上。也就是说，它不仅要通过调查，展现出工作过程中的各种问题和矛盾，还要对此进行分析与解剖，找出问题的原因，探寻可能的解决方案。一般来说，它的选题要扣住工作中的"老大难"问题和大众舆论关注的"热点"问题。例如：

金牌不是名牌

几年前还为金牌大省而洋洋自得的辽宁人，如今却受到了市场无情的嘲弄：目前，在全国各省、市、区中，辽宁产成品资金占用"三角债"全国第一……

然而，许多辽宁人尚不知道悲哀。

闪光的金牌没市场

金银牌一直青睐着辽宁。几十年来，国家每年评比金银牌，辽宁的得数都排在前三名，目前其获奖金银牌总数已达520块之多，占全国金银牌总数近1/6。

然而，市场却不肯把它那媚人的秋波送向辽宁。

沈阳生产的沈乐满牌热水器与广东万家乐牌热水器同为国家银牌产品。论性能，"沈乐满"的安全可靠性和煤气燃烧率全国第一；看结构，"沈乐满"由500多个部件组成，属高档产品，而"万家乐"只有300多个零件，属中档货，二者的零售价又相差无几。然而"万家乐"去年销售30万台，"沈乐满"只有8万台。

辽宁生产的雄狮牌美发器是全国第一家引进设备生产的，质量超过香港产品，国内称雄，可是在北京、广州、上海等地那群芳斗艳的美发用品柜台前，却难见沈阳的"雄狮"。

昔日在全国显赫一时辽宁引为自豪的丹东手表、金笔、营口幸福牌钢琴、友谊牌洗衣机、沈阳的机床等，如今都坠入市场萎缩的困境。

失去市场的直接后果是产品的大量积压：今年初，在沈阳市一轻局各工厂的仓库里，积压着18万辆自行车、72万只手表、12万台冰箱。流动资金压死了，生产难以为继。

机械行业是辽宁的支柱产业，光国家金牌就有73块，雄居全国首位。令人难堪的是，1990年，辽宁省机械产品竟在全国夺得"积压第一"的"桂冠"。

有金牌无市场，金牌大省的处境着实可怜。今年1至5月，全省60%的国营企业亏损。除鞍山、本溪、盘锦三市因有鞍钢、本钢、辽河化肥厂三个"盈利大户"支撑外，沈阳、大连、抚顺、丹东、营口、锦州等11个城市的工业全部亏损。

金牌大省成了亏损大省。

"上帝"为何不买账？

金灿灿、银闪闪，一块块奖牌货真价实，为何难博"上帝"的宠爱？

究其背后的原因，辽宁的金银奖牌有五大缺憾：

一曰："杨贵妃"型——"养在深闺人不识"。金牌并不等于名牌。辽宁人不善于把奖牌变为名牌。在电视广告节目中，人们看到10次"万家乐"，也难见"沈乐满"一面，前者已成为消费者倾慕的名牌，后者却鲜为人知。

二曰："模特"型——不能形成批量生产。这样的金牌于企业有何用？

三曰："铁拐李"型——生产腿长，销售腿短，销售渠道少，网点更少。获国家味精行业第一块金牌的沈阳红梅牌味精早就名扬大江南北，而今却因销售乏术，在市场上不得不拱手称臣。

四曰："皇帝女儿"型——价高无人攀。据介绍，辽宁省的名优产品价格普遍比外地高。功能过剩是价格高的一个重要原因。沈阳一家新型建筑材料厂生产的石棉瓦质量之好可用50年，因此荣获同行业唯一的一块银牌。可是时代进步了，现在人们只用石棉瓦盖暂设房。一家建筑单位表示："能挺两年足矣，50年不坏，有什么用呢?"于是用户都转而去买乡镇企业生产的寿命短但价格低的产品。

五曰："老面孔"型——沈阳某大型机床厂一种获得银牌的车床生产20多年，直到去年销售不出去了才大吃一惊。

曾使辽宁人引为自豪的金牌产品，如今却又给人们带来苦涩的疑惑：这样下去，金银牌产品还会闪耀出当初那迷人的光彩吗?

市场呼唤"制造商"

记者在大连、沈阳时，发现不少企业的金银奖牌或奖杯不是摆在销售科、展销室，而是供奉在荣誉室、贵宾会客厅。有人曾问：金牌是什么? 一些辽宁人答：是政府给的荣誉，是上级的褒奖! 可一位南方厂长则说，它首先是市场通行证!

重生产、轻流通，这是金牌大省悲哀的症结所在。

目前，辽宁省一些领导部门最关心的自然是"产值"，每个月，不少企业都要收到以"必得产值"为首的生产调度令。一些地方、一些企业仍在积极扩大生产规模，然而，对其产品能否走上市场变为商品却不甚关心。辽宁的许多企业，精兵强将、优秀人才集中在生产上，销售人员过少，有的上万人大厂竟然没有开过订货会，且不知产品市场在何方。

行家说辽宁，感触最深的一点是这里的生产组织结构落后，生产结构刚性化，调整适应性差，大批量生产单一品种容易，做那些小批量、多品种的产品难上加难。沈阳的标准件厂、铸造厂、低压开关厂等企业均号称亚洲最大，人才、技术、设备、资金都占优势，可面对市场的新变化、新需求却是"磨盘身子——转不动"，拿不出适应用户需要的产品来。沈阳某大型机床厂生产的普通车床大量积压，而眼看着一叠叠轴承车床、管子车床的用户订单，连连叹气："咱这'母鸡'不会下这种'蛋'。"

难怪有人出言入木三分："辽宁多的是生产者，少的是制造商。"

事实最有说服力，向以豪爽著称的辽宁人在花钱做广告上显得格外小气。今年5月，在北京召开的首届中国国际广告研讨会暨展览会设置的300多个广告摊位中，多数是南方企业，其中福建省的三个市就占32个摊位。而偌大的东北三省只有三席。更使辽宁人丢面子的是，自己家门口的广告媒介也成了外地人的天下。1990年，沈阳共发布34万条广告，其中当地企业的只占1/3。据一位广告界权威人士介绍：沈阳市共有 5 400 家企业，到目前，做过各种广告的只有 540 家，占 1/10，而广东省轻工行业做过广告的企业则占总数的 9/10。

难堪也罢，不服气也罢，现实无情地告诉人们："金牌现象"是一面镜子，它从一个侧面映照出，面对新的市场格局，辽宁人无论在经济机制和思想观念上都是不适应的。

补上市场这一课已成为摆在辽宁人面前的重要课题。给人们希望的是，辽宁省许多有识之士已开始认真地思考，他们开始承认自己的不足和落后，他们开始探求新的出路。①

工作通讯的写作要求：

（1）从全局高度选择典型事实、现象和问题，有现实针对性。也可从群众角度、生活角度写作。

（2）要写出思想深度，问题要抓得准，分析经验或教训要深刻。

（3）虚实结合，既要注意使用通俗、具体、形象的语言，又可以有一定的评论色彩。虚实结合，是工作通讯写作在语言运用上的两个方面的要求。

（4）工作通讯的内容是谈经验或问题的，容易沉闷，所以特别要讲究写作的生动活泼，引人入胜，方法有：

①叙述事实时适当穿插对话、对比材料，适当分析议论；

②力求形象化（应用描写、拟人、比喻等手法）；

③可以用见闻式、日记式、对话式、随笔式、故事式等样式写作。

四、风貌通讯

风貌通讯是以反映社会生活、风土人情、自然风光和日新月异的建设成就为主的报道。它反映的风情状貌，大多是概略的、轮廓画式的，也称概貌通讯。其中一些是记录旅途见闻的，故又称旅途通讯。它是通讯中最早出现的品种，一些是新闻报道与游记的结合体。尤其是改革、开放、搞活等政策所带来的变化，又为这类通讯增加了新的内容。概貌通讯与事件通讯不同，它不是围绕一个人物或一个中心事件来写，也不要求写一件事情发生、发展的完整过程，而是围绕主题集中各方面的风貌和特色。在表达方式上，往往运用具体事例来叙述和描写一个地区、一条战线、一个单位、一个点、一个方面的风貌变化，展现时代的步伐和人思想境界的变化。

---

① 刘欣欣，何大新. 金牌不是名牌. 经济参考报，1991 - 08 - 24.

一般采取"巡礼"、"纪行"、"散记"、"侧记"等形式，向读者介绍。

风貌通讯的写作要求：

（1）抓住特点写见闻。如穆青的《水城威尼斯》开头就点明威尼斯的特点："威尼斯是世界著名的水城，它的美是水和桥构成的。今天，它是世界上唯一没有汽车的城市。"

（2）对比衬托、纵深开拓、写出变化。如《春风吹绿花园口》：

四十年前，蒋介石制造了"花园口事件"，惨绝人寰的景象，人们至今记忆犹新：1938年，日寇铁蹄踏进开封，蒋介石弃地逃命，下令炸开花园口大堤，奔腾咆哮的黄河水，从花园口倾泻而下，冲淹了河南、安徽、江苏三省四十四个县，吞噬了八十九万人民的生命，有一千二百万人流离失所。

黄河大堤的一座建筑物上面，有一条用红漆书写的毛主席语录："要把黄河的事情办好。"昔日千疮百孔、残破不堪的大堤，黄河儿女把它建成气势雄伟的石堤，既像一座水上长城，又像一条绿色防护林带。大堤上兴建了四座电力灌溉站，引入黄河水灌溉农田和淤地造田。蒋介石扒口冲成的面积两千五百亩、深达十三米的大潭坑，已经淤平了。过去"种一葫芦打两瓢"的盐碱地已改造成良田，有百分之九十以上种植水稻，夏季麦浪起伏，秋天稻谷飘香。去年花园口公社粮食平均亩产八百多斤，过了"长江"。

变化是新闻价值的标准之一，风貌通讯写出变化就有了历史感和深度。

（3）缘物寄情抒心怀。风貌通讯是最接近散文的通讯品种，可读性和趣味性最强，写法最自由，也可以说作者的主观性暴露得最充分。

（4）旁征博引、传播知识、陶冶情操。如穆青的《维也纳的旋律》对音乐之乡维也纳的叙述，知识丰富，情趣盎然：

当我们离开喧闹的慕尼黑，第一次踏上这个世界著名的"音乐之乡"时，耳闻目睹，无论是优美的自然风光，还是古老的建筑艺术，都给人一种恬静而又多少有点神秘的感受。好像这里到处都蕴藏着音乐的源泉，回荡着动人的旋律。

当你站在卡仑山的山巅，从古城堡上了望着维也纳郁郁葱葱的森林，了望着在阳光下波光粼粼、蜿蜒多姿的多瑙河，你会自然联想到这些风光景物，行云流水，曾孕育了多少不朽的乐章，怀抱过多少音乐的巨人呵！自从十八世纪以来，维也纳就是欧洲古典音乐的摇篮，短短二百年的时间内，在这个摇篮里成长起来的贝多芬、

莫扎特、舒伯特以及施特劳斯父子，像璀璨的群星一样闪耀光华。这些著名艺术家大部分的音乐生涯是在维也纳度过的。他们以发自肺腑的心声，谱写了人类历史上多少优美壮丽的乐章。维也纳的旋律，直到如今，仍然在激荡着人们的胸怀。

今天，在维也纳还到处保留着这些音乐大师们的遗迹，流传着他们的故事。许多公园和广场上，耸立着他们的雕像，博物馆里陈列着乐谱和手迹。他们的故居和墓地，成了人们参观凭吊的胜地。我们在维也纳逗留期间，曾参观过贝多芬的一处故居。它坐落在一个偏僻的街巷里，离多瑙河不远，附近有一座古老的教堂。据说这是贝多芬一八〇二年居住的地方。他的《第二交响乐》就是在这里诞生的。当时他只有三十二岁，沉重的耳疾，一直在折磨着他。有一天，他忽然听不到窗外教堂的钟声，在野外散步听不见农民吹笛的音响，甚至连自己的弹奏也变得无声无息了。这惨重的打击几乎使贝多芬发狂。他悲观、绝望，几次想到自杀。他是一个伟大的音乐家，也是一个性情乖僻而又放纵不羁的狂人。他一生没有结过婚，也很少有知心的朋友。由于脾气暴躁，他经常同房东或邻居冲突，一年之中往往迁居数次。今天，维也纳贝多芬的故居究竟有多少，谁也说不清楚。有人说六十多处，有人却说没有那么多。贝多芬在耳聋之后，心情更加痛苦。但他毕生最伟大的音乐杰作，竟大多是在这期间完成的。其中著名的《第九交响乐》，达到了他艺术创作的顶峰。有些贵族妇女因倾慕他的大名，有时不惜跪下来请求他演奏，而他却理也不理。有一次，一个贵妇人向他要求一束头发作为纪念，贝多芬竟剪了一绺山羊胡须送给了她。

这位伟大而又狂放的艺术家，晚年是不幸的。他又聋又病，孤独无依，生活十分贫寒。一八二七年，他五十七岁的时候，有一次从乡间赶回维也纳，为了省钱，雇一辆没有篷的马车，谁知路上遇到风雨，回来后就得了肺炎，不久就悄悄离开了人世。

五、特写

特写是以描写为主要表现手段，截取新闻事实中某个最能反映人物、事物特征的片段、剖面或细节，作形象化的再现与放大的一种新闻体裁。

我国的特写不同于西方新闻界的特稿。西方新闻界把消息以外的新闻报道都叫作特稿。由此可见，我国的特写比西方的特稿范围要小。

特写是从消息和通讯之间衍生出来的一种新闻报道形式。它的快速兴盛是为了应对20世纪广播、电视等电子媒体的挑战。电子媒体具有形象化、视觉化的特点，报刊借鉴影视的镜头感，给读者以目击感和现场感，很多的现场新闻、目击新闻都

是新闻特写。

特写与消息的区别在于，消息要简明扼要地叙述事实的全貌，而特写只截取和展示事实的片段。

特写与通讯的区别与消息有相似之处，即它只写片段，时空跨度小，而通讯对事实的来龙去脉、因果影响写得详细，篇幅长得多，内容更丰富、全面。但是某些较长的特写与通讯并没有严格的界限。例如：

九江城哭了

于文国

9月15日。子弟兵走了。九江城哭了。

整夜未眠的数十万九江市民，天没亮就倾城出动，等在街道两旁，挥泪告别和他们生死与共，与洪魔搏斗了长达50多天的子弟兵凯旋。

九江人说：在江堤决口的日子里，是战士们用自己的胸膛堵住滔滔洪水，用自己的生命换来了我们的生命。

就是这些战士，临行前还把九江的街道打扫得干干净净。把节省下来的31.45万公斤大米、9万件衣服悄悄地运到大堤上留给了灾民，又从自己仅有的几十元津贴和并不高的工资中，挤出了162.96万元交给了灾区……

为了怕部队夜里开走，市民们自发组织起来，从9月10日开始就轮流在部队宿营地门口"值班"：不能让子弟兵们悄悄走了啊！

今天早晨5点，军车出来了。可当车刚出门口，就再也开不动了。一拥而上的上千名九江人急急地将手中的苹果和鸡蛋等礼物掷投到军车上。

此刻，士兵们都把手抬到了帽檐处——敬礼！

此刻，士兵和市民们的胸膛起伏着，眼里含着泪水。

敬礼的士兵们雕像一般。

市民们则仍是忙不迭地往车上投掷礼物。

人群中，一个十几岁的孩子手中举着一条标语。上面写着歪歪扭扭的大字：长大我要去当兵。他叫赵框喜，是子弟兵们8月5日深夜江新洲决堤时救出的那群孩子中的一个。

九江师专的一群女学生，这几天早就商量好了。在军车路过时，她们涌出校舍门举起了她们的标语："兵哥哥，真的舍不得您走！"一位身穿太阳裙的女青年鼓足勇气冲到近处，把一条香烟扔到了车上。

到九江交通大厦时，30 岁的职工胡民礼情急之下奔回厂里，扛着国旗爬到高处，狂舞起来。

在市民们搭起的凯旋门处，人山人海。鲜花、彩旗、标语，车声、歌声、鞭炮声，汇成一片："兵哥哥再见！""解放军万岁！"

挥手。握手。含泪的士兵们一遍又一遍地唱着《咱当兵的人》、《说句心里话》。

一位 20 岁姓姚的女青年向车上的两位战士高喊："大李、大江，以后来九江还认识吗？"

透过长焦镜头，记者看到，两位战士泪水已挂在腮上。

8 时 30 分，第一辆军车到达九江西站。不足 5 公里的路，竟走了整整 3 个小时！

8 时 45 分，距列车开动还有 5 分钟。九江水泥厂职工 54 岁的刘和平和 50 多位妇女突然挤出沸腾的人群吹起了笛子。人们大声伴唱《送别》和《北京有个金太阳》。

站在一旁与士兵们道别的董万瑞中将哽咽了："我为有如此受人民爱戴的士兵感到骄傲。"泪水从将军的脸上流下。

8 时 50 分，列车开动。站台上哭声一片。

新闻特写的特点：

（1）新闻性。新闻特写也是新闻，其题材要有新闻价值，要符合新闻的真实性、时效性要求。

（2）形象性。形象性是新闻特写区别于其他几种体裁的主要特征，也是它和通讯、现场短新闻、报告文学共同的特征。形象性也叫文学性，因为它是运用电影和文艺特写的手法写的报道，正是这种手法，使它具有形象性。但这种形象，不同于文学形象，后者是塑造形象，它则是再现形象，再现人物形象、事态形象、场景形象。通过形象的描写，使读者有亲身的体验，增强新闻特写的现场感。

（3）聚焦性。它的取材集中在一点，是对某个片段的聚焦和放大，而不像综合消息、通讯那样"面面俱到"。特写主要是捕捉新闻形象，它是截取新闻事件、新闻人物、地方风貌中最具有特点的一两个片段，来进行"放大"描写，让读者对事件特征有"细节"上的认识。

许多教材把特写分成三类，即人物特写、事件特写和场景特写。如丁柏铨主编的《新闻采访与写作》和黄晓钟编著的《新闻写作：思考与训练》。其中，丁柏铨主编的《新闻采访与写作》列举的事件特写《历史的瞬间》写的是三峡工程第 20

号导流洞关闭、正式开始蓄水的瞬间，场景特写《黄河开凌》写的是黄河开凌的壮观景象，两篇特写写法并没有区别。黄晓钟编著的《新闻写作：思考与训练》对事件特写的定义是"集中再现新闻事件中最有特色、最引人兴趣的场面的特写"[①]。这看不出事件特写与场景特写有多大差别。因此完全可以将它们合为一类，叫作场景特写或事件特写（因为场景也是事件或者是比较大的事件中的一环，因此把场景特写归入事件特写是可以成立的）。因此可以说，特写只有两类：人物特写和事件特写。

（一）人物特写

人物特写强调再现人物在特定情境中的活动片段，从而揭示人物的某种（或几个）性格侧面。它不像人物通讯那样相对完整地展示人物的经历、命运和精神世界，而只突出一两个局部。例如：

李娜的完美破发

新华网北京6月5日体育专电（记者王集旻）　浪漫的罗兰·加洛斯果然不负"爆冷温床"的威名，这一次，她"宠幸"了中国选手李娜。这个来自湖北武汉的姑娘在本次法网赛事中并不被专家所看好，但一路将数位夺冠热门掀翻在地，并在决赛中击败了来自意大利的卫冕冠军斯基亚沃内，捧得中国人梦寐以求的大满贯单打冠军奖杯。

李娜的成功"破发"首次将中国人的名字刻录在大满贯单打冠军簿上，这同时也是亚洲人首次染指这一头衔。在网球这个以欧美人为主流的项目上，中国人乃至亚洲人终于可以自豪地宣告——我们也可以拥有一席之地！

大器晚成的李娜天生就与"破纪录"有缘，面对节节攀升的成绩，她说她就是在创造历史；幽默从容的李娜更是很多媒体的宠儿，无论多么刁钻的问题，她都用自己的方式一一化解。

然而，红土飞扬的罗兰·加洛斯仿佛就是人生大舞台的缩影，在最终捧得苏珊·朗格伦杯之前，必然有起伏，有泥泞，甚至还有痛苦的摔倒。年近而立终获封后的李娜又何尝不是？

李娜的父亲曾是一名羽毛球运动员，5岁那年，她被家人送去学打羽毛球，但一年之后，她被武汉市业余体校的网球教练夏溪瑶相中，从此踏上了自己的网球

[①]　黄晓钟. 新闻写作：思考与训练. 成都：四川大学出版社，2002．417.

之路。

李娜的青春期几乎全在湖北网球队里度过，刻苦的训练和过人的天赋让这个湖北姑娘迅速成长。从青少年组到成人组，从国内到国际，李娜的变化日新月异。

2001年，李娜的潜力第一次获得证明。在北京举行的第21届世界大学生运动会上，她夺得了女单、女双和混双的3枚金牌。同一年举行的第九届全运会网球比赛中，李娜再次连中三元，从设有7枚金牌的网球项目中抢下了女团、女双和女单3项桂冠。

然而，盛名之下隐藏着危机，个性极强的李娜并不愿意受到外来的束缚。2002年，李娜在釜山亚运会前莫名其妙地离开了国家队。真实的原因一直被猜测，从未被证实，但她不计后果的性格第一次暴露在媒体和公众面前。

在批评家的放大镜下，李娜默默无语地来到武汉华中科技大学新闻系学习，在象牙塔里气定神闲地读书。大学的那两年，李娜认真地在上课和修学分、写论文，最后拿到毕业证书，这也让她有了更多思考的空间，不过也拉远了同网球之间的距离。

"在学校的那段日子，我从不谈也不想知道网球的事，更不打网球。"李娜多年之后这样回忆。李娜那时曾说，她讨厌和网球有关的一切。

2004年，令李娜倍感"讨厌"的网球却如影随形般地自动找上门来。湖北省队联系上李娜，希望她复出打全运会，而国家网球运动管理中心主任孙晋芳也和她谈心，希望她能重新加入国家队。

向左走、向右走的选择再次摆在李娜面前，小的时候她更多依赖家人，而这一次，选择权掌握在自己手中。几经考虑，李娜复出了，一段与"破纪录"有关的传奇就此启动。

在同一年的广州国际女子公开赛上，李娜的"小宇宙"爆发了。她从资格赛打起，一路闯关夺得单打冠军，成为首位在女子职业网球协会（WTA）巡回赛中夺得单打冠军的中国选手。

2006年在温网，李娜成为第一个打进大满贯赛事单打8强的中国球员。同年她首次晋级美网16强，创造了中国球员美网单打最佳战绩。

2007年在澳网，她成为首位跻身女单16强的中国"金花"。

2008年的北京奥运会上，在签位不利的情况下，李娜淘汰了美国名将大威等一干好手，跻身女单四强，这也是中国网球单打选手在奥运会上取得的最好成绩。

2009年在美网，李娜成为第一个晋级8强的中国单打选手。

2010年，李娜进入澳网四强，震惊世界，同年WTA排名进入世界前十。

今年，李娜更是进入了"疯魔"的状态，在赛季头两项大满贯赛事澳网和法网上均杀入决赛，最终在自称"最不擅长"的红土上，她成就了中国人渴望已久的梦想。世界排名上，李娜也进入了世界前四的绝顶高手行列。

法网开战之前，李娜甚至根本没有被列为夺冠热门，因而几乎是在毫无征兆的情况下，李娜实现了巨大的突破。李娜说，她在技战术方面的提高已经非常有限，唯一改变的是在心理方面。

因此，我们可以看见，在球场上那个因为不爱打逆风球而经常轻易崩盘的李娜不见了，换来的是一个自信从容、表现从一而终的李娜。球场下，李娜的表现机智幽默，"段子"一个接一个，也体现出她曾经沧海后的平和心态。

历史无法假设，但如果李娜选择羽毛球作为终生职业，那么她充其量只能成为中国羽毛球冠军中锦上添花的一员，但积贫积弱的中国网球却很可能因此失去了改变的机会。

李娜到底还能走多远？还能拿多少个大满贯？这一点谁也无法预测，就像很多年前，没人能预测中国人可以拿到大满贯冠军一样。面对一个被老将支配的女子网坛，已满29岁的李娜淡定地说，年龄只是纸面上的数字而已。

无法预知的惊喜，才是真正的惊喜。让我们拭目以待。①

这篇人物特写选取一个新闻切入点：首次捧得大满贯冠军，又通过她完美的破发回溯了她奋斗多年的夺冠历程。将目前夺冠的新闻主体事实与背景材料相结合，使得这篇特写避免了只写当前截面的单薄，增加了特写的厚度。但是这也使它与通讯的区别很小。

（二）事件（场景）特写

例文《九江城哭了》是优秀的场景特写，同时也是事件特写：帮助九江抗洪的子弟兵就要告别，九江的老百姓哭了。《别了，"不列颠尼亚"》、《红场易旗纪实》、《历史将铭记这一刻——中英两国香港政权交接仪式纪实》等都是著名的事件（场景）特写。

场景特写重在摄取新闻事件中最典型、最集中、最感人的场面，通过再现场面的特色、规模、气氛等，完成对整个事件或社会风貌的把握。比起其他报道形式来，特写在场景的再现上有着不可替代的优势，最能产生画面般的可视感。注意情景交融，这是描写尤其是场景描写时一个重要的要求。情景交融，即记者的主观情感与

---

① 王集旻. 李娜的完美破发. http://news.xinhuanet.com/sports/2011-06/05/c_121496495.htm.

报道对象情感的融通。

特写要求准确、真实、迅速及时，但仅此还不够，特写的优势在于"特"，是针对真实、新鲜的人和事的聚焦和再现。写好新闻特写应注意以下几个方面：

（1）调准焦距，选准片段。摄影要调准焦距，才能够清晰地显示图像。新闻特写也是个对焦点的问题。新闻特写的焦点是什么呢？是引人注目的典型形象、典型场面，是人物个性化的行动，是事件的高潮，抑或是社会上人们普遍关注的某种现象及背景。那么如何对准焦点呢？一是指采访时要善于抓取宜于特写的题材，例如香港回归的瞬间，就是宜于用特写的形式来表现；二是表达时，要集中笔墨。如在体育比赛时，要善于抓住瞬间动作或一系列有特点的动作，作为特写的焦点。

（2）显示内涵。特写的真正力量，在于形象的内涵，在于人物的内在精神，在于事件的内含意义。因此，无论写人、写事，还是写社会问题，都不能满足于表面形象的再现，而必须显示其内涵。那么怎样显示内涵呢？一是用事实说话，抓住那些能体现内涵的外部表象，如言谈、举止、场面、氛围等，着力表现；二是通过背景材料解释、烘托，显示事件发生的原因、发展、经过、结局和影响，表达特写所要表达的情感。如《别了，"不列颠尼亚"》就是通过大量的背景材料，揭示了中英香港政权交接的来历和意义，也间接流露了作者的情感。

（3）写出特写的情趣。特写"特"的地方还有情趣问题。西方新闻记者很喜欢在特写中加点"佐料"，即幽默与趣味。趣味，不能成为特写的主旨，但是幽默与趣味，可以增加报道的特色，可以提高作品的可读性，可以增强形象的感染力。这些都是我们在新闻特写创作时应该吸收的东西。

思考与练习

1. 与消息相比，通讯有哪些特点？

2. 采写人物通讯、事件通讯、工作通讯各一篇。

延伸阅读

［美］威廉·E.布隆代尔.《华尔街日报》是如何讲故事的. 徐扬译. 北京：华夏出版社，2006.

第九章　深度报道写作

翻开新闻写作发展的历史长卷，深度报道可谓其中的一朵瑰丽奇葩。从它出现的那一刻开始，它就通过记者严谨的叙事思维逻辑、独特的叙事结构和镜头化的细节场景描述，将错综复杂的新闻细节串联起来，让浮于表面的、零散的事实，组合成能够穿透新闻"前世今生"的强大信息旗舰，让新闻事实呈现出其真正的意义和实质。

随着传媒业态的发展以及读者的需求，深度报道在新闻报道中所扮演的角色越来越重要，甚至已成为一些媒体制胜的法宝之一，是新闻媒体提升品牌形象、吸引受众眼球和扩大社会影响的重型武器。新闻媒体尤其是纸质媒体纷纷在深度报道上憋足了劲儿，下足了功夫（比如有的媒体安排精兵强将专门设置深度报道部）。鉴于深度报道的重要性，如何进行深度报道写作，怎样才能写好深度报道，也成为了各家媒体及其新闻从业人员不断探讨的问题。本章主要以纸质媒体的深度报道为例，对深度报道写作进行解剖，以求窥斑见豹。

第一节　深度报道的由来

深度报道乃承读者之需，应媒介发展之势而来，并逐渐在新闻报道中占据重要的一席之地，成为新闻报道中超越常规部队的"特种兵"。

学界普遍认为，深度报道乃从西方引进的概念，在美、英也称"大标题后的报道"，法国称"大报道"。其诞生与发展，乃时势所趋。

20世纪40年代，第一次世界大战之后，日趋复杂的政治、经济形式以及多变的社会现实生活，使得人们对新闻的需求，已不满足于单单是平面地反映一个新的变动、态势或结果，而是希望能够通过新闻报道获得新闻事件深入一步的、系统的背景以及分析、解释。

面对这种被西方学者称为"任何人都不能抗拒的、一天比一天流行的报道趋向"，报纸顺应读者需求，进行深度报道采写以适应民意。美国新闻界最高荣誉奖普利策新闻奖，也突出深度报道的地位。1985年调查性报道奖（Investigative Reporting)、解释性报道奖（Explanatory Journalism）等奖项的设立，将深度报道的地位被推至一个高度。对此，有学者认为："如果说解释性报道突破客观报道的限制，是对客观报道的补充，那么，调查性报道则是从根本上对客观报道的反省。"[①] 深度报道常以总体视角将重大新闻放在一定的社会背景下，在各种事物的相互联系中加以报道，探索新闻事件背后的原因及潜在的问题。

深度报道的发展与繁荣，除顺应读者的需求外，还是媒介迅猛发展进程中，纸质媒体应对电子媒体挑战而进行的发展策略战略性调整的结果。

随着广播、电视等形象化新闻媒介的普及，它们向报纸、杂志等纸质媒体发起了挑战。对客观性新闻报道而言，电视等媒介在时效性、现场感、真实性方面显然均比以文字为主的纸质媒体更胜一筹。面对这样的挑战，纸质媒体开始寻找应对之策。报纸等媒体要想在电子媒体的挑战中突围，就不能以己之短去较量他人之长。广播、电视新闻以传播速度快、具体形象占优，那么报纸、杂志等则以充分的调查、挖掘事物的内涵与深度取胜。

中国新闻奖（即原来的"全国好新闻奖"）开始并没有深度报道这一项，20 世纪 80 年代后期，为适应新闻实践的发展，增添了深度报道一项。深度报道与解释性报道、调查性报道、新闻特写、新闻综述等一起，包含在"通讯"中。

从 20 世纪 40 年代至今，深度报道已经走过了 70 多年的历史。其诞生，从外部原因来看，是源于时代发展和读者的需要；其内部原因，则是纸质媒体应对广播、电视新闻挑战的发展策略。然而其受到中西方新闻界的高度重视，并在中、美等国家的最高新闻奖中有所体现，则表明其强大的魅力与生命力。事实上，深度报道发展至今，已不独为纸质媒体新闻所长，电视新闻、网络新闻等均在各自的变迁中，借鉴并发展了深度报道。

第二节　深度报道的定义

什么是"深度报道"（In-depth Reporting）？

深度报道这一概念最早来源于西方新闻学论著。20 世纪 40 年代，深度报道理论兴起于美国新闻界，后风行于英、法、日等发达国家。20 世纪 80 年代正式传入我国，对促进我国新闻业的改革发挥了重要作用。然而，对深度报道的定义，向来是见仁见智。

---

① 吕坤良. 普利策新闻奖与美国新闻价值观. 中国记者，2001（5）.

美国新闻学者认为，深度报道是解释性报道的深化和发展。解释性报道提供事实，展现背景和意义；深度报道则以今日的事态核对昨日的背景，从而说出明日的意义。

在20世纪40年代，美国著名的《哈钦斯报告》也曾对"深度报道"的概念进行过阐释："所谓深度报道，就是围绕社会发展的现实问题，把新闻事件呈现在一种可以表现真正意义的脉络中。"也就是说，他们认为，新闻事件从来就不是偶然事件，它必然有着发生它的历史脉络。哪怕是一些突发新闻事件，例如地震，它也是有迹可循的，譬如地震发生前的一些地壳运动异常，或是地震前一些动物的反常反应等。因此，该报告认为，深度报道应该把一个个新闻事件，放入到可以表现真正意义的脉络中。

美国哥伦比亚新闻研究生院在其教程中，提出了"三层报道"的概念：第一层报道是事实性的报道；第二层报道是发掘表象背后实质的调查性报道；第三层报道则是在事实性和调查性的基础上所作的解释性和分析性的报道。如果用层级来界定深度报道的话，那深度报道至少应该要达到第二层的高度。

在我国，最早引入"新闻报道"一词的新闻学工具书——1984年3月浙江人民出版社《新闻学简明字典》中，对深度报道作出了如下阐释：深度报道（In-depth Reporting），一种阐明事件因果关系，预测事件发展趋势的报道形式，诞生于本世纪（20世纪）四十年代，是新闻的五个"W"和一个"H"的进一步深入的报道形式。它的主要特点：要在"Why"（为什么）和"How"（怎么样）中进一步深化，要求"以今日的事态，核对昨日的背景，从而说出明日的意义"。

也有学者认为，深度报道，是指完整反映重要新闻事件和社会问题，追踪其来龙去脉，揭示其实质意义或预测其发展前景的一种高层次的报道方式。①

还有学者强调以超越文体和写作的视角去看待深度报道，认为深度报道既不是一种新闻文体，也不是一种报道方式或报道形式，而是一种新闻旨趣，是"以深刻和全面为传播旨趣的新闻报道"。这种观点认为，深度报道是一种立体式的新闻思维方式，强调多层次、综合地把握和揭示新闻事件的过程及新闻事件与社会的联系，探索隐藏在新闻背后的深层意义。

在本书中，我们采用的是由我国第一部新闻学大型辞书《新闻学大辞典》所作的关于"深度报道"的定义："深度报道是运用解释、分析预测的方法，从历史渊

---

① 周胜林等. 当代新闻写作（第2版）. 上海：复旦大学出版社，2004. 324.

源、因果关系、矛盾演变、影响作用、发展趋势等方面报道新闻的形式。"①

从这个定义出发，我们可以获知深度报道的三个维度：首先，深度报道被认为是新闻的一种报道形式，而不是一种新闻文体，要与消息、通讯等新闻文体加以区分。其次，深度报道不满足于向受众提供简单的新闻事实，而是使新闻要素作进一步的深化，要求一方面解剖新闻事实的内部，另一方面展示新闻事实的宏观背景，从总体联系上把握其真实性。通俗地说，如果说新闻事件本身是冰山露出水面的一角，那么深度报道就是要把埋藏在深海中的冰山下面全部挖掘出来，把握整座冰山的形与神。也有人将深度报道比作拼图游戏中最后组成的组合图像。一个个客观报道是一块块拼图小方块，而深度报道则是通过一定意义方式组合拼接而成的整个图景。最后，深度报道需要运用到调查、分析、预测等科学方法，强调要运用科学分析的方法，完成从表象到实质的深度剖析。由于深度报道往往是一种基于社会宏观或中观层面的结构式展现，所以面对构成深度报道庞杂而凌乱的要素，常常需要运用一定的方法去进行科学的调查、整理、分析和预测。

总结而言，所谓深度报道，其关键就在于"深"字。其"深"有三个方面：第一是对新闻挖掘深入。这体现在内容方面。如今很多新闻都流于短、平、快，深度报道的"深"就在于与之形成对比。第二是对意义揭示深远。这体现在意义方面。深度报道的选题应该与社会发展、时代进步紧密相关，或揭露问题，或促进发展。第三是对读者影响深长。深度报道所要达到的新闻影响力，就是要让人看后深思、省思，并久久难以忘怀！

第三节　深度报道的类型及其写作特点

在实际的新闻报道业务中，深度报道通常被看成是通讯文体中的特种兵。根据题材、写作特点等的不同，通常把深度报道划分为两大类：单一型（独立成篇）和集合式（多篇组合）。

一、单一型的深度报道

学者陈作平认为，独立文体的深度报道通常涵盖以下几种类型：调查性报道、解释性报道、预测性报道、分析性报道和述评性报道。② 事实上，解释性报道与分

---

① 甘惜分等编. 新闻学大辞典. 郑州：河南人民出版社，1993.153.

② 陈作平. 新闻报道新思路：新闻报道认识原理及应用. 北京：中国广播电视出版社，2000.168.

析性报道可以归为一类，因此，我们将单一型的深度报道分为以下四种类型，下面主要介绍其中三种类型的写作特点。

（一）调查性报道

调查性报道，在西方又被称为"揭丑报道"。在我国则不一定揭丑，由于中国的特殊状况，调查性报道不能以揭丑为根本目的，因此，中国的调查性报道既有揭露性的，也有调研性的，如《中国民办高校考察报告》、《马家军调查》等。虽然目的未必相同，但是在技术路线上是相同的，指的是报道者通过自身长期而深入的观察、调查、研究，对某一或某类社会事实或社会现象所进行的深入、系统、详尽的报道。调查性报道兴起于西方国家报刊，是一种专门用来揭露社会阴暗面、政府里的黑幕、大企业的罪恶勾当以及黑社会的内幕等的特殊报道形式。在西方新闻史上，关于尼克松政府"水门事件"的报道，是调查性报道里的杰作。

改革开放后，随着西方新闻学的引进和国内新闻界眼界的开阔，"调查性报道"一词逐渐为国内所熟知。近年来，随着国内民主进程的推进，政府对媒介新闻舆论功能的提倡以及媒介市场竞争的激烈，使得业界人士对媒介的地位和角色进行重新认识，而调查性报道也随之在新闻媒介、舆论监督中发挥了越来越重要的作用。如近些年来被业界奉为经典的调查性报道：《世纪末的弥天大谎》（《中国青年报》，2000）、《北京出租车业垄断黑幕》（《中国经济时报》，2002）、《被收容者孙志刚之死》（《南方都市报》，2003）等。

调查性报道以独立、系统、科学、有针对性的调查为基础，以揭示真相为宗旨，其写作具有以下几方面的特点：

（1）叙事完整。

要揭示真相，尤其是揭示被掩盖的事实真相，如果记者的报道呈现的只是零碎的、散乱的、局部的、不成体系的内容，那就无法将事实的真相告诉受众。其实，在掩盖着的真相面前，读者就像盲人摸象，你如果只让其摸到象耳，则会以为是扇子；只让其摸到象腿，则会以为是柱子……叙事不完整的调查性报道，不仅不能让读者通过报道得出正确结论，甚至会误导读者作出错误的结论。

（2）逻辑缜密。

调查性报道的主要对象是有损公众利益的行为。行为人作为既得利益者，为了掩盖自己的行径，必定会制造出种种假象，抛出种种迷雾，甚至会在报道出台的前后用各种方式来干扰、阻挠记者。因而需要调查记者运用逻辑思维考量采访对象，严密、准确地表达观点。例如，在2003年《南方都市报》刊登的《被收容者孙志刚之死》中，记者就运用了大量的演绎推理来证明死者的无辜。比如，为了证明孙志刚不该被收容，记者运用了一个三段论推理：

> 《广东省收容遣送管理规定》明确规定："有合法证件、正常居所、正当生活来源，但未随身携带证件的，经本人说明情况并查证属实，收容部门不得收容"。
>
> 孙志刚有工作单位，不能说是"无正当生活来源"；住在朋友家中，不能说是"无正常居所"；有身份证，也不能说是"无合法证件"。
>
> 结论：孙志刚不该被收容。

此外，逻辑的缜密性还体现在行文的谋篇布局中，通过谋篇布局，使文章自身具有一种引导受众接受记者观点和想法的力量。以2002年12月6日刊发于《中国经济时报》的《北京出租车行业垄断的黑幕》为例。王克勤用了半年时间，历尽艰辛，采访了北京市100多位出租车司机、众多出租车公司经理和相关政府部门官员及专家学者，以前所未有的深度、广度和力度，独家披露了北京市出租车业垄断黑幕，对"十六大"后中国行政管理体制改革具有重要的案例启发意义，对北京市乃至全国的出租车行业市场化改革产生了一定的推动作用。该文由七大部分构成：

> 黑幕之一：的哥的姐怨声载道
> 黑幕之二：北京出租车到底能赚多少
> 黑幕之三：出租车公司是怎样发家的
> 黑幕之四：出租车公司是如何"黑"钱的
> 黑幕之五：的哥缘何要挤这条独木桥
> 黑幕之六：出租车业：不能不算的三账
> 黑幕之七：北京出租车业五大焦点问题

在谋篇布局上，以"七大黑幕"构成了对北京市出租车行业的深度调查，而各个部分又各有侧重点，分别从的哥的姐怨声载道的现象，到出租车公司的发家史起底，再到出租车公司"黑"钱的手法、的哥的姐的深层无奈，出租车业的三本账，最后到北京市出租车行业存在的深层焦点问题。逻辑清晰，层层深入，直逼焦点。这是一篇非常出色的调查性报道，已经成为我国调查性报道的经典篇章。例如：

黑幕之四：出租车公司是如何"黑"钱的①

"黑"融资款；"黑"风险抵押金；"黑"保险；"黑"三险；"黑""小钱"；莫名其妙地"黑钱"

出租司机们认为北京出租公司"黑"司机钱的手法主要是：

手法之一，"黑"融资款

46 岁的郑子生是北京经科出租汽车服务部的出租司机。1995 年 5 月他交给公司 11.5 万元"承包费"（即融资款，郑称之为购车款），从公司得到一辆时价仅为 5 万多元的两厢夏利，每月必须给公司上交 1 850 元的"车份钱"。郑子生说："2000 年 5 月，经科却把全公司 75 辆出租汽车以每辆 7 万元的价格卖给了北京新月联合出租车公司。我们坚决不答应，因为：其一这些出租车全是我们司机掏两倍以上的价钱买的车；其二我们司机与经科的合同还没到期，公司不能单方违约；其三市里有规定不能倒卖出租汽车。但经科还是照卖不误。"

郑子生 9 月 20 日对记者说：如今，虽然车还在我们自己手里，但我们的车变成了黑车黑户，我们的融资款也被公司全给"黑"走了。在经科开车的 70 多个出租司机几乎都是被这样"黑"了融资款的，而经科只是北京绝大多数出租公司"黑"司机融资的典型之一。

实质上，经科是分别以 11.5 万元、7 万元的价格向司机与新月公司出售了两次出租车经营权。

35 岁的出租司机吴广就更惨了。他东挪西借近 10 万块钱交给北京顶好出租汽车公司，1998 年 2 月 18 日从公司的另一个司机手中接过一辆 1993 年出厂、已经使用 5 年的夏利 TJ7100 旧出租汽车。开了仅仅一年零三个月，除去给公司交的 26 100 元的"车份钱"，吴广总共也就挣了 1 万多元的工资收入。但 1999 年 6 月 25 日公司按"夏利出租车 6 年报废"的政策收掉了吴广的这辆出租车。后来有人对吴广说"公司已把这辆车的使用权以 10 万块钱卖给新司机了，没你的戏了。"北京顶好出租车公司更名后被新月出租车公司收购了。他找到新月出租车公司，回答说："你与我公司无关！"

吴广的"难友"、北京腾远出租车公司司机吴来池对记者说："公司一分钱不投资，凭着手中的出租车经营特权，不仅每月坐收数千元的'车份钱'，还要'黑'司机的融资款，公理何在？"

---

① 王克勤. 北京出租车业垄断黑幕. 中国经济时报，2002－12－06.

一位北京交通系统的官员愤慨地对记者讲："北京出租司机这些年交的'融资款'都是被公司'黑'走的，只是程度不同而已，有点良心的老板还能给司机退点。而出租车公司的原始资本积累就是在掠夺司机个人财产及其资本、劳动力增值的过程中完成的。"

手法之二，"黑"风险抵押金

目前，北京几乎所有的出租司机都得给公司上交 3 万元至 5 万元甚至近 8 万元的风险抵押金。有出租司机说："交了风险抵押金就等于把自己卖给了出租车公司，只要哪个地方做得不合适，公司总要拿起罚款的大刀砍我们司机。""风险抵押金像枷锁一样把我们拴在了出租车公司。"

今年 3 月 13 日下午，通州地区下了场雨，雨夹着沙尘，北京三元出租车公司司机陈立华的车身弄得挺脏，正在四惠地铁站外面排队等客的陈立华因车身不洁被正在该地区巡视执法的交通局工作人员罚款 200 元。回到公司后，公司要对他处罚6 000 元。被重罚逼得走投无路的陈立华对记者说："真没心思干了，可还有 5 年的合同，不干的话，我那 4 万 5 千元的押金不就全泡汤了？"司机的妻子哭着对记者说："我们不敢得罪公司，合同还有 5 年哪！带着这么重的思想负担在马路上跑，家里人真揪心哪！"

像陈立华的遭遇还不算最严重的，有司机对记者说："个别公司对在外被罚 200元的司机，回到公司再加罚一两万元的都有。"

1998 年开始在北京万泉寺出租汽车公司开出租的王学永，2000 年 6 月 18 日，因为把车辆交给别人驾驶，违反了《北京市出租汽车管理条例》，受到北京市出租汽车管理局罚款 1 000 元、停运两个月的处罚。北京万泉寺出租公司以此为由，将王学永开除，并将其 3.5 万元"风险抵押金"全部没收。

"北京万泉寺出租车公司的产业是罚出来的！"这是冯继友、张丽等一个个原北京万泉寺出租车公司的司机给记者不断重申的一句话。他们每个人都能拿出一沓乱七八糟的罚款单，其中 2002 年 12 月，万泉寺公司给张丽开的一张"违约金"罚款单金额高达 8 930 元，还有不少司机的风险抵押金被万泉寺公司一次性罚走了。

记者看到 2000 年 1 月 5 日由北京市万泉寺出租汽车公司颁布的《交通事故/违章处罚办法》、《运营事故处罚办法》共计 28 条，几乎就是出租公司的"罚款大全"，现摘录如下：

"不使用或不正确使用计价器，私自拆动计价器的处 3 000～5 000 元罚款，停车学习 10 天。情节特别严重，给公司造成严重影响的，公司解除其合同，收回运营车辆，不退任何保证金。"

"运营中无合法理由拒绝载客，中途甩客给予警告并处1 000~5 000元罚款，停车学习7天，屡教不改者公司与其解除合同，收回运营车辆，不退任何保证金。"

"凡被出租汽车管理机关吊扣运营证者，停车学习一个月，罚款5 000元，公司对被吊销运营证者，解除合同，收回运营车辆，不退任何保证金。"

……

有出租司机对记者说："不仅仅万泉寺是这样罚出来的，北京绝大多数出租公司都有自己严酷的'家法'，这正是出租公司的发家秘诀之一。"

手法之三，"黑"保险

出租司机纷纷反映："出租车公司不给司机上保险，无视出租司机的生命安全保障。"记者调查发现，出租车公司在上保险问题上确实大有文章。

据人保北京分公司一位车险理赔员介绍，一般出租汽车应上的险种有以下6种：机动车险、第三者责任险、盗抢险、玻璃破碎险、车上责任险、不计免赔险。他接着对记者分析说，如果按一辆车的净价10万元计算，这辆车的年保险费应该是5 350元，其中机动车险2 080元；第三者责任险1 200元；盗抢险1 000元；玻璃破碎险250元；车上责任险180元（司机120元，加一名乘客60元）；不计免赔险640元。按理来说，全市6万多辆出租车应该是一个3亿多元的保险市场，但实际上，出租车公司在保险公司投保的还不到十分之一，情况十分不近人意：

其一，出租车公司不上保险。平安保险公司北京分公司车险部的一位理赔员对记者介绍，一般个体出租司机和100辆以下规模的小出租公司在商业保险公司投保都比较认真，大出租公司则基本不投保，而是搞所谓的"内保"。因为，北京市出租车一般每辆车的全保应在4 000元到6 000元之间，这样，一个拥有5 000辆出租车的大公司一年要交2 500万元的保险费，他们当然不愿意。这个"内保"起到了两大作用，首先是为公司"合情合理"地给出租司机加收"车份钱"提供了依据；其次因各出租车公司都有严格的处罚制度，司机在外边发生撞车事故以后，一般都不敢回公司找"内保"，因为公司罚的比公司赔付的更多。于是，大出租车公司就顺理成章地"黑"了出租车司机的保险费。

其二，出租车公司少上保险。据保险公司的一位理赔员透露，大名鼎鼎的北京双祥出租公司今年初到一家保险公司为全公司的3 000辆车投了每辆5 000元的全保，保单拿回去没几天，他们又将全部保险退掉，只给每辆车投了一个第三者责任险，据说司机手里拿的都是全保的保单复印件（这样一可以顺利地通过交警管理部门的车辆检验，二可以蒙蔽司机）。就是这最后保留的仅有的每辆车1 200元的第三者责任险，出租车公司也是分期付款。而这点钱保险公司不可能全收，因为业内有一个规矩：不仅要给投保人10%的返还，而且年底还要给投保人退10%到20%的保险费，这实际上等于出租车公司又增加了出租车"不投保收入"。

记者先后采访的数家保险公司的车险理赔员都为出租司机鸣不平，为他们的人身安全缺乏保障担心。因为按照交通局关于收取"车份钱"的规定，保险费早已算在"车份钱"里了，而司机也是按月把自己的保险费融在"车份钱"里交给了公司，但他们压根就不知道公司是这样将自己的保险费"黑"掉的。

手法之四，"黑"三险

出租司机还纷纷反映"出租车公司不给司机上'三险'，无视出租司机的劳动权益。"记者调查发现，出租车公司在上"三险"问题上也存在不少"猫腻"。

2002年9月2日，北京市劳动保障局劳动检查处处长吴安泰在接受记者采访时说，只要确立劳资关系，单位必须给职工交纳社会保险，这也是确认劳动关系的四个核心标准之一，一般企业必须给职工上的社会保险主要指的是"三险"，即养老、失业、大病医疗。

据《北京晚报》2002年2月7日报道，北京圳峰出租汽车公司出租司机郝培生等5人诉讼该公司9年多来长期不给职工办理社会保险一案经法院审理判决，出租车公司应为原告在海淀区社会保险经办机构补办1993年6月至2002年1月4日的近10年的社会保险。

郝培生等5名司机依法维护了自己的合法权益，但记者采访中，所接触的更多的出租车司机直到现在依然没有"三险"保障。

记者采访的百余名出租司机中，70%以上的出租司机，单位压根就没有给他们上"三险"。当然，像在首汽、金建等出租公司开车的出租司机，他们都说，单位给他们上了"三险"，但也只是近一两年的事。这正好印证了吴安泰处长所说的"前些年，全市出租车行业给职工上'三险'的一半都不到，都是这些年我们不断地检查督促，才有了较大转变"这句话。

9月18日，已经上了"三险"的北京中真出租公司司机赵云峰给记者揭开了出租车公司上"三险"的另一个秘密——"按理说，我给公司每月交4 850元的车份钱，已经包括了'三险'，但公司却强行另外要我们交每年3 600元的'三险'费用。我们公司的好多司机都被迫交了这笔'三险'费。我觉得这是公司重复收钱，为的还是要'黑'我们司机的钱，另一方面又可以欺骗劳动局的检查，公司自己实际上不承担为司机上三险的任何义务。"

北京市东城区劳动局局长高士令对记者说："北京出租车行业社会保险明显存在'三少'现象，一是给出租司机上社会保险的出租公司很少；二是即使有上的，

公司报来的出租司机的人数比实际人数少得多；三是上保险的工资额度又比北京市平均基数少得多，大多数是按300多元的最低工资基数上'三险'。同时，在出租车企业中农民工能占到出租司机总数的27%，企业基本是不给农民工上'三险'的。因此，出租司机的'三险'确实是险情严重！"

而私营老板北京圣达利出租车公司的董事长张汇玉曾就他们公司给职工上"三险"的情况向记者介绍，圣达利公司近300多人，农民工就占了90%，基本都上了工伤保险（不包括在"三险"以内）。

北京市劳动局的官员告诉记者，全市出租车行业给职工上"三险"的普及率已经不低，但这些年来，众多的出租公司无视职工的劳动权益，不给出租司机上"三险"的问题作为一个不争的事实，至今依然存在着。

手法之五，"黑""小钱"

出租司机们给记者反映，公司除了"黑"以上四项"大钱"以外，还随时随地地在"黑"司机们的"小钱"。

出租司机普遍反映，连每年每个车应由车主（公司）承担的400元的验车费、75元的计价器检验费，出租车公司都要让每一个出租司机承担这本不该由司机承担的费用。看似小账，记者仔细一算，发现仅此两项，北京的出租车公司每年从出租司机手里"黑"走的这一份"小钱"就达到3 000多万元，不算不知道，一算吓一跳！

北京市顶好出租汽车公司的出租司机刘章军说："公司不仅'黑'我们的融资款，还要我们每人给公司交5 000元'过户费'，公司称这是给我们办理'两证'的过户费，即北京市交通局颁发的出租车准驾证、出租车服务监督卡。实际上申办新的两证也就是600多元，他们却多收我们4 400元。"

司机们还反映，收上来的发票款、价标款、行运牌款、座套款、交通罚款（警察罚了，公司还要罚，每次50~100元不等），全部不开发票，不入账。

手法之六，莫名其妙地"黑钱"

北京的出租车司机人人都很熟悉这样两个单词，它们分别叫作"铲分"和"铲事"。

先说"铲分"。据司机们反映，北京市交通局为了控制全市的出租车总量，减少出租车数量，向全行业宣布"哪个公司被交通局执法大队处罚积分达30分，即取消该公司一辆出租车经营权"。

很多公司于是向司机宣布，一辆出租车的经营权最少值20万元，一个分值就是7 000元，谁要犯了事公司不仅要从重处罚，而且你得托人花钱把"分"给"铲"

了。北京三元出租车公司的出租司机陈立华就是因此被重罚了 6 000 元。但更多"通情达理"的司机，犯事后会立即找公司领导，给公司领导按扣分的多少送数千元，让公司领导找管事的人把"分""铲"平了。

再说"铲事"。只要交警开了处罚单，一般司机都会自觉地找公司的领导去"铲"事。因为交警管理处罚积分太多，也会给出租车公司带来许多不利影响。许多公司的领导在大会上讲，犯事了就找我们，我们给你"铲"平了。

记者在采访许多出租司机的过程中，有好几个司机就是刚刚"铲"完"事"和"分"以后来见记者的。他们说："烟酒就在经理轿车的后备箱里装着呢，出了事，经理赶到现场后，我赶紧给人家掏钱，请人家替我进贡，我还得欠经理一个人情。"

（3）语言平实。

调查性报道重在以事实本身的力量去感染人、打动人，因而语言更讲究的是朴实无华而不宜过分渲染。

首先，在写法上适宜用白描手法。白描原是中国画的一种技法，描绘人物和花卉时用墨线勾勒物象，不着颜色。将白描应用到新闻写作中，是指不修饰、不渲染，只用最简练、质朴的语言，直接勾勒出新闻人物或新闻事件主要特征的方法。它力避浮华和文饰，洗尽铅华、质朴平实，透明度高，没有斧凿痕迹，体现出新闻语言的准确、简洁、鲜明。有利于复杂的问题用简单的方法来呈现，进而突出新闻人物或事件的特征及其新闻价值。

其次，在用词上多用动词，少用形容词、副词。动词是对写作对象行为动作的具体描述，因此比较具体，巧妙地运用动词可以给受众身临其境之感。另外，运用动词表述会比较客观，不像形容词或副词那样主观性比较强、感情色彩比较浓厚，这样可以使得调查性报道更显客观。

再者，在行文中，宜多用采访对象的原话（即直接引语）。把采访对象的原话写入文中，可以减少记者的主观性叙述。这样不但增添了调查性报道的真实性，也是保护调查记者的一个有效手段。例如：

"出租车公司真是吃人不吐骨头！"46 岁的北京顶好出租车公司司机邱跃进用颤抖着的手把一沓申诉状递到记者手里。他说："我花近 10 万元从公司买了一辆已跑了 5 年的旧夏利，我只跑了一年，最多也就挣了一万多块辛苦钱，车就被公司收回去报废了，然后公司一脚把我踹了出来。""钱是我投的，车是我买的，公司一分钱不投资却凭着出租经营特权，不仅每月白白收我的'车份钱'，而且最终连我的

本钱都给霸占了!"①

在这一段叙述中,记者就大量地采用了采访对象的原话,这样的引用,使得报道更生动形象,语言出自采访对象之口,更符合出租车司机的身份特征。

(4)展现过程。

调查报道是记者调查采访过程的最终展示。因而,在撰写调查性报道时,记者不但要把被掩盖的内幕揭示出来,还要注意展现记者对新闻事件调查采访的过程。记者通过自己的视角,将事实内幕一层层抽丝剥茧揭露出来,这顺序就像侦探在侦破案件,除了最终的结果,记者的调查过程也具有巨大的吸引力,调查记者像侦探一样拨开层层迷雾,和采访对象"斗智斗勇",一步步接近事实真相,这一过程会强烈地吸引受众眼球。此外,根据记者调查采访的过程安排作品结构也比较合理顺畅,方便受众理解和接受。

在《公选"劣迹"引曝堡子黑幕》中,文章一开始就描述了这样一幕震撼人心的悲壮场面:

"青天大人呀,我们农民还有活路吗?"

"活菩萨呀,救救我们的命吧!"

"省上来的领导,我们真是太冤枉了!"

2001 年 10 月 3 日,正是中秋节的第三天,农历八月十七。

这本该是父老乡亲们一年中最为喜庆的日子之一,但是在甘肃省定西地区岷县堡子乡记者看到了一幕震撼人心、极为悲壮的场面……

在"苦甲天下"的甘肃定西,在位于岷县与临潭两县交界处的一座大山的山腰上,便是堡子乡兹那村蔡家湾社。上午 11 时,当记者沿着山腰上的羊肠小道从该村的另一个社大台子赶到这里时,在 100 米以外就看到黑压压的一片人群跪倒在村口的斜坡上。随着距离的不断拉近,记者看到跪在这里的不仅有正值当年的青壮年农民,还有许多白发苍苍的老人和纯朴天真的孩子。当记者走到他们面前时,乡亲们不停地呼唤着本文开头的这些话。惶恐不安的记者从他们手中接过了一份份各式稿纸写就的"状子"。②

---

① 王克勤. 北京出租车业垄断黑幕. 中国经济时报. 2002 - 12 - 06.
② 王克勤. 公选"劣迹"引曝堡子黑幕. 中国经济时报,2003 - 07 - 18.

面对这样的场景，读者看了一定会发出"为什么会这样"、"那个地方发生什么事儿了"等疑问。于是，为了追寻事实背后的真相，该文便以调查记者调查采访的过程安排文章结构，一步步展现作者调查采访所听到的、所看到的，通过过程的展现，将事情的真相披露出来。

（5）结构平衡。

调查性报道是为了"揭丑"，因此这类报道绝大部分属于批评性报道，记者在写此类报道时就必须要把握好平衡原则。要展示对立双方的意见，不能够只叙述一家之言，这样可以增强调查性报道的客观性。

2004年5月8日，《新京报》对湖南嘉禾拆迁事件进行报道，尽管这则报道是对行政权力泛滥的淋漓披露，但是记者在文中也运用平衡原则，既有对拆迁户的采访，也有拆迁方的介绍和解释，按照编辑李列的观点，记者对新闻报道的基本理念是：坚持以事实为本，追求报道平衡与零度情感。这也使得记者在采访中没有犯其他记者的同类错误。①

记者在安排调查性报道结构时注意平衡性原则还有一个优势就是便于展开冲突，调查性报道吸引受众的一个重要方面就是它具有冲突性，对立双方之间的矛盾和碰撞是受众最感兴趣的地方。调查性报道平衡地展示了冲突双方的意见，可以给对方提供批评和辩驳的靶子，使其有的放矢，这对安排调查性报道的结构是有好处的。

（二）解释性报道

解释性报道，又称解释性新闻、分析性报道，是指运用背景资料来分析一个新闻事件发生的原因、意义、影响，或预示发展趋势的一种新闻报道。解释性报道侧重于说明新闻事实的来龙去脉，阐释事实发生的原因、结果及相关事物之间的联系。

解释性报道萌芽于美国20世纪20年代。30年代初，美国出现经济危机，人们对接踵而来的一切感到愕然，在信息需求方面不再满足于知道发生了什么，还想知道为什么发生这样的事情，将来的发展趋势将会如何？读者的需求，使得解释性报道逐渐开始大行其道，并于20世纪50年代后在美国新闻界占据了统治地位。

对于读者而言，解释性报道通过挖掘、运用背景材料，揭示新闻事实更深一层的意义，不仅能够帮助读者思考，更加深了读者对新闻事实的理解。对帮助读者认识复杂的世界、快速变动的社会有着非常重要的作用。因为在这个世界上，任何事实都不可能是孤立的。通过将新闻事实放入到与之相关联的事物当中，通过运用背景材料、周围环境等，可以让新闻更加丰满，读者读后，对新闻事件发生的原因和

---

① 新京报编. 新调查：新京报调查报道精选. 广州：南方日报出版社，2006. 11.

发展趋势才更具有判断力。

解释性报道在写作上，突出四个特点：

（1）侧重报道5W中的"Why"，弄清来龙去脉。

一般的纯新闻，主要是告诉人们发生了什么，以Who（什么人）、When（什么时候）、Where（在什么地方）、What（发生了什么事）四个"W"为主。譬如一起火灾事件，纯客观新闻，通常会告诉人们，在什么时间什么地点发生了一起火灾，有多少人伤亡等。而解释性报道，则必须要在"Why"上做文章，在基本的新闻事实基础上，还要深入挖掘新闻背后的新闻。例如，发生火灾的地方是什么性质的地方？（工厂？娱乐场所？居民楼？）火灾发生的原因是什么？（人为纵火？电线老化？）酿成火灾悲剧的原因有哪些？（消防设施不齐？其他？）将来要避免同类火灾，应该如何做？

（2）着眼于解释，而不是单纯以报道新闻为目的。

解释性报道重在解释，"不仅要报道，更要解释。传媒的深层影响，体现在新闻事件关键信息的提供，更体现在对事件原因、意义、影响的解析，对现场隐含信息的分析，对更大措施的价值与影响的阐释上"。[1] 解释性报道不以报道新闻为主要目的，更重要的是要挖掘新闻背后的东西，解释原因、影响、意义等内容。

"解释性报道是要告诉读者某则新闻的意义及其前因后果。它是对复杂的事件进行整理和解释。它比官方的材料和声明说得更深一些，它是一种追究动机的报道，解释集体或个人行动的原因。"[2]

2010年5月23日《晶报》刊登的《历届党代会报告：关键词都是新亮点》就是一篇典型的解释性报道。该文发表在第五次党代会召开前夕，在该文中，深圳市委党校党建教研部副主任、研究员王鑫教授，梳理了深圳前四次党代会的报告，"拎"出历届报告的关键词进行解读。例如：

关键词：改革开放　深圳速度　特区精神

第一次党代会

"尽管时间已过去了二十年，但今天重读1990年深圳第一次党代会的报告，字里行间扑面而来的是创新激情和改革勇气，充分体现了特区早期的创业者们为建设

---

① 陆小华. 掌握第一解释权　传媒竞争新焦点. 中国新闻出版报，2008 – 08 – 12.
② ［美］杰克·海敦. 怎样当好新闻记者. 伍任译. 北京：新华出版社，1980. 211～212.

深圳所花费的巨大的心血与担当。"在王鑫教授看来，第一次党代会是在深圳经济特区走过了十年的背景下召开的，"报告至今读起来很到位，也很有新意。"

关于"改革开放"，报告中提出，特区的"特"，就是在改革开放上，深圳做了哪些别人不敢做的事情呢？报告指出，深圳特区的成功，不仅仅在于特区的经济发展和建设成就本身，最重要的是创造这些成就过程中所作的有益的探索。

王鑫教授解读说，报告中罗列的有益探索是："逐步地扩大开放程度，博采天下之长，大胆地与国际资本打交道，探索了一条利用外资和借鉴先进经验来搞建设的新途径；合理配置特区的所有制结构，外引内联；形成了多种经济成分并存的局面。"王鑫教授认为，报告对深圳在分配形式方面的探索也进行了归纳，"逐步建立起按劳分配为主，多种分配形式并存的分配制度。允许效益不同的企业在分配上有所差别……"当年深圳特区的这种改革，在当时的全国开了先河，体现了巨大的政治勇气。

王鑫教授表示，第一次党代会报告给他印象最深的是一组"深圳速度"的数据。报告用了六个段落阐述深圳十年的发展成就，"十年来，深圳国内生产总值年均递增47.8%，工业总产值年均递增69.2%。"报告用了"深圳的经济发展速度，在国内外都是罕见的"来描述。

深圳为什么能够在第一个十年不辜负中央期望？王鑫认为，关键是有特区精神在做支撑。第一次党代会报告对特区精神有一个非常精彩的解读："开拓、创新、团结、奉献"，特区精神是特区的建设者们在特区建设的实践中形成的体现时代特点、反映深圳人价值取向并能增强凝聚力和向心力的强大精神力量。

点　评

特区的"特"在改革开放

第一次党代会报告以大篇幅来阐述改革开放之于深圳的意义：特区的"特"，很重要的是，"特"就是在改革开放上。

无独有偶，记者也在第四次党代会报告中读到了类似铿锵有力的语句，只不过，表述的话语有所不同："特区之'特'是永无止境的，我们要以更大的勇气、更大的魄力、更大的力度、更大的胆识，以特别之为立特区之位。"

这种解读，既有历史背景，又与当前紧密联系，清晰明白，好读易懂。

（3）让事实说话，用事实解释事实。

解释性报道在阐释新闻事实的发生原因、影响范围、发展趋向和深层意义时，应该主要采用让事实说话的方式，要用另外一些事实来解释新闻事实。不能把解释

性报道写成主观性很强的新闻评论或政论。

解释性报道仍然属于新闻报道范畴，而不是新闻评论的范畴。事实材料不够，转而依靠记者的主观论断加以阐释，这是对解释性报道的错误操作。

用来解释新闻事实的事实主要包括：

①历史性事实：与新闻事实有关的历史背景材料；

②现实性事实：新闻事实发生的现实环境；

③数据性事实：统计数据和材料；

④知识性事实：用来解释专业术语的事实；

⑤意见性事项：专家权威的意见，新闻人物或新闻中有关人物的议论。意见性事项并不等同于评论，而是一种意见性事实——意见也是事实，此评论非彼评论。

（4）解释语言通俗，以权威专家见解做注脚。

需要解释的新闻大多是普通读者比较陌生的领域，记者在做解释的时候一定要使用普通读者能够看得懂的语言，化复杂深奥为明白易懂，而不要试图使用专业术语和行话来做解释，把解释性报道写成了专业论文。解释性报道也是新闻，要把报道写成能让普通读者始终感兴趣的故事，让读者在阅读故事中了解意义，增长学问，更新认识。

此外，对于一些涉及科学领域的报道，发表权威专家的见解往往比记者自己的言论更具有说服力，尤其是对专业问题的解释方面，专家权威更容易博得读者的信赖。譬如对于一个医学问题，相关的医生或医学研究者的观点，肯定比记者或一名普通人士的话更有力量。①

（三）预测性报道

预测性报道是对将会发生而未发生的事实所做的前瞻性报道，是对某些能够引起读者关心的新闻事件的发展结果或新闻现象的发展趋势进行预测的报道。它着重对新闻事实的发展变化趋势或前景进行科学预测，其价值取向表现为准确性、科学性和权威性。预测性报道以理性、前瞻的眼光，向读者或受众提示、分析"明日生活"，不仅强化了新闻的实效性，而且对社会舆论和社会心态能起到导向作用。随着新闻资源竞争的加剧，预测性报道受到媒体的日益重视。

预测性报道受到青睐的原因主要有三：一是能给媒体带来不尽的报道题材。由于不同的作者思维空间不同、想象能力不同、选取的报道题材不同、新闻表达的水平不同，所以采写出的这类报道也各不相同，并且大多属于独家新闻。二是能够激

---

① 刘冰. 怎样撰写解释性报道. 新闻与写作，2009（8）.

发受众的关注欲。未来的事情到底如何，只能判断和推测，没有谁可以下百分之百的定论，这就可以引发人们的好奇心理，关注某种事态和某种现象的发展。三是延伸了受众的耳目。预测性报道把视野投射到未来，受众可从中感知相关事物的发展趋势，以采取对社会和对自己有利的对策。

那么，预测性报道主要有哪些特点呢？

（1）超前性。预测性报道既然是"预测"，就是在某一新闻事实还没有发生之前，或者某种现象发展前景还没有明朗之际所作的分析和判断，"预言"其后果或前景，当然就具超前性。未来到底如何，可以作出各种各样的预测，也是此类报道特别吸引人的地方。2007年9月28日的《光明日报》报道说："北京西站'十一'黄金周期间预计发送旅客118万人次，同比增长12.4%。"这就是一篇比较典型的预测性报道，体现了其超前性的特点。这种超前性的预测与后来发生的事实吻合度越高，报道就越具权威性。

（2）科学性。预测性报道无论是对某件新闻事实发生的结果还是对某种现象的发展趋势作出预测，都应建立在一定的科学基础之上，不能胡乱猜测。1986年6月19日，新华社播发了一篇对当时正在激烈进行的第十三届世界杯足球赛的预测性报道——《哪四个队将进入世界杯足球赛决赛圈？》。稿件通过对有关足球队的各种情况进行详细分析，最后得出其中四支球队能够进入决赛圈的结论，赛后的结果表明其预测完全准确。新加坡《联合早报》在事后专门发稿《新华社记者料事如神，预测胜负丝毫不差》，高度赞扬该报道的准确。如果预测性报道没有充分的根据乱猜一气，结论与事实大相径庭，就会使媒体和作者的声望大受影响。

（3）重要性。预测性报道，涉及的内容一般都比较重要。伊拉克战争之后，伊朗问题成为美国的心头大患。国际舆论都在猜测美国是否会对伊朗发动战争，有的西方媒体已披露美国攻打伊朗的具体方案，而美国确已在伊朗周边部署了大量的陆海空战斗部队。如果这一仗真打起来，世界石油市场将会产生更大的波动。但是，也有评论认为，美国已陷入阿富汗和伊拉克战争的泥潭难以自拔，加上朝鲜问题，美国没有精力再发动一场大规模战争。而美国领导人也表示，美国没有攻打伊朗的计划，主要还是采取政治、经济和外交手段来制裁伊朗。那么，美国对伊朗究竟会采取什么手段呢？就在人们对此拭目以待之时，2007年9月29日《人民日报》在《国际论坛》专栏刊发了专稿《美国对伊朗要用什么"药"》，就人们普遍关心的这一问题作了预测性报道，认为美国会继续借助中东军售、抵制什叶派势力的扩张、加强伊朗国内反对派的策反和对民众的诱导，尤其会联合起欧洲等更多的国家对伊朗实施更为全面彻底的制裁，以实现不战而屈人之兵的目的。

（4）服务性。预测性报道之所以受到人们更多的关注，还在于它的服务性。这种服务不仅体现在政治、思想、工作上，还体现在人们的生活上。而且，这样的服务务应该非常及时，非常必要。每年的"十一"黄金周期间，是人们外出旅行的最佳时期。但是，如果遇到不良的天气，人们就不宜外出。所以，大家在黄金周到来之前会格外关心出游目的地的天气情况。于是，在每年的"十一"前夕，不同的媒体都会充分利用各种气象信息资源，做预测性报道，为人们提供气象服务。2008年春节之前，我国南方许多地方遭了非常严重的雪灾，从党和国家领导人到普通老百姓，都非常关注此后的天气变化。因此，从中央到各地的媒体都充分发挥其服务功能，及时发布天气预报，提醒人们做好应对各种困难的准备。

（5）不测性。尽管预测性报道的作者和媒体，都会尽最大努力把报道中预测的情况弄准确，但事物的发展是复杂的，有些情况很难预料，这就使预测性报道在一定程度上存在变数，甚至存在很大的不测性。比如，1993年我国申办第27届奥运会前，有的媒体自信北京一定会赢得主办权，可结果中国以两票之差意外落选。在第30届奥运会主办权白热化竞争之时，许多媒体从国际奥委会对巴黎考察的情况来判断，认为非法国莫属，而前几轮投票也是巴黎遥遥领先，但在最后时刻，原来给美国纽约投票的委员大多把票投给了英国，因此伦敦意外获胜。从传播学的角度讲，预测性报道的不测性从另一方面也增强了受众的好奇心理，受众在一定的时段里，会更加关注那些作出预测性报道的媒体及其预测的最后结果。①

二、集合型的深度报道

多篇报道集合在一起，或多种事实排列在一起，可以使得新闻报道获得一个新的力度和深度。

（一）连续报道

连续报道，是对新闻事件或新闻人物，在一定时间内持续进行的报道。适用于反映正在发展过程中的事物、正在进行中的新闻事件，或其他比较重要的题材，包括个人和集体的典型。连续报道通常又有三种常用方式：

（1）进行式连续报道。以事件的发展顺序为线索，着眼于事物的连续性，以时间为特点，不断、持续地发布最新消息。任何事物都有一个过程，一个新闻事物（事件）的发生、发展、变化、结局，是呈阶段性变化的，是在运动中前进的。一些事物的本质的暴露，常常需要有一个过程，由浅入深、由简入繁、由低级到高

---

① 张占辉，朱金平. 预测性报道窥探. 新闻战线，2008（4）.

级……对于这些运动发展着的新闻事物（事件），不可能一次性报道完，也不可能等到它的结局出现后才去报道。因此，对事物的跟踪报道，就成为必然，而这也是吸引受众的一种很好的报道方式，可以让受众对某个重要的新闻事物（事件）保持持续的关注。

（2）反应式连续报道。所谓反应式连续报道，是指在重要新闻事件或重要典型报道之后，引起的一系列来自方方面面的反应。将这些因新闻报道而引发的各方反应刊登在报上，可以扩大影响、形成舆论，加深读者对新闻的深刻印象。对重要新闻题材，要把文章做足，而不是"一锤子买卖"。

（3）追溯式连续报道。从新闻事件或新闻人物报道起，以连续性的报道，追溯、联系其过去的历史背景、事件的起因、相关的事实等，使得新闻趋向立体化、深刻化。

上述三种形式的连续报道并非截然分割的，往往糅合在一起或交替使用，在进行式中有反应，在反应式中有追溯，其总的目的，是让报道逐步深化。如 2000 年"中国新闻奖"一等奖《扬子晚报》的《孙仲芳回家寻亲连续报道》，就是把三者糅合在一起写的。先报道 60 多年前南京大屠杀的幸存者孙仲芳流落外乡几十年一直想回家，接着报道其他幸存者通过回忆控诉日本军队灭绝人性的种种恶行，再报道各方反应直至孙仲芳最后回家找到亲人团聚。有进行式，有反应式，有追溯式，三者结合，讲述了一出曲折动人的人间悲喜剧。

（二）系列报道

系列报道，即对于典型的新闻事件、新闻人物，从不同的角度、不同的侧面、不同的层次，用不同的体裁和形式进行的一系列报道（有时新闻、通讯、评论、来信、图片一起上），逐步展开，逐步深化，扩大影响，给人以深刻、突出的印象。

系列报道着眼于富有重要性、复杂性或多面性的问题，常常以问题为线索，从提出问题、分析问题到解决问题，逐步深化报道的内容，使报道形成一场"战役"，具有一定的广度、深度和力度。通常情况下，形成系列报道的必须是非常重要、具有一定复杂性和多面性的题材，如果问题不重要、不复杂，则不必形成系列。

根据系列报道的报道形式，可分为纵深式系列报道和并列式系列报道：

（1）纵深式系列报道，即抓住一个问题，深入挖掘新闻背后的新闻，逐步呈现事物全貌，深入事物的内在本质，使人们的认识不断深化。如 2000 年 11 月 21 日，《新民晚报》在头版头条位置以"紧急寻找"为题，刊发上海北京同仁堂营业员周静华来信，说明其某日发药剂量失准，留下电话紧急寻找中年顾客。接下来报道小周如何在岗位得失与患者安危之间勇敢地作出选择，公开登报；寻人启事刊登后，各方面的反响强烈；报纸还报道了小周是如何找到那位顾客，最后又是如何圆满结局的。系列报道声势浩大、影响广，给广大读者以深刻的启发。

（2）并列式系列报道，即对一个问题的不同侧面，进行全方位、多侧面、多角度的报道，使有关问题的多方面联系充分暴露，以便于读者判断和决定取舍。

（三）组合报道

所谓组合报道，即围绕同一个主题，将不同地点、不同单位和不同内容的新闻编排组合在一起，形成宣传上的一种强势，使读者从若干新闻事实的联系、对比或隐喻中，得到超越于零星新闻事实的启示和教益。

组合报道可以把过去的对比报道（比较新闻）、集纳式报道的长处汇集在一起，格式别致，方便灵活。它视野开阔，可长可短，可多可少，有叙有议，图文并茂。

（1）对比式组合报道。将正反面或多方面的内容，组合在一起，实现信息的增值，给读者以明示或暗示。如绿化、卫生等工作，有的地区、单位搞得好，有的地区、单位搞得差，把这些情况一一如实反映出来，形成一种对比，促使大家认识自我，找出差距，改进工作。这比分置于各个版面的零散报道效果更好。

（2）加重式组合报道。将同一内容的新闻汇集起来，以各种体裁相配合，开拓报道的广度和深度，强化报道的主题，以加重分量，增强报道效果。如在"迎接北京奥运会召开的日子里"大标题下，可以把方方面面的准备工作、人物动态报道出来，有消息、有通讯、有特写、有背景资料等。①

无论是单一型还是集合型的深度报道，都是顺应时代发展需要而发展起来的，受现代人所喜爱的报道方式。综合来看，深度报道呈现出了它独特的个性特征：

一是超越时空揭示事物本质意义。与"深度报道"相对的"浅表报道"，通常将报道囿于"一人一事一地"的范围与模式，这就是我们通常在报纸、电视、广播、网络上看到的"快餐式"的新闻报道。而深度报道则要求突破这种"一人一事一地"的狭窄模式，从中观、宏观的视角，对新闻事实进行跨时空的、由表及里的综合报道。不仅要叙述今天发生的事情，而且还要将昨天的背景、明天可能出现的景象揭示出来，不仅要说明"是什么"，还要解释"为什么"和"怎么样"，即这是一种全景化的报道方式。

二是掘进事实触及深层真实。新闻报道是有层级的，一般人看到的，是浮于表层的现象，而要触及深层事实，需要对你所看到的现象进行层层掘进。就像一颗洋葱，如果不层层剥开，谁也不会知道洋葱内里是没有心的。与常规的新闻报道相比，

---

① 周胜林，尹德刚，梅懿. 当代新闻写作（第2版）. 上海：复旦大学出版社，2005. 326.

深度报道最重要的特征，就是反映新闻事实的深刻性，而这种深刻性来源于对新闻事实的深入挖掘，从而不断逼近深层真实，最大限度地逼近事实真相，透过事实探究到事物背后的意义与价值。

三是理性思辨彰显思想维度。一篇成功的深度报道，不仅能让人眼前一亮，更能引发读者的理性思辨，能够从文章中感受到记者思想深入的经度与开阔的纬度。而深度报道所蕴含的思辨色彩，指的就是记者在如实报道事实的同时，注重对事实与其背景事物关系的分析，对事实进行理性的过滤或解构。作为中国知识分子中的一个独特的群体，记者深入挖掘事实的人文价值及历史价值，可以促使、引发受众的理性思考，实现精神的升华和思想的启蒙，引导人们走向更加理想的境界。

第四节　深度报道的写作技巧

一篇深度报道的诞生，要经过两个非常重要的环节：一个是事实的收集，即要掌握与所报道事件有关的所有资料，包括新闻事件本身、新闻事件的背景资料以及与新闻相关的其他事实；二是选择事实，撰文组稿，即对所收集到的资料进行分析、挑选和汇总，并按照一定的逻辑形成报道文章。

很多人有一种错误的认知，以为只有提起笔或端坐于电脑前，才叫做写作。事实上，对于新闻报道而言，写作早在你去采访的路上已经开始了。好的新闻是"七分采三分写"，这并不是说写就不重要，而是强调采访过程和获得新闻事实、事件资料的重要性。对于深度报道而言，如果把一篇好的深度报道看成是 1，那么有 1/2 在于采，另外 1/2 属于写。

一、资料搜集阶段

资料搜集，即新闻写作的调查、采访、挖掘事实的环节。在这个阶段中，深度报道记者要做到三点：

一是要尽其所能发掘事实的深度，尽可能多地占有事实。原央视新闻中心主任、多年参与策划电视深度报道节目的孙玉胜曾说："挖掘深度的方向不是唯一的，但是无论节目的制作者选择了什么样的方向来寻求节目所要达到的目标深度，都必须先寻求支撑这个深度的事实与证据。所谓的深度，就是对事实的占有。作为记者，你获得的事实越多，你距离深度就越近。"①

---

① 孙玉胜．十年：从改变电视的语态开始．北京：生活·读书·新知三联书店，2003．93.

采访是任何一篇新闻报道的关键，优秀的写作必然建立在成功的采访基础之上，犹如搭建一座漂亮的大厦，采访所获得的事实，就是大厦的根基。《南方都市报》著名深度报道记者陆晖说："如果你觉得你的报道写得不好看，那多半是因为你的采访不够。"深度主要来源于事实，是以对事实的讲述和事实疑问的解开为核心，并由此引导受众进入到一种目标深度之中，而不是或不主要是记者所发表的对事实的深刻见解。因此我们认为，只有那些不辞劳苦地深入采访、锲而不舍地挖掘事实真相、整理总结大量事实材料的记者，才有可能从相同的时间段中挖掘到更深刻的价值。

二是采访前预设框架，有目的有意识地进行采访。采访前预设框架，是一种预测。任何事物都具有多面性，一个新闻事件的现场，记者可能见到的人或遇见的事、看到的场景林林总总，稍不留神就很可能会错过核心事实或细节，或者漏访重要人物。因此，采访前的准备也相当重要。譬如一场车祸事故，有经验的记者，在出发采访前，已经在脑子里过了一遍：需要采访什么人？需要了解哪些情况？哪些是重要的事实和细节，哪些是次要的事实？再比如要采访一个人物，那事先就要做好基础的了解，然后制订采访计划和提纲，否则在新闻现场，你就很容易被受访对象牵着走，偏离主题，看似采访的时间很长、受访对象也说了很多，但读者希望了解的问题、真正核心的事实，却一点儿也没有了解到。

三是在采访中发现你的开头、重点和结尾。很多人认为，写作是采访完成以后的事情。然而，在当今争分夺秒的新闻抢夺战中，对于重要的新闻，优秀的记者在采访中，就已经在开始梳理事实，给调查、采访到的事实排个次序，哪些事实是最重要的，写作中是必须要写进去的，哪些事实还有待进一步挖掘，哪些可以成为深度报道中的开头、重点和结尾等。例如在 2004 年 7 月 8 日《外滩画报》的《马骅：诗人不死，只是悄然退隐》中，作者就用了十分巧妙的开头和结尾：

开头：

一切似乎都有预定。

2004 年 6 月 16 日晚上，马骅在他 8 平方米的简陋宿舍里招待朋友，酒酣之余，他拿起吉他唱歌，弦拨了几下突然断了。朋友说，把它接上吧。马骅说，算了，由它去。

就在这个晚上几乎同一时候，马骅最好的朋友之一、从前的校园歌手许秋汉，在母校北大的舞台上，弹断了手中吉他的弦。

4 天以后，马骅在明永冰川景区公路距澜沧江桥 300 米处遭遇车祸，被抛入滔

澜江水中。而那把断弦的吉他，还静静地摆放在梅里雪山脚下的明永村小学二楼那间老师宿舍里。

结尾：

胡续冬说："我始终不相信他就这样离开了我们，我一直觉得他是通过澜沧江到越南去了。也许有一天，在西贡街头，你会看见一个三轮车夫冲你一笑，给你一拳，那就是马骅。"

韩博则说："如果马骅回来，看见我们这里把他塑造成了英雄，他一定会欣然接受，然后游戏一场。"

二、撰写编辑阶段

在撰写深度报道或者进行组稿编辑阶段，深度报道写作的一个最重要的核心要素，是要会讲故事。

说到底，新闻就是一个个真实发生的故事，这些故事或正在发生，或已经发生但其影响仍在持续，有些新闻甚至是报道已经发生的事情的后续发展。而且，每一个新闻里头，人是不可或缺的一部分。正如"有人的地方就有江湖"，有人的地方就有故事。那么，优秀的深度报道，必定是讲故事讲得好的报道。

对于新闻写作要会讲故事，"普利策奖"得主迈克尔·维特兹（Michael Vitez）曾经这样说道："我相信，讲故事是新闻业的救星。我们活在一个充斥着网站、频道、宣传家、资讯、新闻，甚至只是噪音的世界，读者没有可能消化所有信息。他们往往索性什么也不理。我发现，接触人、打动人的最佳方法，就是讲故事。如果你能够透过有人情味的故事，阐明一个重要议题，我认为这就是最好的叙事新闻了。"①

从迈克尔·维特兹所说的话中，我们可以体味到讲故事对新闻而言的重要作用，在西方的一些媒体中，Story 甚至已经成为新闻的代名词。相比起干巴巴的五个"W"和一个"H"的消息型报道，深度报道在讲故事方面拥有着天然的优势：首先，深度报道的篇幅长度允许记者在里面讲故事；其次，读者期待在报道中读到故事。在当今这个各种媒体对受众狂轰滥炸的时代，如果你还认为新闻记者的任务仅仅是做好信息的"邮递员"，准确无误地传送信息，那么，你错了。准确无误地传递信息，只是深度报道的基础工作，而如果一篇深度报道中能够讲述一个触动读者

---

① 参见陆晔在新闻工作者培训班上的讲话稿《深度报道的写作》。

灵魂的好故事，那带给读者的就不仅仅是获取一些毫无温度的客观信息，而是带着某种情感的人生体验。

优秀的新闻作品听起来都是好听的故事。新闻报道讲故事，强调文字描述对感官的刺激，要求记者要像语言艺术巨匠那样，用感觉化、视觉化、镜头化的文字报道新闻，并发掘这个故事对读者生活的意义。清华国际传播研究中心教授李希光说过："新闻学传授的是寻找故事和写作故事的一门学问。新闻学的根基和核心是一门讲故事的艺术和学问。"① 与李希光持相同观点的还有美联社特写新闻部主任布鲁斯·德希尔瓦，他认为："以说故事的方式向人们提供信息更容易被理解和记忆。因为这种方式让人放松，让人觉得有趣。以这种方式整合过的新闻素材将更加有效地吸引读者。"②

北京青年报社李晨在其《如何打造专业化的深度报道团队》一文中这样写道："'深度报道'就如同一家报社在新闻战场上的'特种部队'一样，这里的每一位记者应具备扎实过硬的采访能力和驾驭长篇报道的写作能力，他们采访的选题应能带来一定的轰动性；深度报道团队里的每一位编辑应具备较强的选题能力和编辑能力，他们在后方运筹帷幄能为前方的记者出谋划策，他们编辑出的每一块版面都要力争成为精品。"③

那么，如何才能把故事讲好呢？通过新闻业界众多深度报道记者多年的实践总结，要讲述好一个好故事，有一些方法与技巧是必不可少的。

（一）注重细节

细节是什么？细节是最鲜活的事实，是最本质的事实真相，是最透彻的人物灵魂。《三联生活周刊》的主编朱伟在谈到理想的"周刊叙述"时，曾认为"应是从事件的细节出发，在新闻叙述中加入个人化，变成有血有肉有色彩的叙述，而不是报纸通行的新闻体。"④ 以深度报道见长的《南方周末》，其深度报道之所以影响广泛，并不仅仅因为其选材宏大，贴近实际，还在于其注重细节描写和故事化叙事，优美的文笔也大大增强了其深度报道的可读性。

例如，2005 年《南方周末》刊发的深度报道《大学生救人溺亡隐情调查："挟尸要价"另有其人　"见死不救"渔民被冤》一文中，细节的描写就给了人非常深

① 李希光. 新闻学核心. 广州：南方日报出版社，2003. 10.

② ［美］杰里·施瓦茨. 如何成为顶级记者——美联社新闻报导手册. 曹俊，王蕊译. 北京：中央编译出版社，2003. 157.

③ 李晨. 如何打造专业化的深度报道团队. 传媒，2012（5）.

④ 胡春秀. 细节叙述——《三联生活周刊》的一种叙述风格建构. 新闻界，2009（2）.

刻的印象：

当时王守海立在船头，一手拉着一根尼龙绳，绳子的尽头是一把钩子，跟钩住的那具年轻的遗体一起隐没在水面下。王守海的背后是捞尸队的一名同伴，他同样拉着一条绳子，系住遗体的手腕。捞尸的小船在缓缓地靠向岸边。岸上等待着的是溺水者陷于绝望和惊慌中的同学们。

细节的描写在《南方周末》的深度报道中随处可见。那些基于事实的细节描写，丰富了人物的形象，展现了人物的个性和内心情感，又通过微小的细节交代了一些容易隐藏的事实，读来传神且韵味十足。又如《"奇官"罗崇敏》、《重庆状元：从"王牌"到"弃子"　重点中学高考竞争惨烈手段起底》中的描述：

罗崇敏是个容易让人印象深刻的官员。刚开始接受本报记者采访时，他能连续5小时坐在沙发上，腰板始终保持垂直状，其间只喝一次水；多次接触后，他会变得很放松，一边吃饭一边自然而然地把西裤筒卷上膝盖，又放下。

真实的何川洋比证件照上的样子要生动得多，一米六五左右的个子，黑边框黑眼镜，蓝色 Jack&Johns T 恤配牛仔裤，白色运动鞋。差几个月满 18 岁的他，说话还有些奶声奶气。

（二）讲究展现

要展现，不要讲述。不要告诉你的读者发生了什么事，你要让他们自己看见。想象自己是一台摄像机，模拟一个镜头的感觉。要最大限度地调动读者的各种感官：视觉、听觉、嗅觉、味觉乃至触觉。[①]

同样一个事实，展现跟讲述读起来的感觉截然不同。

展现：

2007 年 7 月 15 日，江苏省连云港市燕尾渔港，渔民单海兵正在和几个渔老板闲在海边的一间小房子里。狭小的空间弥漫着男人的汗味，大海的咸味。4 个人在打牌，另几个人喝着啤酒。黄海就在这间屋子的东面十几米处。百多艘铁皮的船停

---

① 陆晖在新闻工作者培训班上的讲话稿《深度报道写作》。

靠在一个狭窄的港湾里，一挂鞭炮急急响过，一只船形只影单地向大海深处驶去。①

讲述：

单海兵是江苏省连云港市燕尾渔港的渔民，2007年7月15日，他在接受记者采访时说，海洋污染严重，基本打不到鱼，一百多艘铁皮船都停在港里，只有个别出海捞鱼。由于无事可做，他正和几个渔老板闲在海边的一间小房子里打牌喝酒。

世界上的万事万物、社会百态，就像是一幅全景图，新闻聚焦的部分，则是这幅画卷某个微小的局部。在深度报道写作中，事实以何种方式传递给读者，是记者需要掌握的一门艺术。为什么有些报道读起来味如嚼蜡，而一些报道文章读起来却让人欲罢不能、浮想联翩、如临其境？这关系到讲述故事的手法。而在深度报道中讲故事，展现的方式明显高于普通的讲述，就像上述例子一样，同样一个新闻事实，用展现手法写作，就仿佛一个摄像头，将自己拍摄到的画面徐徐播放；如一名绘画高手，将眼前的情景描画刻写。

（三）跌宕起伏

正所谓"文似看山不喜平"。深度报道也是一种独特的文体，它在讲述真实的新闻故事中，也讲究跌宕起伏。为什么在高速公路上开车容易让人产生视觉疲劳，那是因为高速公路为了达到速度，而铺设得格外平坦整齐。写文章太平，则读之让人昏昏欲睡。因此，在深度报道的大容量事实中，应当学会制造起伏波动，读之让人产生坐过山车似的刺激感——一会儿冲上云霄，一会儿探入地底。例如：

1月11日上午9点20分左右，在开始那场致命等待的20个小时以后，兰成长34岁的生命在大同市第五人民医院画下句点。

当尸体呈现在家人面前时，他们看到他的全身到处是青紫块，头上有5个洞，头部完全变形，双臂粉碎性骨折，手肿得像馒头一样，"扶起手的时候，可以听到骨头摩擦的声音"。兰的大姐说。

解剖的法医看了尸体后的第一句话便是："怎么打得这么惨。"他只对头部解剖了一会儿就说："脑挫伤，颅骨多处骨折，脑内大出血，不用找了，死因就在这里，那些骨折是小事情。"

大同市公安局特警支队五大队大队长姜宝举在1月22日接受记者采访时，描绘了那个下午的血腥场景。

---

① 喻尘. 滚滚黑水向东流　化工园锁链剿杀中国海. 南方都市报，2007－11－02.

　　7名打手将兰成长、常汉文和司机曹新斌堵在煤矿办事处的房里，矿主侯振润到院里拿了两根镐把，另有一条铁棍和一把烙铁。他们先拿暖水瓶砸到常汉文的前胸，随后，其中的一人一脚把兰成长踹到了外屋，分开两边对兰成长和常汉文他们进行殴打。因怕被村民看见他们打人，又把兰拖到屋里打。在兰被殴打的过程中，兰还曾经抓住对方的衣领，有人拿起铁棍便打在他的胳膊上，胳膊便被打断了，接着他们又用铁棍打断了兰成长的另一条胳膊。这还不够，侯还指使人把兰的腿垫在凳子上，他们很专业地把兰的腿抻直了再用镐把打断。

　　兰被打的时候，很多村民都听到道班房里传来凄惨的叫声。村民说，镐把都断成三截了。另有村民说，看见兰成长被一镐把打到天灵盖，顿时血流满面晕倒在地。①

　　在这段叙述中，记者采用了倒叙，蒙太奇式镜头切换，时间与空间的位移等手法，让几个本来不在一个时空发生的事实，叠加在了一起，在短短几段文字中，制造出跌宕起伏的阅读效果。

　　（四）虚实结合

　　虚实结合是写作最好的状态。过实则流于琐碎，过虚则失于枯燥，优秀的深度报道一定是将虚与实的比例和次序完美地结合。在新闻报道中，所谓的实，指的是报道中的细节、场景、个案、引语等；而虚，指的是新闻的背景、概述、资料、专家解读等，两者巧妙地融合，能够起到感人至深的叙事效果。例如：

　　那一刻，这支队伍哭了。

　　当总部专家组宣布由他们施工的国防工程全部通过验收时，工兵团几乎人人流下热泪。

　　"战友们，施工任务完成时，请你们把所有的机械车辆都鸣响，让我再听一听那熟悉的声音。"此刻，雪山上的机械车辆鸣声震天动地，三营原教导员刘克勇仿佛又回到这支队伍中。

　　每年春未到，燕未来，刘克勇背起行囊走向高原。他对战士说："我们去给国家扛大活，尽一个军人的本分。"

　　山，爬了几天几夜；车，行在云上云下。白天，钻洞开岩，泥浆满身，吃不饱的是氧，吃一肚是尘，每次有险情，他把战士挡在身后。夜晚，风狂吼，雪纷飞，

① 谭人玮. 黑矿主打死记者案背后的利益链. 南方都市报，2007 - 02 - 03.

戴着皮帽，盖上大衣，仍冻得睡不着觉。他走进一个个帐篷查铺，生怕有谁冻伤，牵挂着谁有心事睡不着，而自己一晚只睡三五个小时。

高原缺氧累得吃不下饭，他组织吃饭比赛，对大伙儿说：吃，在雪上不是美味和享受，而是生存，是战斗。可当战士问他自己为啥每顿只喝一碗稀饭？他就笑着说：自小爱粥，新兵时外号叫"一碗粥"。直到有一天，他连一碗粥也喝不完，倒下了。

没人知道，4 年上雪山累倒的教导员，这次是带着胃癌的诊断书上山的，每天背着大伙儿大把地吃药。

手术后医生说：来晚了。预感时日不多，他对妻子说："军人，站着时为国家尽忠，倒下后才能陪陪父母尽孝。"撑着病体，他回到了秦岭深处父母住的那间土房。看他大口大口地吐血，妻子泣不成声："借钱买的新房钥匙拿到了，你还没住过一天。"他摇摇头对妻子说："给战友捎句话，我想穿着军装走。"

军装送来了，上面还别着他刚荣立的二等功军功章。穿上这身军装，刘克勇永远合上了眼睛，这一天离他 36 岁生日还有 36 天。

从雪山遥望秦岭，相隔千里送战友。官兵们只能捧着他的遗像，为他再熬一碗粥，为他唱起"战友，战友，亲如兄弟……"

那一刻，雪山在呼唤勇士们的名字：一营炊事员王东东，奋战高原突发肺水肿，牺牲时刚刚 20 岁；一连列兵张豪，舍身排险救战友，牺牲时年仅 19 岁……几年里，该团有 4 名官兵在雪山献出生命，过百人受伤或致残。[①]

在这段文字中，其"实"，是雪山上的战友送别他们的教导员刘克勇，然而，文章中又大量地融入了背景资料，虚实结合，读后让人为之洒泪。而之所以能够写出如此感人至深的深度报道，记者在采写过程中付出了艰辛的努力。为了写此稿，记者深入工兵团驻地深入采访 10 余天，召开座谈会 20 多次，采访对象达 50 余人。10 余天中，记者几乎是含着泪采访，含着泪写稿。稿件精心布局，精选事例，通过典型人物核心事迹透视昆仑工兵的家国情怀。

（五）首尾呼应

深度报道不是单纯提供信息的消息，而是要通过报道，提供一种对事实的认识，认识是需要适当强化才可能留下印象的。因而，完整的深度报道，除了起始部分点名主题外，为了强调主题，通常以某种适当的结尾呼应前面的立论。例如：

---

① 张海平，高志文，孙兴维. 雪山上，好大一棵"英雄树". 解放军报，2010 - 11 - 16.

例文 1 开头：

这是 2010 年两种别样的眼泪：

在都市，有一棵银幕上的树叫"山楂树"，许多人坐在电影院里看着它擦着眼泪，这是一种怎样的眼泪？

在高原，有一棵雪山上的树叫"英雄树"，它是兰州军区某工兵团。记者走近它，看到这课少有人知道的"英雄树"落泪了，这又是一种怎样的眼泪？讲述着怎样的故事呢？①

例文 1 结尾：

"英雄树"的眼泪，没有"山楂树"的凄凉和忧伤，只有报效祖国的热血与刚强，不辱使命的欣慰与豪迈。拥抱了雪山，拥抱了战友，一批批老兵这样离营返乡。他们化作了这棵"英雄树"的种子，撒向了祖国的四面八方。②

例文 2 开头：

在石亭江滔滔的洪水之上，仅用 15 分钟，脱线列车上 1 176 名旅客就安全转移完毕，没有一名伤亡。这一壮举，创造了中国铁路旅客紧急疏散的奇迹。③

例文 2 结尾：

15 分钟！从列车发生险情到旅客全部转移，在西安铁路局列车工作人员的快速应对下，仅仅 15 分钟，列车上全部旅客被转移到安全地带，确保了无一旅客伤亡和财产损失！④

从以上列举的两篇文章的开头和结尾来看，新闻报道写作的首尾呼应，可以起到"一唱三叹"之效。当然，首尾呼应要写得巧妙，而非简单的语句的重复出现。譬如，《雪山上，好大一棵"英雄树"》在开头提出疑问，而结尾呼应，给出了自己的看法和结论。这种呼应，是一种自然而然的主题的升华。

（六）制造悬念与冲突

所谓"悬念"，是读者、观众、听众对文艺作品中人物命运的遭遇、情节的发

---

① 张海平，高志文，孙兴维. 雪山上，好大一棵"英雄树". 解放军报，2010－11－16.
② 张海平，高志文，孙光维. 雪山上，好大一棵"英雄树". 解放军报，2010－11－16.
③ 李艳，巨跃先，李海静. 为了一千一百七十六名旅客的安全. 陕西日报，2010－08－21.
④ 李艳，巨跃先，李海静. 为了一千一百七十六名旅客的安全. 陕西日报，2010－08－21.

展变化所持的一种急切期待的心情。"悬念"是小说、戏曲、影视等作品的一种表现技法，是吸引广大群众兴趣的重要艺术手段。新闻是讲故事的，制造悬念是讲故事的艺术。在深度报道写作中，悬念的制造，能够激发受众的阅读欲，让人在阅读中有欲罢不能的感觉。很多深度报道都在开头就给读者设下了悬念。如《南方周末》的《"杀妻骗保"：从死罪到无罪》中所述：

"天大的好消息啊，湖北省高院判你女婿无罪了！今天的报纸都报了，你还不晓得吗？"一位亲戚在电话里冲韩秋林嚷着。

12月25日，浙江省乐清市的虹南公路寨桥村路段发生的一起事故引起了全社会的广泛关注，村主任之死究竟是意外还是有人蓄意所为？坊间一直众说纷纭。

又如《法制日报》2010年刊发的《"乐清村主任之死"案再调查》：

继昨日温州警方专案组公布"未发现谋杀证据"的复查结论后，又有一名自称见过"谋杀"过程的目击证人现身网络，一时间，案情再度扑朔迷离。

再如《中国基建监察报》2010年刊登的《"分"出来的"合力"》：

2010年2月23日，农历正月初十。仍然沉浸在新年鞭炮声中的重庆市南川区，96个乡镇（街道）和区级部门的"一把手"都接到了一份文件。

除了制造悬念，冲突也是深度报道的重要看点。正所谓，无冲突即无高潮。新闻本身就是有冲突的事件。没有冲突就不成其为新闻。能否抓住新闻的冲突并突出冲突，是判断其是否为一篇优秀的深度报道的关键指标之一。例如，《南方周末》2003年6月19日第25版的《举重冠军之死》：

由于睡眠呼吸暂停综合征，多年受困于贫穷、不良生活习惯、超过160公斤体重的才力麻木地呕吐着，毫无尊严地死了。在生前最后四年，他的工作是辽宁省体院的门卫，在他死去的当天，家里只有300元钱。

很多迹象表明，对于这位心地单纯、开朗乐观的冠军来说，退役后的5年是一生中最郁闷的时期，他不仅受困于运动生涯带来的各种痛苦的顽疾，更受困于家庭琐事、地位落差和生活压力。而更根本性的郁闷，既来自两个地方、两个时代的寂寞与喧哗的对比，也来自于他一生都无法脱离的举国体育体制。

母亲感到不祥的早上

这天是 5 月 31 日，早上 4 点，布谷鸟刚叫起来，商玉馥梦见儿子喊她："妈呀，妈呀，你给我蒸俩肉馅包子吧，给那俩人吃。"在梦中，老太太最初以为儿子又像往常一样饿了，可是一阵突如其来的心慌让她猛然害怕起来。果然，儿子马上又重复了那句让人难以理解的话，"给那俩人吃！"商玉馥惊醒了，透过没有窗帘的窗子看了看微明的天色，心里堵得难受，叫起了老伴才福仲。这天清早老两口心情压抑，在租住的郊区房附近的野地里，紧抿着嘴，一言不发地走，一走就是好几个小时。等他们回到家，吃了稀饭，就接到了儿子的电话。

早在头一天夜里，刘成菊就在担心丈夫的忍耐力。他睡眠呼吸暂停综合征的宿疾早已培养了刘成菊的警觉，像往常一样，头一天半夜她突然醒来，及时地看到才力巨大的胸膛艰难地起伏着，由于只呼不吸，憋得面色发青。她赶紧找来那台辽宁省体院付账的价值 6 800 元的小型呼吸机，给他戴上，打开到中档刻度"10"。才力又睡着了，房间里顿时充满了突然顺畅但仍粗重的呼吸声。借助这间朝北房间里的夜色，刘成菊看到丈夫汗水涔涔的皮肤，结婚 5 年以来已经数不清是第几次，深刻地意识到他活得有多么辛苦。

"我想我儿子了。"在走过苞米田时，商玉馥对老伴倾诉说。才福仲没有吭声，但这个沉默的男人甚至比妻子更觉得难受。当这对夫妇打开锁，回到在长白乡的租赁屋里时，在沈阳市铁西区艳粉新村 24 楼 501 号，他们儿子一家起床了。

那是 5 月最后一天的 8 点钟，沈阳正是初夏的天气，家里人走来走去，没有谁特别注意到才力瓮声瓮气的抱怨："上不来气儿，脑袋疼。"由于忙于给全家人做饭，刘成菊也没有意识到，丈夫的烦恼已经预示了可怕的危险。在这套 75 平方米的按揭房里住着 6 口人：才力夫妇、女儿、刘成菊的父母和外甥张宝珠。8 点半，全家开饭，吃的是辣椒土豆片、炒鸡蛋、黄瓜蘸酱和米饭，刘成菊由于常年消化不良，只好吃 1 元钱 3 个的馒头。菜是才力的岳父刘敬玺昨天黄昏在菜市场临下市时买的便宜菜，一共花了 4 元 7 角。异常的是，以往食量惊人的才力这天早上什么都没吃。刘成菊觉得家里太乱，又怕才力真有什么病传染给孩子，就撵丈夫说："你到长白去吧。"长白就是才力父母赁屋居住的长白乡。

刘成菊事后对因自己的口气而与丈夫发生的一点儿口角后悔不迭。才力给商玉馥打电话说："妈，我上你那儿去。"换上鞋，走了。

"一个小时一年"

"才力要来啦，"早上梦境带来的不安一下子消散了，比儿子更为贫穷的商玉馥

对丈夫宣布说，"去买4斤五花肉，咱们给儿子吃红烧肉和粽子。"

因为不能报销，才力打车从来不要发票，所以那天第一个载他的出租车司机已经没法找到。当天早上闲待在院子里的居民们，都看到160公斤的才力摇摇晃晃地上了车，车身因此剧烈地一沉。一种莫名的担忧和惆怅，使得刘成菊站在窗口，目睹了这一幕，但她没有意识到这就是永别。

商玉馥的脸上刻满了黑色的、愁苦的皱纹，但她有着乐观的天性，回忆起快乐的往事时，甚至会像一个娇小的姑娘一样挥舞双手，雀跃一下。在接电话时，她跟儿子开玩笑说："发啥烧啊，你不是得非典了吧？"

才力到达是在差5分钟9点。他穿着蓝色无袖T恤，白色棉短裤，趿拉着一双37码的廉价白胶鞋，有点儿轻咳，但看上去精神不错，像往常一样非常乐观。

父母租住的是一间非常简陋的屋子，摆了两张大床，地面是水泥的，墙壁看上去至少有10年没有修缮过，除了一台没接有线、没有天线的长虹电视机之外，没有别的家电。才力喝了一口急支糖浆，睡了半个小时，然后就跟父母一起坐在靠窗的那张床上聊天。与消瘦、体弱、外向的妻子相比，才福仲身体很结实，明显地沉默寡言，更多的是在听妻子与儿子谈话。这天他们聊了5个小时，主要是回忆起往日生活中的乐趣，尤其是才力退役5年中的事情，商玉馥后来痛苦地总结说，"一个小时一年"。

时近中午，她让儿子吃饭，但是在生命中的最后一天，这个一向食量惊人的男人几乎什么都没吃，甚至连红烧肉和粽子也不能吊起他的胃口。下午两点半，商玉馥又一次催促儿子去医院，才力磨蹭着不愿意去，留恋地说："再唠唠嗑，走了就回不来了。"早在1999年，医生就告诉过商玉馥，她儿子随时可能死去，因此这句话让她特别敏感。她气恼地质问说："这叫啥话？"

才力意识到自己说错了话，大声地争辩说："住院就隔离了，能回来吗？又不是死！"

他揣着母亲给的20元和父亲给的100元，打车去了中国医科大学附属医院，8个小时后真死了。

为了一笔象征性住院费

按照路程判断，前亚洲冠军应该在下午3点钟之前到达中国医科大学附属医院，但直到一个小时后，在医院门口经营小卖店的刘思齐才看到他，第二天，当才福仲夫妇带亲友到太平间看望儿子时，他还向他们提起了才力走下红色出租车、走进医院的情景。

为了防范SARS，进入呼吸内科的病房需要多项程序，因此才力不得不在挂号处滞留了半个多小时。此时才力面临的最大问题是，自己的钱只够看病，不够住院。

由于父母都是这所医院的退休工人，因此从 1999 年第一次住院以来，院方一直很照顾他，这一次，大夫告诉他，住院费只需要象征性地先交一点儿就行。但是才力裤兜的钱连这"一点儿"也不够。

刘成菊是在下午 5 点接到丈夫的电话的，她盘算了一下家里的钱，只有 300 元。

邵永凤今年 68 岁，住在才力家楼下的二楼，那天晚上 6 点钟刚过，她听到敲门声，开门一看是五楼的老头儿刘敬玺来借钱，"我女婿才力住院了"。邵永凤本来有 550 元钱，但儿子下午去买鞋，拿走了 200 元，只剩 350 元。刘敬玺想了想，借了 300 元。

就在岳父借钱的这个当口，像是一栋被侵蚀太久的庞大建筑物，才力的健康状况突然间开始崩塌了。刘敬玺拿着 300 块钱站在走廊里，正在考虑该再向谁开口的时候，他的女婿进了病房，在住院记录上，他当时的血氧分压值已经只有 20，血细胞却高达 17 000，已经显示出呼吸衰竭的征兆。稍早前拍的 X 光片被送了过来，呼吸内科专家康健看了看，肺部已经有了明显可见的浸润阴影。

刘敬玺这时发现自己借钱很难。才力贷款购买的房子就在艾敬唱过的艳粉街上，小区由一个滑翔机场改造而成，路面残破，空地上堆积着碎石和砖头，任何人只要一望，就可知道这是个廉价街区，居民们普遍没什么钱。事实也确实如此，对于 350 块钱一平方米的补差价，回迁户们觉得已经太高。

康健教授事后回忆看到 X 光片时的感受时说："当时就知道没救了，肺部几乎没好地方，什么都晚了。"他觉得如果早一些送到医院，才力本可以避免死亡。才力一直拖延没有就医，事实上正是因为缺少医资。亲人和朋友都猜测，那天他到父母家实际上是希望能借些钱的，但始终没能开口——父母收入微薄，宁可赁屋居住也一再帮衬他，让他早已惭愧不已。

这一切家人还都不知道。刘敬玺已经又借了 100 元。七点多，天已经擦黑了，马玉芹正在艳粉新村的铺面里卖一天中的最后几个馒头，刘敬玺急匆匆地走过来请她帮忙。马玉芹跟老头儿并不熟，但觉得他很可靠，就从自己的 450 元钱里拿出 400 元借给了他，两张百元钞票，其余的是零钱。

这时，最初的药物治疗已经失效了。"上呼吸机。"康健说。护士把管子插到才力的气管里，呼吸机开始工作，暂时代替了他的肺。

七点半，才力的病情平稳下来，抢救告一段落。拿着 800 块钱的刘成菊和外甥张宝珠赶到了医院，但因严格的 SARS 预防措施而被阻挡在病房外，院方说只能进一个人。刘成菊到门口买了两瓣西瓜、一瓶纯净水和一瓶鲜橙多，让外甥送进去，嘱咐说："让他开机。"

这是才力最后的清醒时刻，他打开了手机，跟妻子通了最后一个电话。刘成菊问："力力，你怎么样啊？"才力回答说："正呼吸呢。"对于他来说，"呼吸"几乎是个医学名词，专指依靠机械的辅助进行呼吸。夫妻二人聊了会儿体己家常，刘成菊哭了，然后说，没事就好，先挂电话吧。赶在妻子挂机之前，才力说出了最后的遗言："别哭，别哭。"

第二天早上8点，二楼的邵永凤又听到敲门声，开门一看又是刘敬玺，脸色发黑，手里攥着300块钱。她问他："你着急还啥呀？"老头儿痛苦的回答把她吓了一跳："才力死了。"

沉重身心的最终解脱

在退役后的5年中，才力一直被各种各样的烦恼包围着。从1998年起，除了后来致死的呼吸疾病之外，腿伤和腰痛都没有停止过对这个大力士的折磨，少年时代在手掌和颈背做的肉茧手术造成了后遗症，常常疼得他汗流浃背。命中注定地，自打1990年在北京亚运会达到个人事业的顶峰之后，他就不由自主地滑落下来。贫穷曾使他买不起肉，偶尔吃一次，全家都因肠胃不适而呕吐。在与人聊天时，说不到20分钟，他就会突然睡着。他尽量不穿袜子，怕弯腰时猝死。为了省钱也为了锻炼身体，他每天都以160公斤以上的体重骑自行车上下班，结果自行车就压坏了十几辆。因为过胖，他在找工作时受到歧视。

邻里琐事与家庭纷争也使他烦恼。父母家他难得去一次，而自己家，由于保安工作需要值班，他待的时间也并不长。

最现实又最经常的烦恼是钱，家庭纷争常常与此有关。由于月收入只有1 200元，工资卡又由妻子掌握，才力经常囊空如洗，养成了买东西尽量赊账的习惯。在他工作的辽宁省体育运动技术学院附近，有好几个小商店都向他赊销过日常生活用品。在他死去的第7天，父母两人挨店逐铺地还了800多块钱。

这一切烦恼，在外甥张宝珠第二次进病房时，事实上已经解脱了。

那天晚上9点，看到他病情平稳，父亲才福仲和妻子刘成菊就都回了家，张宝珠暂时留下陪护。才福仲刚到家坐下，就接到张宝珠的电话，"快来吧，病重了。"刘成菊刚进家门脱了鞋，手机就响了，"我姨夫不行了，你快回来。"

张宝珠第二次进病房是在夜里10点，医生告诉他才力在睡觉。他推门进去，却看见才力仰躺在床上，嘴巴里满是泡沫，枕头湿了一大片，他使劲拍才力，但是没有任何反应。从这时起，才力就再也没有醒来。由于长期低氧、睡眠呼吸暂停综合征、身体肥胖、血压高、肺高压、心血管系统比较薄弱，可能诱发了心血管系统并发症，才力先是意识丧失，随后心脏停跳。第二天是女儿的节日，一周后是结婚5

周年纪念日，但是生命的时间表已经排定。赶在午夜之前，冠军与五月一起离去了。刘成菊赶回病房是在夜里 11 点多，看到医生们正在做胸压，心电图显示一条水平线。她愣住了，"觉得还能救回来"。

从被布谷鸟惊醒的梦中脱身出来之后 19 个小时，商玉馥看到梦境的征兆变成了现实，她走进病房，第一眼就看见才力只穿着一条内裤，姿势僵硬地仰面躺在病床上。一种不祥的预感让她本能地尖叫起来："哎呀！快给他穿上裤子！"

这时病房里所有的家属都看见，一直俯身做胸压的护士停止了动作，转过身来对他们说："你们准备后事吧。"他们在最初的一段时间里都没有听懂这句话，就像被截断了一条肢体之后以为它还在那里，很难相信自己已经失去了什么。

文无定法，上面所提及的写作技巧，只是抛砖引玉。深度报道要摆脱公式化的叙事框架，兼具真实与美感，需要在实践中不断地摸索和思考。当代深度报道不仅对新闻叙事手法有所突破和创新，同时也借鉴了多种文学艺术手法，形成了独特的叙事艺术和写作特色，即一方面透过视角和聚焦的"陌生化"，使新闻更新，做到了"文有别材"；另一方面运用有意味的形式以及借鉴各种手法、技巧来行文，做到了"文有别趣"。二者巧妙结合，相得益彰，使新闻报道收到了传播的客观公正与行文的生动感性的双重效果。①

思考与练习

1. 何为"深度报道"？
2. 调查性报道写作有哪些特点？
3. 深度报道写作在撰写编辑阶段有哪些技巧？
4. 阅读本章后，概括总结"深度报道"之"深"主要体现在哪些方面？

延伸阅读

1. 欧阳明. 深度报道写作原理. 武汉：武汉大学出版社，2006.
2. 张志安. 报道如何深入：关于深度报道的精英访谈及经典案例. 广州：南方日报出版社，2006.
3. 网易专题："深度十年——记录一代人的命运故事"，http：//news. 163. com/special/indepthreport/.

---

① 何纯，华进. 论深度报道的叙事艺术. 湘潭大学学报（哲学社会科学版），2006（11）.

第十章　微博新闻的写作

我国的微博用户已经超过 3 亿人，用微博接受和传播新闻是数亿用户的经常性活动，新闻采写类的教材不能不关注这个事实，这是我们写作本章的根本缘由。

第一节　微博新闻概说

微博是目前互联网应用领域中发展最迅速、使用最广泛的新应用之一，自 2006 年 8 月，埃文·威廉斯（Even Williams）创办的 Twitter 网站在美国上线以来，这种简短、便捷的网络信息传播方式便立即受到了网民们的热捧。"微博即微型博客，是基于有线与无线互联网终端发布精短信息供其他网友共享的即时信息网络，由于用户每次用于更新的信息通常被限定于 140 个字符以内，故此得名'微'"①，所以微博最突出的特点是简短。除此之外，微博还具有传播主体多样化、传播渠道便捷、传播迅速及时等特点，有位学者将其概括为"4A"特性，即 Anytime（传播的即时性）、Anything（内容的多样性）、Anywhere（信息发布的多渠道性）、Anyone（任何人都可以拥有传播权）。②

2013 年 1 月，中国互联网信息中心（CNNIC）发布的第 31 次《中国互联网络发展状况统计报告》显示，截至 2012 年 12 月底，我国网民规模达到 5.64 亿，微博用户规模为 3.09 亿，较 2011 年底增长了 5 873 万。③ 与传统的报纸、广播及电视媒体相比较，微博发布、传播信息更加便利、及时，大量的媒介机构、媒体从业者、社会名人、草根群众等青睐于借助微博发布信息，使得微博成为刊载和传播新闻的一大重要载体，微博在新闻报道和传播中发挥着不可忽视的作用。

---

① 喻国明. 微博：一种新传播形态的考察. 北京：人民日报出版社，2011. 1.
② 高冬可. 微博新闻文体特征解析. 新闻爱好者，2011（6）.
③ 中国互联网信息中心 CNNIC. 第 31 次中国互联网络发展状况统计报告. http：//news. xinhuanet. com/tech/2013 –01/15/c_ 124233840. htm，2013 –01 –15.

一、微博新闻及其特性

微博新闻是指媒介组织、媒体从业者、社会名人或草根群众等微博主以微博为物理载体发布和转载的新近发生的具有新闻价值和社会影响力的事实信息，信息的呈现形式包含了文字、图片、视频、声频等多种新闻报道形式。和报纸、广播、电视等媒体新闻一样，微博新闻报道也要遵循新闻报道的一般性规律，具有新闻报道的普遍属性。但是，微博新闻又与其他媒体新闻有所不同，微博是一个平台开放，集文字、图片、声频、视频等于一体的传播媒介，这就决定了作为网络新闻的一部分，以简短新闻传递大容量信息的微博新闻，与其他媒介新闻相比，具有其独特的特性：

（一）报道主体的多元化

微博是一个开放的平台，人人都可以发言，都有可能成为新闻信息的发布者和传播者。相比于报纸、广播、电视等传统媒体，微博新闻的发布者不限于专业的新闻媒体和新闻工作者，只要是微博的注册用户，就可以通过网页，甚至是手机短信发布信息；相比于网页、论坛、博客等其他网络媒体，微博的使用门槛更低，根据微博发布的用户群分析报告显示："使用人群年龄跨度大，年龄范围为 10 ~ 60 岁，用户职业的构成比例变得非常多层次化，涉及各行各业。"① 这说明微博的使用群体没有年龄、学历、身份和社会地位等的限制，任何人都可以在微博上发布、评论和转发信息。在网络传播中，话语权已渐渐从社会精英回归到社会民众手中，而微博将这一话语权的回归推进到了极致。也正是由于微博传播信息的便利性和传播效果的裂变性，使得越来越多的媒体、媒体人、社会民众倾向于使用微博发布新闻，传播新近发生的事件。例如新浪微博"@南方都市报"发的微博：

大家早上好。今天 7：30，首届广马正式开跑，全程 42.195 公里，参赛选手 2 万人。@南都广州 将全程直播赛事。提醒市民，当天上午将有 68 个公交站点调整，清晨 6 时起多条主干道将进行交通管制。市民可关注新浪微博@广州交警 @广州交通 及@南都广州了解具体情况。http：//t. cn/zjAEQs3。

（2012 - 11 - 18 08：58）

---

① 新浪微博用户群分析. http：//www. hbrc. com/rczx/shownews - 620199 - 11. html, 2011 - 08 - 19.

又如新浪微博"@郭建政"发微博求人：

广州马拉松终点一人晕倒抢救中，愿他平安无事。@李洁军 @南都视觉 @齐鲁晚报 @my 杨卫华

（2012 - 11 - 18　09：32）

"@谭维维"也在新浪微博上留言：

今天世界马拉松挑战赛#生命接力赛#广州天河区孩子们的比赛已经结束了！祝贺孩子们，他们真的很棒！今年广州和马拉松真的很有缘分，第一届广州马拉松在下个月也要开始了！跟孩子们一起跑起来，跑出你们的态度！跑出你们的快乐！加油！加油！

（2012 - 10 - 13　19：28）

"@吕小梦 Dreaming"传播了马拉松比赛现场的状况：

我在广州马拉松海珠段现场～选手们还木有（没有）跑来，专业观众已经开始活动身体暖和暖和了～

（2012 - 11 - 18　08：32）

上述四条微博均是关于广州（国际）马拉松比赛，此类国际体育赛事也是媒体与民众关注的焦点，微博上的各类主体均对此事进行了报道和叙述，包括媒体官方微博、媒体记者、名人以及草根群众等。上述所选示例分别来自《南方都市报》官方微博、《齐鲁晚报》记者郭建政的实名认证微博、当红艺人谭维维的实名认证微博以及普通网民"吕小梦 Dreaming"的微博，报道的角度各不相同，却都是针对广州马拉松比赛这一新闻事件，用不同的话语呈现出了同一事实。对于社会热点事件，在微博新闻领域呈现出了全民参与的态势，报道主体不再局限于媒体、媒体从业者和网络言论的积极分子，只要愿意，人人都可以成为微博上的一个"自媒体"，向外界传播新闻信息。这也恰恰体现了微博新闻报道主体的多元化特征。

（二）报道主体的自主性加强，打破传受之分

互联网因打破了传统媒体的信息传播中心化而受到网民们的青睐，在新的互联网时代，微博的"去中心化"传播模式，不仅表现在将媒体手中垄断的新闻话语权

回归到普通民众手中，而且打破了传统意义上的传受之分，使得传播者与受众的分界线更为模糊，将原本的信息接收者变成了最广泛的新闻资源的采集者和发布者。

微博新闻的传播是一种主动的传播，主体的自主性更强。微博主体可以自由选择想要关注的对象，实现了信息的个性定制化服务。两个微博用户只要相互关注，双方发布的微博内容就会自动显示在对方的微博主页上。就算只是单方面的关注，被关注者的微博更新内容同样会自动显示在关注者的微博首页，而且关注者可以通过评论、转发等方式与被关注者实现信息的反馈和互动。更加值得一提的是，关注者在转发被关注者微博信息的同时，可以附加自己的观点、评论，对信息进行补充，达到二次传播的目的。因此，在微博信息的传播过程中，微博主体既是信息的接收者，同时也是信息的传播者（如下示例）。在微博时代，传受两者之间的界限已经逐渐模糊，每一个报道主体在信息传播中都享受充分的自主性，自主选择信息源，自主传播信息，使得微博信息的传播呈现出多中心的特点。

@南都深圳读本：【驾考新规即将实施，深圳学车拟涨千元】明年1月1日，新"驾训新大纲"将实施。考试更难了，学费也要涨了。近日，广州部分驾校喊出7 000元学费，深圳驾驶培训行业也酝酿提价。来自行业协会与驾校的消息显示，深圳的驾培学费或涨千元，普通小型汽车的学费或将提高到5 500元左右。http：//t. cn/zjjqWcT

(2012 - 12 - 27　09：12)

此条新闻信息由"@南都深圳读本"提供，主要是针对深圳关注驾培事宜的相关人群，提供当前最新的驾驶培训学费方面的动态。当天，"@南方都市报"便转发了这条微博，并在此基础上增加了新内容，发出最新的广州驾驶培训学费的动态信息以及驾驶培训的其他问题，如下示例：

@南方都市报：目前广州市驾培协会提出了手动挡C1牌不高于5 680元/人的行业指导价。而在执行中有驾校披露，明年元旦过后价格估计将超过7 000元。其实，对于不少学车者而言，不怕学车贵，就怕排不上队。//@南都深圳读本【驾考新规即将实施，深圳学车拟涨千元】明年1月1日，新"驾训新大纲"将实施。考试更难了，学费也要涨了。近日，广州部分驾校喊出7 000元学费，深圳驾驶培训行业也酝酿提价。来自行业协会与驾校的消息显示，深圳的驾培学费或涨千元，普通小型汽车的学费或将提高到5 500元左右。http：//t. cn/zjjqWcT。

(2012 - 12 - 27　11：47)

在这个微博新闻信息发布和传播链条中，在前一示例中"@南方都市报"充当了信息接收者的角色，但是在后一示例中它充当的却是信息发布者的角色。这种随时随地发生的身份转变在微博新闻叙事中是十分常见的，这也是传统媒体微博运营中的"全媒体集群战略"①的一部分，借助微博这一社会化媒体将新闻信息数字化、新闻信息输出手段数字化，以达到信息全面覆盖的效果。

（三）新闻信息简短，新闻内容丰富

微博网站对发送内容字数设限，如新浪微博将字符数规定在140字以内，多一个字符都不行。技术上对字数的限制，导致微博新闻文本通常比较简短，甚至只是只言片语。这就要求微博新闻的写作者要能够言简意赅地叙述清楚新闻事实的核心内容，倒金字塔的导语式写作也就成为微博新闻的常用写法。因为在微博新闻文本的140个字以内，不可能对新闻事件的前因后果进行全面的报道，所以只能通过突出核心事实来传递新闻信息。

但是微博新闻信息发布者的范围远远大于传统媒体，不同的微博主体对同一个新闻事件可以有不同的叙事角度，形成了对这一事件多角度报道；另外，同一个微博主体，可以将一个事件的前因后果、来龙去脉，通过多条微博报道出来，组成了对这一事件的相对全面的叙述。如果把关于一个新闻事件的相关报道组合起来，就能形成一个文本集合，这个集合所传递的信息量远远大过单篇传统新闻报道的信息量。

例如，"十八大"召开期间，关注部分媒体官方微博和名人、草根网民微博，能很明显地看出"刷屏"的状态，"十八大"内容的信息占据了微博内容的半壁江山，足以可见社会各阶层对此事的热议程度。以"@人民网"为例，据统计，从2012年11月8日开幕到11月15日闭幕的8天时间里，共发布181条微博，内容涉及全国人大代表、大会议题、大会现场、网民互动、"十八大"系列访谈等诸多方面，尽可能全面地报道了"十八大"的全貌。虽然从字数上考虑，181条微博的总字数可能也不及《人民日报》上的一篇专题报道，但是借助图片、视频、超链接和长微博等其他辅助手段，这181条微博所提供的信息量远远超过传统媒体上的报道。这还仅仅是"@人民网"单个微博主体发布的关于"十八大"的新闻信息，还有其

---

① "全媒体战略"是传统媒体实现结构转型的重要手段，综合运用文字、图片、声音、视频等多种表现形式，通过报刊、广播、电视、网络、移动通信等传播手段来全方位、立体地展现新闻内容。目前，大部分的传统媒体都将"全媒体战略"延伸到微博等社会化媒体上，如南方都市报官方微博的"南都全媒体集群"，开通"@南都全媒体集群"、"@南方都市报"、"@南都评论"、"@南都视觉"、"@南都全娱乐"、"@南都广州"、"@南都深圳读本"、"@南都东莞"等多个微博，全面覆盖信息，以求实现集群效应。

他各大媒体微博、名人及草根微博主从不同的角度向公众陈述关于"十八大"的新闻事实，这些新闻报道组合成了一个强大的报道集合，向公众展现了最全面的新闻事实。

（四）微博新闻碎片化背后的信息重组

何谓碎片化，就是完整的内容被切割成许多零碎的小块。碎片化是网络新闻信息的一个明显特征，而微博的普及，使得网络信息碎片化的程度越来越高。有人说微博就是一堆人在那儿你一言我一语，你很难从简单的快速浏览中了解事情的全面信息。但是这就是微博新闻的典型特征，比如深夜有人发微博称"云南地震了！"势必会引起大家的紧张，之后便会有来自地震现场和官方声音对此事的证实和跟进报道。微博新闻的碎片化体现在以下几点：

（1）新闻内容的碎片化。

微博作为一个极度开放的信息发布平台，在新闻内容的选择上也呈现出碎片化的特征。新闻内容的碎片化主要体现在两个方面：一方面是事实新闻的碎片化，表现在新闻来源的多元化、叙事视角的分散性、叙事聚焦的各异性、新闻要素的零散性等。另一方面是意见信息的碎片化，微博媒体平台的开放性是传统媒体无法比拟的，社会各方意见都能在其中表现出来，形成各种碎片化意见的相互碰撞，也就是所谓的"意见自由市场"。

（2）新闻编排的碎片化。

新闻编排的碎片化也就是新闻文本结构的碎片化。新闻故事并非一直保持固定不变的静止状态，它总是按照一定的时间顺序发生、发展的。正如史洛密斯·雷蒙·柯南所说的，"事件是从一种状态到另一种状态的变化"。[①] 叙述者总是按照一定的顺序、逻辑关系将事件及其变化放入故事当中，完成文本创作。但是在微博有限的篇幅中不可能像传统新闻报道一样，在单篇文本中详细描述事件情节、刻画人物形象，传统新闻报道中复杂的文本结构、编排手法、报道策略很难在单条简短的微博新闻中实现。因此，微博新闻的文字文本通常是言简意赅的，用尽可能少的文字来传递新闻事实最核心的信息，同时借助图片、视频、声频、超链接等其他非语言符号信息对新闻事实进行补充叙述。这种各种符号碎片拼凑出的文本在结构上也表现出了典型的碎片化特征。

（3）新闻发布的碎片化。

有人把微博称作"4A"媒介，即 Anybody、Anytime、Anywhere、Anything，正

---

① ［美］罗伯特·艾伦. 重组话语频道——电视与当代批评理论. 牟岭译. 北京：北京大学出版社，2008. 6.

如新浪微博的口号所言——"随时随地分享身边的新鲜事儿",也就是说任何人在任何时间、任何地点,可以发布任何事情的相关信息。

微博对字数的限制使得新闻发布者不可能在单条微博的容量中将事情原委说清楚。新闻事件的完整叙述往往要借助多条微博才能完成,而且这些微博既可能来自同一位发布者,也有可能是多位微博主共同完成。特别是在突发事件和重大事件的报道中,依靠一条微博、一位微博主很难将事件全面地叙述出来,所以就会出现多条微博、多个微博主同时发布事件相关信息的现象。任何微博的注册用户都可以将所见所闻事件借助微博发布出来,关于同一事件的新闻信息也可能是不同地方的不同微博主在不同时间发布的,发布的终端可以是互联网、手机、客户终端等各种通信工具,这就呈现出微博新闻信息发布的碎片化。

其实,微博新闻的碎片化是微博"微"的结果。国内以新浪微博为代表的中文微博网站也沿用了 Twitter 网站对文本字数上的限制,这种形式上的"微"也导致了微博文本内容上的简洁,因此才会出现一句话新闻、话题新闻等新兴的新闻报道模式。文本内容很少会有完整的标题、导语、正文、背景等详细条目,而且行文上不需要考虑是否具有严谨的逻辑关系和细致的表达技巧。正是微博文本中文字字符容量的限制,微博主不得不考虑通过别的手段来对叙述内容进行扩充,在微博文本中插入图片、视频、声频、超链接等其他非语言符号信息,对文字文本陈述的核心事实进行补充。也正是因为微博的"微",新闻故事的完整叙述通常需要多条微博、多个微博主来共同完成。微博的"微"将新闻事实的陈述割裂成无数的碎片,"碎片化"是"微"所造成的结果,这是微博技术层面的特征造就的微博新闻文本的碎片化。

容量上的有限性带来了微博新闻报道语言、文本结构、新闻编排等的变化,使得微博在外在文本形式上是"碎"的,但在内容上却体现出了实质性的完整和深刻的社会意义。

从单篇微博文本考虑,充分利用各种语言符号与非语言符号,在微博文本中插入图片、视频、声频、超链接等其他元素,有效地拓展了单条微博的信息容量。微博主将主要篇幅用于叙述事件的核心信息,借助图片、视频、声频、链接、长微博等应用进行信息补充,用于交代新闻背景或丰富文本的表现形式,起到强化叙述效果的作用。这种多符号的报道形式不仅能让不同形态的文本符号共同作用于同一新闻事件,完成新闻故事的完整叙述,而且能够充分展现文字、图片、视频等各类报道元素的优势,更加逼真、传神地将新闻事实展现出来。

纵向观察一个微博主前后发布的多条信息,或是横向考察不同微博主发布的关

于同一新闻事件的信息，将所有这些碎片组合起来，我们就不难发现微博中有关于此事件的完整而详尽的报道，这就是由各碎片信息组合而成的完整事件。将众多微博主发布的碎片化信息放在新闻故事的大语境下，这些碎片就像是拼图游戏中的那些组合部分，只要找到每一块碎片，并将它放置于合适的位置，就能呈现出事实的完整拼图。

微博的"加标签"功能也是完成拼图的一大帮手。通过在某关键词前后加上"#"符号，可将同一主题的信息关联起来，形成相同话题新闻的聚合。2012 年10 月4 日，云南彝良县龙海乡镇河村发生山体滑坡地质灾害，社会各界都为受灾地区的民众安全担忧，在微博上出现了系列报道，均添加了标签"#云南山体滑坡#"。通过标签聚合内容，将不同微博主在不同时间发布的该话题的信息横向联系起来，微博浏览者对相关信息的了解便更加全面。从宏观整体性的角度考虑，这种聚合的拼图模式能够将单篇幅限制下造成的碎片化信息重新组合起来，形成一个完整的镜像，也完成了对这一新闻事件的多角度立体报道。

一方面，微博文本被限制在140 字以内；另一方面，又通过一个无限开放的网络多媒体平台实现了信息传播空间的无限性。碎片化只是微博新闻文本的一个外表呈现，实质上其表达出来的社会现实和社会意义却是完整而明确的。所以，微博新闻叙事文本是一种"形"碎而"神"不碎的拼图式文本的代表。

二、微博新闻的局限性

基于数字化与互联网的技术的发展，微博新闻相比于传统媒体新闻报道而言有无可比拟的优势，报道主体的多元化、报道主题的丰富性、新闻更新的即时性、新闻发布的无限制性等。这些由微博自身的物理特征决定，也取决于微博使用群体的特征。但是，微博新闻在新闻报道上表现出来的优越性也并不能全盘认可，这种基于技术发展创造出的话语开放也有必然的劣势，如复制性文本造成的新闻信息泛滥、新闻发布与传播的"零门槛"造成的虚假性新闻传播以及新闻真实性的不确定等。具体表现为以下几点：

（一）同质化新闻泛滥造成的"无意义信息"

在微博这样一个开放的平台中，人人都可以是新闻的传播者，而微博裂变式的传播方式使得新闻文本的再生成为相当容易的事情，快速而且高效，点击鼠标的过程就完成了信息的复制。对新闻发布者来说加速了信息的流动性，扩展了信息传播的广度；对网络受众来说，提供给了公民足够的信息资源，而且低成本、平等的互动实现了传者与受众之间身份的转变，再生的过程也是受众从信息接收者转变为内

容制造者和传播者的过程。这一系列的改变都带来了新闻信息传播的革命性变化。

但是我们要辩证地看待这种无限"再生"，微博新闻文本"增殖＋变异"的再生方式快速再生出来的海量复制信息造成了信息泛滥和信息冗余。有些微博新闻信息过于唠叨、琐碎，纯粹属于"无意义新闻文本"。另外，新闻报道本应是现实社会的再现，而微博新闻的简单重复容易使人们对社会的认识形成刻板印象，甚至是更恶劣的影响。比如，温岭虐童事件发生以后，关于此事件和类似事件的报道充斥着微博空间，适当的传播能引起人们和相关部门对此类事件的重视，但是过度地传播和重复只能在社会中引起不必要的恐慌，此事促使一些人把小孩领回家不上幼儿园了、家长在小孩身上装监视设备监视老师的行为、社会对幼儿园老师形成了恶毒的刻板印象等。同质化新闻的泛滥是"无意义文本"的源头，这种"无意义文本"不仅不能充分发挥微博新闻的优势，反而会让微博新闻陷入"曲解"社会的境地。再者，普通网民的盲目性同样会加剧无意义新闻的泛滥，甚至会助力虚假新闻的传播。

（二）虚假新闻的传播构成对真实性、权威性的质疑

新闻报道不同于其他的文本形式，新闻报道的来源是新闻事实，所以新闻报道文本所陈述的必须是真实的，真实是新闻的生命。互联网的开放性使得微博新闻的传播主体呈现出多元化与复杂化的趋势，这也为虚假新闻的传播提供了便利，造成了网络虚假新闻泛滥。微博虚假新闻主要包括因采访不到位而造成的假新闻和有意制造的假新闻两种。

传统媒体的官方微博依靠本身的新闻采编队伍，对信息的把关、审核机制也相对完善，发布的新闻大部分来自传统媒体上刊载的资讯信息，因此比较少出现有意制作假新闻的情况。但是为追求时效性，抢在第一时间发布信息容易制造出因采访不深入、没有经过严格审核而发布出来的假新闻。其他的社会名人、草根群众等微博主也逐渐发展成为新闻信息发布与传播的主要渠道，但因没有受过专业的采编培训和树立追求真实客观的新闻理念，微博或成为假新闻的集聚地，还有部分微博新闻发布者为了自身利益，为引起受众关注而人为制造和刻意传播假新闻。

（三）微博新闻低俗化趋势明显

微博新闻发布与传播的"零门槛"是微博开放性的基础，但同时也将新闻信息的把关降到了最低。一些微博主为了自身的利益，过分专注于取悦和迎合受众的低级趣味，选取低俗的新闻话题或在新闻中加入低俗的文字、图片、视频等内容来吸引受众的眼球。这种做法的确能吸引到一定"低端"的新闻消费者，但是从微博新闻长远发展来看的话，它不仅会降低微博新闻的公信力，成为阻碍微博新闻良性发展的绊脚石，而且会潜移默化地破坏人们的道德意识，影响整个社会的风气。

因此，我们要辩证地看待微博新闻，新闻发布者在借助微博平台发布新闻信息时，应尽可能地取其优势而避其不足，在发挥其优势的同时，有效避免造成对新闻真实性以及新闻有效传播的伤害；政府监管部门应履行好自身的监督管理职责，制定可行、有效的管理办法，既能为网络新闻传播创造一个良性发展的环境，又不至于抑制网络优势的发挥。

第二节　微博新闻报道的文本符号

何谓"符号"？"符号是信息的外在形式或物质载体，是信息表达和传播中不可缺少的一种基本要素"[1]。人类为了信息传播的便利，创造了完整的符号体系，并仍在不断完善，通过符号、符号体系来传递信息。语言是人类最基本的符号体系。在索绪尔提出的语言符号理论中，将人类使用的符号分为语言符号和非语言符号两大类。"语言符号是人类特有的传递信息的形声符号的集合与系统，包括书写符号（文字）、声音符号（语言）两大系统；非语言符号是指信息传播不以有声语言和书面语言为载体，而借以打动人的感觉器官的各类符号自身。"[2] 依照此分类考察微博新闻的文本符号，可知其大体由文字、图片、视频、声频、表情及特殊符号等几类构成。其中，文字是典型的语言符号类别，而图片、表情及特殊符号等应归于非语言符号。至于视频与声频，应一分为二地看待，视频与声频中人物的语言表达是人类所特有的语言现象，应归属于语言符号的范畴；而其中的画面、音响、音乐等不依赖人类语言进行传播的因素应归于非语言符号。依据此分类，我们将微博新闻的文本符号体系概括为下图 10 - 1：

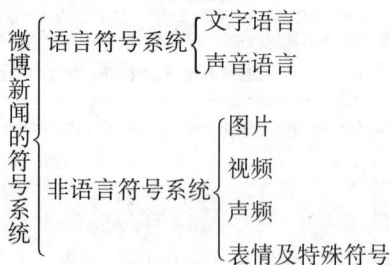

微博新闻的符号系统 { 语言符号系统 { 文字语言 / 声音语言 } ; 非语言符号系统 { 图片 / 视频 / 声频 / 表情及特殊符号 } }

图 10 - 1　微博新闻的符号系统

① 郭庆光. 传播学教程. 北京：中国人民大学出版社，2007. 43.
② 黄匡宇. 当代电视新闻学. 上海：复旦大学出版社，2010. 106.

一、微博新闻报道的语言符号

微博新闻属于网络新闻的范畴，它是从网络新闻衍生而来的，所以微博新闻的语言也具备网络新闻语言的普遍性特征，但并不等同于网络新闻语言。它是目前新闻信息发布最快速、最便捷的媒介途径，传播主题多样、新闻内容简短、传播范式便捷等这一系列的特点集中在微博新闻上时，一种新型的新闻话语也就应运而生，微博新闻语言在词汇、句式和表达方式上都有了新的特点。

（一）词汇

在信息快速更新交替的微博新闻语境中，新闻从发现、编辑到发布，所需的时间越来越短，微博字数上的限制也需要新闻撰写者用最简练、直白，更具亲切性的语言将新闻信息呈现出来。所以字数的限制也需要微博主有比较好的语言组织和概括能力，能用有限的文字表达复杂、冗长的内容，而对文字是否优美、是否深刻则没有过多的要求，这也是微博新闻语言所体现出来的简洁性和概括性。

@ 苏恩平：江西贵溪校车落水，11 幼儿遇难 ttp：//t. cn/zjWwTLX 什么时候开始，上课变成一件高风险的事？

（2012 – 12 – 24　22：57）

这是一则关于江西贵溪校车侧翻水塘事件的报道，短短 30 多个字就讲述了事件的过程及后果，并在此基础上作出了评论。没有华丽的辞藻，也没有详细的论述，却字字珠玑，言简意赅。

另外，在信息泛滥的微博语境中，想要抓住受众的眼球，使其在茫茫信息海中发现你所发布的信息，微博主就要在文本中使用大量谐音词、缩写词、新造词等，使微博语言更显亲切俏皮、接近民众生活。这些新生的网络语言也被应用到了微博的新闻报道中：

@ 重庆晨报：#吐槽跨年晚会#芒果和荔枝的大咖们开始轮番登场了！遥控板表示鸭梨山大！#杰伦拿了个真的苹果弹琴#

（2012 – 12 – 31　23：29）

@ News 上海：【童鞋们，"外滩"告急】19 时 30 分，福州路外滩聚集大量等候新年倒计时的人群，交通一度拥堵。警方提醒：请大家服从现场执勤民警的指挥，不要拥挤。周围的群众，请尽量不要往外滩方向靠拢。

（2012 – 12 – 31　19：58）

微博文本中，习惯将"压力"写成"鸭梨"，"同学"写成"童鞋"，"微博"说成"围脖"等，这些都是由谐音词汇转变而来的；还有些词汇是缩略而成的，比如"DIY"是"自己动手做"的缩写，"GG"是"哥哥"的缩写，"BBS"表示"bulletin board system"，也就是论坛的意思，这样的谐音和缩略词在微博新闻文本中俯拾皆是。

除此之外，微博词库的更新之快，让人瞠目结舌，让没有较强的网络语言识别能力的网民不免会有些难以适应。比如"芒果"和"荔枝"，分别代表湖南卫视和江苏卫视，皆因台标形似芒果和荔枝，而被谐称为"芒果台"和"荔枝台"。还有一些词汇来源于对某些社会热点事件的调侃，比如"表哥"、"房姐"等，这是微博新闻中一种独特的词汇表达，既反映了真实的新闻事件，内含的讽刺意味又不免让人陷入思考。

（二）句法

作为新型的媒体形式，如何充分利用140个字符来表达所想表达的信息，怎样排列语句就显得很重要。在句法上，微博文本显得更加灵活多变。微博新闻通常都是即时发布的，相比于传统媒体新闻，句法上更加不受限制，语言表达也就更加随意。加之又受字数的限制，句子一般简短直白，突破常用的句法规则，使得微博新闻语句更加随性、灵活。具体来说，微博语言在句法上的创新变异之处主要有以下几点：

（1）语句短语化、句子简略化的精简化句法结构。微博新闻是适应了微博语言简短叙事的产物，在文本字数的限制下，语句都简短精练，以短句居多，出现语句短语化的现象，很少出现长句和复句。

@钱鉴派出所警务室：江西贵溪校车事故家长早知校车超载

（2012 - 12 - 28　17：13）

@南昌卓越教育咨询有限公司：#江西贵溪校车事故#11 幼童命送黑幼儿园黑校车

（2012 - 12 - 26　23：07）

@孙宗林：江西贵溪校车落水：司机操作不当 http：//t. cn/zjWMSg3（分享自@凤凰客户端）

（2012 - 12 - 25　00：23）

从以上示例可以看出，微博新闻在句法选择和运用上都尽可能地压缩文字，简

略词语，省略标点，将语句短语化、句子简短化。如"@南昌卓越教育咨询有限公司"的微博，按照正常的书面表达至少要用三句话，却被概括为"11幼童命送黑幼儿园黑校车"12个字。这种简略的用词用语习惯造就了微博新闻语言的简短化和随意化。

另外，与传统新闻报道相比，微博新闻的语句极不规范，常出现省略句子成分的语句。

（2）多种句式的混合使用。通过观察可发现，微博新闻语句中常出现句式混用的情况，较常见的是中英、中韩、中日的混合使用，以及普通话与方言的相互渗透。如下例：

@jacky Agulu：中国达人秀ing，40几岁伊能静在展示不老神话。

（2012－12－30　22：36）

在微博用语中常出现这样中英文混合使用的情况，用英语中"ing"的后缀表示事件正在发生，"达人秀ing"表示"达人秀节目正在进行中"，这样的语句形式既简洁又直观。据观察发现经常在微博新闻语句中出现的中英文混合使用的还有：加"ed"后缀以示状态已经结束或完成；加"s"后缀表示名词的复数形式；加"er"后缀表示某种类型的人群等。除了中英文混用的情况，还有很多借用韩文、日文以及中国方言文字辅助言语表达的情况。

（三）表达方式

微博新闻报道在语言的表达方式上也独具特色，与其他新闻报道方式大相径庭。一方面，讲求特立独行，标新立异，创造出一系列的"微博体"；另一方面又热衷于跟风效仿。

"微博体"是网友们自发创造的以微博为载体的各类独特表达方式的集合，比如从电视剧《狄仁杰》中引用过来的一句话——"元芳，你怎么看"在大量的新闻报道中出现。如下示例：

@经济参考报：【北京可能在全国率先实行手机用户登记实名制】据《央广新闻》报道，为加强以移动电话为终端的网络活动的规范和网络社会的管理，北京很可能在全国率先实行手机用户登记实名制。据透露，目前在北京地区登记手机用户数已经超过6 000万。#元芳，你怎么看#

（2012－12－31　20：41）

@康海金2013：星空卫视和浙江卫视播的是同一个节目，两边都写的直播，但是时间最少错半个小时，这到底是闹的哪样呢？元芳，你怎么看？@浙江卫视@赵宝城@江苏卫视@凤凰卫视@人民网@华少@李代沫@周立波@崔永元@主播刘夏@孟非@金融行业网@新浪娱乐

（2012 - 12 - 31　22：14）

@谭纲 - 生求 - 自由：【合肥"136套房叔"被证实侵占8套安置房】质问：既然2012年5月26日成立专案组调查，并已证实方非法套取侵占安置房8套，为何到现在才移送检察院立案侦查。这漫长的大半年，有何玄机猫腻？元芳，你怎么看？！

（2012 - 12 - 31　20：58）

还有各种"撑腰体"、"丹丹体"、"TVB体"等，这些"微博体"大都文字简练、幽默横生，充满自嘲、调侃、讽刺等意味，同时也借助了这些特殊的表达方式将新闻信息呈现给受众。

在传统媒体和某些政府机构的认证微博中，微博语言的表达较为严谨，这表现在对社会热点事件和突发事件的报道中，在写实的基础上，突出核心事件信息，较少细节描述，而且常用数字说话。在前文提及的很多个案中都可以看出，微博新闻善于用数字，因为数字是最简洁而且最适合用于呈现事实的文字，这也是语言简略化的一种方式。

二、微博新闻报道的非语言符号

微博新闻文本中不仅有文字，通常还配有图片、视频、音频、表情及特殊符号等其他的非语言符号形式，它们共同构成了微博新闻文本。通常来说，语言是最常见、最普通，也是最重要的符号系统，是构成信息传播活动的最基本要素。语言作为一种信息的承载体，在信息传播中有不容忽视的作用。而不以文字为载体，却与语言符号相适应的非语言符号也是承载信息的载体，与语言符号共同完成信息意义传递的使命。"符号是携带意义的感知：意义必须用符号才能表达，符号的用途是表达意义。"① 无论是语言符号还是非语言符号，都是传递意义的载体，只是在表现形式上不同。相比于语言符号，非语言符号具有形象性、生动性、直观性、多维性等语言符号不具备的

---

① 赵毅衡. 符号学原理与推演. 南京：南京大学出版社，2011. 1.

特性。在微博新闻信息传播中，非语言符号的优势体现得更加明显。

从心理学的角度来看，当语言文字和图像、音频等信息同时呈现在受众面前时，受视觉注意心理机制的影响，受众更倾向于先关注图像等非语言符号。根据皮尔斯的说法，"通过写实或模仿来表征符号对象的就是图像符号，其表现体必须与对象的某些特征相同"①。在微博新闻的非语言符号中，新闻图片、漫画、动画、新闻视频、音频等都属于经典的非语言符号。

首先看图片。有人把网络时代称作"读图时代"，图像信息在新闻传播中起着重要的作用，这也成就了微博新闻文本的"标配"模式——文字报道＋相关图片。甚至在微博中强调"无图无真相"，此话虽显极端，但也说明了微博信息中受众更乐意接受图片信息的事实。

比如微博上盛行的系列"随手拍"行动——"随手拍解救流浪乞儿"、"随手拍解救流浪动物"、"随手拍雾霾天气"等。这些活动引发了广大网友们的极大热情，纷纷加入到"随手拍，发微博"的行列。例如2012年入冬以来，全国多地区出现严重的雾霾天气，微博上发起的"随手拍雾霾天气"的行动，各地网友均以图片的形式反映当地的空气质量情况。一张张雾气笼罩的朦胧照片都真切地反映了环境污染的严重程度，这不仅引来了传统媒体的跟进，也引发了专家学者的普遍关注，将空气污染的事实真实地呈现在大众面前，使人们不用通过言语也能明白事态的严重程度，也足以说明微博新闻中图片信息的传播力。

视频与声频信息。还有些微博报道会插入相关视频信息，以补充文字报道，这些视频通常来自电视新闻报道或者网站视频中心的视频材料。视频画面所传达出的非语言信息的报道效果同图片信息类似，直观而形象。值得关注的是，在某些突发事件目击者发布的相关信息中，偶尔会出现目击者现场拍摄的视频。虽然在拍摄手法、清晰度等因素上都不如专业人士，甚至不经过剪辑，但恰恰是这样原生态的真实才能真正展现出事实的真相。

图 10 - 2

---

① 林纲. 网络新闻语言符号构成的符号学分析. 云南财贸学院学报，2008（2）.

@杰克凯鲁法克：这是今天下午本人从上阵村拍的现场视频，谢谢网友更正，应为横街镇上阵村（四明山山区）http：//t.cn/zjHgxjk

(2012 – 12 – 31　19：11)

上述示例是一则关于火灾的报道，2012年的最后一天，鄞州横街上阵村5间民房发生火灾，网友"@杰克凯鲁法克"拍下了火灾现场并传到个人微博主页中，视频信息直观地展示了火灾现场的情况。

微博新闻报道中很少使用到单独的声频资料，比较常见的是视频中带有的来自现场的同期声，这也是新闻报道中非语言符号的使用。

动态表情图案的使用。在网络语言中，表情符号是使用广泛的一种符号表达方式，新浪微博中提供了大量的动态表情符号。如下图：

图 10 – 3　新浪微博表情图案

上图这些小小的表情图案都带有动态效果，不仅使微博新闻文本的视觉效果新颖多变，而且直观、形象地表达了原本枯燥的意义。这些表情图案使用方便、操作简单，在新闻报道中也常被使用。再看"@华西都市报"关于攀枝花矿难的报道①：

@华西都市报：【攀枝花矿难已致9人死亡👤】

@华西都市报：【攀枝花矿难37人死亡👤】

@华西都市报：【攀枝花矿难死亡人数增至40人👤】

_____

① 为了节约空间和叙述方便，上述示例只摘录了标题部分，报道正文省略。

每一个符号都会有一个意义的存在，在报道的标题中加入了点燃着的蜡烛图案"♨"，以示对灾难死亡者的哀悼，这是一种客观事实的描述，也是新闻报道中非语言符号的运用。这与纸媒在报道重大灾难事故时选用黑白版面具有同样的传播效果，传达出基本事实信息的同时，也传达出某种情感。在微博叙事中加入表情图案元素能够加强新闻文本的传播效果。

第三节　微博新闻报道的文本结构

电报的发明催生了新闻的倒金字塔式结构，而这一经典报道结构被广泛应用于传统媒体报道领域；互联网技术的成熟催生了以多媒体、超文本为鲜明特征的网络新闻；而微博作为一种新兴的互联网应用技术，在新闻报道中也表现出了独特的文本结构特征。一方面，微博新闻内容的简洁与个性的要求正在逐渐消解讲求宏大的传统新闻报道方式，标题式、一句话新闻、节选式、口头评论报道式等新闻报道方式继而产生；另一方面，图片、视频、超链接、长微博等多媒体和超文本元素的应用，使得微博新闻报道的结构安排更加多样化。

在文学创作研究中，叙事结构研究是其中很重要的一部分，俄国形式学派和法国结构主义对叙事结构都有专门的研究。国内学者董小英在《叙述学》一书中将叙事结构分为两部分："叙事结构主要是指文本内部的叙述方式安排，为文章结构；另一个是指互文性的文本间的文体方式的安排，为文体结构。"① 在新闻报道中，文章结构考察的是独立的单篇新闻文本，表现为新闻文本所呈现出来的言语表达的常规范式和常规程式。文体结构考察的是多个新闻文本组合或各类文体融合于同一新闻文本时所表现出来的结构特征。以下，就将从文章结构和文体结构两部分对微博新闻文本进行分析。

一、微博新闻报道的文章结构

新闻文本作为一种常见的文本形式，必然存在言语表达的常规范式和常规程式。在微博新闻报道中，因受字数限制，微博新闻的篇幅一般较小、内容简洁，只是简略展现重要的新闻要素，类似于传统新闻报道中的消息报道，在结构分析上也可借鉴消息文本的研究方法。

---

① 董小英. 叙述学. 北京：中国社会科学出版社，2001. 275.

阿姆斯特丹大学教授梵·迪克曾提出"假设性新闻图式结构"①，如图 10 - 4 所示，梵·迪克分析了理论上完整的新闻报道的图式结构，而之所以被称为"假设性"，是因为这种完整性只是理论意义上存在的，实际的新闻文本不一定这么全面。

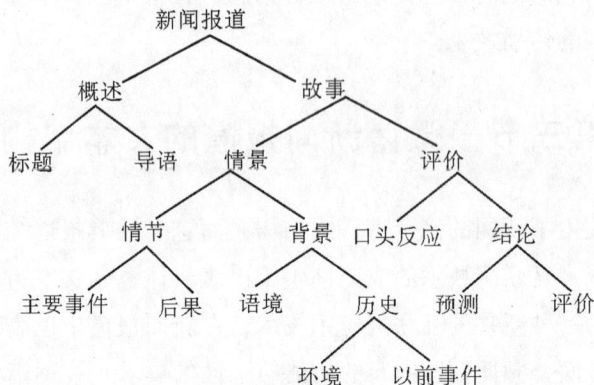

```
                        新闻报道
            ┌──────────────┴──────────────┐
           概述                           故事
      ┌─────┴─────┐              ┌─────────┴─────────┐
    标题   导语   情景                          评价
              ┌──────┴──────┐         ┌────────┴────────┐
            情节          背景     口头反应        结论
        ┌────┴────┐   ┌────┴────┐          ┌────┴────┐
     主要事件   后果  语境      历史     预测      评价
                          ┌──────┴──────┐
                        环境        以前事件
```

图 10 - 4　假设性新闻图式结构

微博作为一个开放的信息发布平台，用户在进入和使用这一平台都近乎零门槛，在微博信息的写作上也更加随意，这反映在新闻文本中，就形成了微博新闻与传统媒体新闻的最明显异处：在内容和措辞上都更加随意。而且技术上对单条微博容量的限制，导致其更不可能具有像上图所示那么完整的结构安排，微博新闻通常都文字简短，甚至是只言片语。虽不讲求文法，但是迫于字数的限制，自觉形成了对倒金字塔结构的传承。因为只有这种独特的新闻写作结构，才能最直接、最便利地交代出事件的核心信息。所以，从理论上讲，在篇幅最短而形式最完整的微博新闻文本中也应具备一些必不可少的组件。根据微博新闻报道的具体表现和特征，将其新闻图式结构概括为下图 10 - 5：

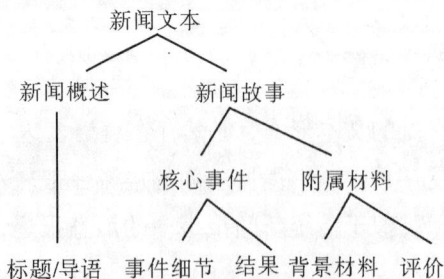

```
                      新闻文本
            ┌─────────────┴─────────────┐
         新闻概述                     新闻故事
                              ┌──────────┴──────────┐
                           核心事件              附属材料
                        ┌─────┴─────┐        ┌─────┴─────┐
                  标题/导语  事件细节 结果  背景材料   评价
```

图 10 - 5　假设性微博新闻图式结构

---

① [荷]托伊恩·A.梵·迪克.作为话语的新闻.曾庆香译.北京：华夏出版社，2003.57.

从上图的结构图中我们可以清楚地看出微博新闻文本的三层式文本，标题或导语、核心事件和附属材料三部分层层递进地将新闻事实陈述出来。请看下述示例：

@广州日报：（A）【攀枝花矿难再现"血煤"死亡9人44人被困井下】（B）攀枝花市肖家湾煤矿29日发生了瓦斯爆炸事故。（C）截至30日凌晨，已确定9人死亡，其中井下死亡6人，送往医院经抢救无效死亡3人。目前，井下仍有44人被困。（D）另据统计，从1999年到2009年，中国矿难已使54 160人丧失生命。（E）中国煤炭也因此被人称为"血煤"。

（2012 - 08 - 30　08：12）

上述文本中五句话结构明晰，（A）为标题，（B）、（C）构成了核心事件，（D）为背景材料，（E）为评论。将这些内容放入上图的结构图中基本吻合，因为容量受限，在微博新闻文本中标题和导语一般只出现其中一项，而且标题一般使用"【】"符号标示出来。另外，此文本将事件细节和结果混合在（B）、（C）两部分中，因为对于煤矿爆炸事件，受众最关心的就是井下人员的伤亡及施救情况，这既是事件的核心内容，也是结果。验证后发现图10 - 5所示的文本结构图是合理且实用的。

但并不是所有的微博新闻文本都有这么完整的结构，如闾丘露薇发布的关于莫言获诺贝尔文学奖的一则微博："是莫言得奖。"这则新闻除了核心事实并没有其他结构部分，对于了解和关注这件事情的网民来说，传达的信息已很明确——2012年诺贝尔文学奖的得主是莫言。但是对于不了解情况的网民来说，可能会不知其所云为何。所以，虽然微博新闻文本的外显结构没有规律可言，但大多数是基本文本结构的简略版。

二、微博新闻报道的文体结构

考察新闻报道的文体结构，其实就是考察其如何实现多个新闻文本的组合或是如何将不同文体融合在一篇新闻文本中，何纯教授将实现新闻叙事文体结构的手段概括为文本互渗和文体互渗。董小英将文本互渗解释为"文本之间的互同点关系，即同一种文体使作品形成的互渗关系。或称超文本结构，是互文性表现形式"，"文体互渗是指不同文体在同一文本中使用或一种文体代替另一种文体使用的现象"。①

———————————

① 董小英. 叙述学. 北京：中国社会科学出版社，2001. 325.

（一）文本互渗

在新闻文本范畴中，文本的互渗主要体现在同一新闻报道内容的延续现象。在传统新闻报道领域，后续报道、报道改写等手段都能实现新闻报道内容的延续。而在微博新闻报道中，除这两种手段之外，转发功能也很好地实现了新闻文本的互文性。因此，微博新闻报道的文本互渗主要表现为后续报道、报道改写、新闻转发等。

（1）后续报道。

后续报道，其实就是跟踪报道，"是对已经报道过的新闻进一步跟踪，对处于发展变化中的新闻事件，或者某些社会现象、社会问题进行的持续报道"[①]。既然后续报道报道的是新闻事件的最新进展，那么必然会对原先报道做适当的回顾，以便向不了解事件原委的受众做个交代，也对知情者起到提醒作用。如此，后续报道与原报道便形成了互文关系。新闻事件与后续发展的当事人是连贯的，事情发展也是一以贯之的，所以叙述对象是一致的，虽然事情会有新的变化，但文本的叙述还是在同一事件的大背景下。

2012 年 8 月 29 日，四川省攀枝花市肖家湾煤矿发生瓦斯爆炸事故，微博上各大媒体和网民们都热切关注。四川的本地媒体《华西都市报》在获知准确信息后，30 日早晨便在微博上发布相关信息：

> @华西都市报：【攀枝花矿难已致 9 人死亡】昨日下午 18 时左右，攀枝花市肖家湾煤矿发生瓦斯爆炸事故，事发时井下作业人数更新为 152 人，已确认 9 人死亡，其中井下死亡 6 人，送往医院经抢救无效死亡 3 人。目前，井下仍有 44 人被困，责任矿井相关负责人已被依法控制，现场救援正在紧张进行。
>
> （2012 – 08 – 30　07：56）

在这条微博发出之后，"@华西都市报"相继更新了四条微博，标题分别为"【攀枝花矿难已致 15 人遇难】"、"【攀枝花矿难已致 19 人遇难，还有 28 人被困】"、"【攀枝花矿难 37 人死亡】"、"【攀枝花矿难死亡人数增至 40 人】"。四条微博均在开头简明回顾了"肖家湾矿难"，之后详细叙述了矿难的具体伤亡和救援情况。从宏观上看，后续四则报道与第一则报道在内容上相呼应，叙述对象一致，层层补充；在形式上，虽互为独立文本，却组成了一幅完整画面，步步跟进事件最新发展状况。

---

① 孟锦波. 谈连续报道的独特功能. 理论界，2003. 104～105.

除此之外，微博新闻的后续报道还有另外一种形式，即借助微博的转发功能，在原微博的基础上进行再叙述、再补充。在同一微博发布的信息中，前后形成互文关系。例如：

@广州日报：【攀枝花矿难再现"血煤"死亡9人44人被困井下】攀枝花市肖家湾煤矿29日发生了瓦斯爆炸事故。截至30日凌晨，已确定9人死亡，其中井下死亡6人，送往医院经抢救无效死亡3人。目前，井下仍有44人被困。另据统计，从1999年到2009年，中国矿难已使54 160人丧失生命。中国煤炭也因此被人称为"血煤"。

(2012－08－30　08：12)

@广州日报：#新闻追踪　四川攀枝花矿难#据四川攀枝花市新闻办消息，截至记者发稿时，攀枝花肖家湾煤矿瓦斯爆炸事故已造成44人死亡（其中41人为井下遇难，3人为送往医院途中死亡），尚有2人被困井下，搜救工作仍在继续。//@广州日报：【攀枝花矿难再现"血煤"死亡9人44人被困井下】攀枝花市肖家湾煤矿29日发生了瓦斯爆炸事故。截至30日凌晨，已确定9人死亡，其中井下死亡6人，送往医院经抢救无效死亡3人。目前，井下仍有44人被困。另据统计，从1999年到2009年，中国矿难已使54 160人丧失生命。中国煤炭也因此被人称为"血煤"。

(2012－09－02　20：28)

如上两个示例，同是攀枝花矿难，"@广州日报"在30日早晨8时发布微博报道此事，及时通报了事故造成的伤亡情况。三天之后，"@广州日报"发布"新闻追踪"，在转发原微博的基础上引用当地新闻办的消息，更新了最新事故伤亡情况。上文中后一条示例即为前一条示例的后续报道，前后两篇报道形成极强的互文关系。这种报道形式也成为微博上新闻信息更新的一种很重要的方式，能够轻松做到在原新闻信息的基础上及时更新事件的最新发展情况。

（2）报道改写。

报道的改写指的是在已刊载的新闻报道的基础上进行"再创造"而撰写出的新报道。新报道的内容是对原报道改编或延续，或者是借助原报道而挖掘出来的更有新闻价值的因素。在新闻采访中有一种比较常用的采访方式——案头采访，也就是从案头已有的新闻报道资料中挖掘出新的社会意义，借助案头采访将新闻事件诉诸新闻文本的过程，其实就是新闻报道的改写。

"@广州日报"发布的微博"【与央视'大裤衩'配套？苏州东方之门遭吐槽为

'低腰牛仔裤'】"就是案头采访改写而成的新闻作品。它结合网友"@常想一二02"和"@马建刚MJG"的网络言论，对苏州东方之门的外观进行描述，具体如下：

@广州日报：【与央视"大裤衩"配套？苏州东方之门遭吐槽为"低腰牛仔裤"】今日，网友@常想一二02发现场实拍苏州市东方之门即将完工的照片，引发网友群起吐槽，好大一条低腰牛仔裤啊，东方之门变"东方之裆"了。网友@马建刚MJG鉴定：低腰露腚的，是女裤。PS：大裤衩，牛仔裤，下一座会是三角裤吗？

(2012 - 09 - 02　16：44)

原本网友"@常想一二02"和"@马建刚MJG"的言论只是对苏州东方之门外观的调侃，"@广州日报"在原言论的基础上进行了整合和改写，原言论就显得焕然一新了。找到两名网友的原话，经对照发现，现报道与原言论的基本事实是一致的，只是将二者的叙述要点提炼出来，构成一个新的语境。像这种新闻事件相同、文本不同的改写现象就是文本的互渗，结构的变异。将二者结合起来，我们会对事实及意见有更清晰、全面的了解。

（3）新闻转发。

微博具有一项其他新媒体不具备的功能应用——转发功能，就像我们在报纸新闻中偶尔可见"转载自××报"的字样，以示所刊载的信息来源于其他媒体。微博的转发功能实现的却不仅仅是新闻信息的转载，还实现了信息的发散式传播，改变了新闻叙述者与接收者的单一线性关系。微博主不用复制粘贴即可将接收到的信息转发到自己的微博页面中，转发的同时还可附加自己的补充或评论，但是原有的信息内容不能更改。微博新闻在传播的过程中经过无数受众的解读，虽然每次被转发时嵌套的内容都会随着评论的不同而不同，但是原始信息始终是不变的，再次完整地呈现在受众面前，这提供了信息甄别上的便利性。

借助微博的转发功能，一个微博的新闻报道可能来源于另外一个微博的报道，也可能成为其他微博主的报道源头，让新闻文本在不同的微博中传递。每一个微博用户都会有或大或小的粉丝群，一条新闻信息一经转发，立即进入另一个粉丝群的转播视阈中。在这样循环往复的传播路径中，信息接收者在解读的基础上进行补充和评论，形成新的微博新闻文本，新微博与所转发的微博的互文关系，实现了新闻信息资源在不同微博中的相互参照和渗透。

（二）文体互渗

前文已引用董小英的相关论述对文体互渗作出了解释，在新闻叙事中，不同文

体在同一文本中使用的情况表现为不同新闻文体的组合，一种文体代替另一种文体使用的情况表现为文学形式的新闻。受字数限制，微博新闻文本中极少会有不同文体的相互组合，而文学形式的新闻则比较常用。在微博新闻报道中，新闻报道所受限制相对较少，常借用文学文体形式丰富新闻报道。

2012 年 12 月 16 日，浙江宁波徐戎一居民楼突然倒塌，新闻媒体和广大网民都非常关注，微博上消息也步步跟进。《钱江晚报》记者周浩亮发布微博，如下：

@幕一 0574：眼见他起高楼，眼见他宴宾客，眼见他楼塌了。

（2012－12－16　23：47）

明显，此报道不同于常规的新闻报道，三句形成排比，呈现出三个事实，均围绕倒塌的居民楼，包括背景材料和新近事件。此文本将文学手法与新闻写作巧妙地结合起来。像以上示例这样借用文学形式的微博新闻叙事文本还有很多，这也是公民新闻时代新闻写作手法更加开放的表现。但是仅限于借用文学文体样式，二者还是存在根本的差别的，新闻本质上是事实的报道，应遵循其基本规律。在"@幕一0574"的这条微博中记者眼见楼塌是事实，但其是否真的眼见其楼起和宴宾客就不得而知了。

思考与练习

1. 微博新闻的独特性体现在哪些方面？

2. 在文本符号的运用上，微博新闻与传统新闻报道有何不同之处？

3. 从微博新闻的写作的角度思考，应如何避免同质化新闻泛滥和微博虚假信息？

4. 写作和传播若干条微博新闻。

延伸阅读

1. 喻国明. 微博：一种新传播形态的考察. 北京：人民日报出版社，2011.

2. 参阅"基于微博主内心诉求而催生的文体特征"[①]。

微博主使用微博的动因较复杂，其中根本心理需求和社会补偿需求这两大类动因，促使微博新闻文体表现出不同于传统新闻文体的特点。

---

① 高冬可. 微博新闻文体特征解析. 新闻爱好者，2011（3）.

　　情绪化的个人表达。微博使用者首要的心理动因是其自身根本的心理需要，包括自我表达、自我形象塑造、个人信息传播等。对于微博主来说，微博的零门槛为他们提供了一个自由表达自我的平台，在这个平台上，他能够让人们认识自己、认同自己。这是一种自我形象塑造的机会，可以极大地满足微博主内心的需求。

　　目前，微博的内容主要包括：记录现场、评议时事和发布心情，后两者都不可避免地传达着自己的所思所感。而由缔元信（万瑞数据）与多家媒体合作完成的一项调查也进一步证实了这一点，该调查报告称，在微博上最主要的行为目的是"写微博，发表自己的观点或发泄情绪"的占微博用户的74%，主要发布内容是"个人情绪感受"的占76%。由此可见，微博主写作微博最主要的内在动机是自我表达和自我情感宣泄，于是，我们就看到在众多的微博文本中，毫不掩饰地抒发着或温和或激烈的思想感情，形成了嬉笑怒骂皆成微博的态势。

　　这种情绪化的个人表达，有利亦有弊。一方面，微博随心所欲地记录自己"正在想什么"，这些过去更多出现在朋友之间的心灵沟通，极有感染力，能够拉近人和人之间的距离，促进不同背景下的人们相互了解和理解，实现媒体沟通、协调不同群体的功能。而另一方面，一些过度情绪化的文字经过转发，在广泛传播的同时被内容再造，加入了更为丰富的解读，这样，原有情绪就可能被扩大化；同时，情绪化的表达也使followers（追随者们）的注意力过多地指向个人情绪符号，而相当程度上忽略了纯粹的事实信息以及对于其真实性的判断。

　　诉求指向明确。微博主使用微博的另一需要是渴望社会性补偿，即希望通过事件信息及个人思想的传播，获得一定的社会影响。当一则博文被广泛关注、转发时，信息的交流会迅速扩散，不仅会使微博主人气迅速上升，扩大其社会影响力，更重要的是，它会在极短的时间内，迅速引发人们议论的热点甚至舆论的焦点，所以，微博主写作微博时，对于自己"正遇见什么"和"正需要什么"往往表达得非常直接和明确，他期待这些文本的传播能促进他所关注和希求解决的问题获得更多解决的机会并朝着他所希望的方向发展，事实也证明，不少情形下，网络和现实社会也的确因此产生了强烈反响。像著名的微博"我要上大学"，在简要说明李盟盟不能顺利录取的前因后果之后，明确地请求网友以转发该微博的方式声援李盟盟，助她圆大学梦。而江西宜黄"9·10"拆迁事件中钟如九的一系列微博，渴望帮助的诉求也非常直接和明确。

　　由上述分析可见，微博新闻已经形成了具有一定代表性的文体特征，这是区别于传统新闻的特征，催生这些特征的主要因素是微博本身的技术特点，笔者认为，"微"新闻体已经诞生。

第十一章　新闻报道写作的新变

　　诚然，在新媒体异军突起的年代，报纸面临着巨大的生存压力，尤其是近两年受经济大趋势的影响，报业发展状况不佳，许多报业集团都面临着广告收入下滑的困境。众所周知，西方关于报纸消亡论的说法甚嚣尘上，有些学者甚至列出了报纸消亡的时间表，美国北卡莱罗纳州立大学的教授菲利普·迈耶出版了专著《正在消失的报纸：在信息时代拯救记者》，在图书的封面上，赫然印着他对报纸消亡的预测："2043 年春季的某一天，美国最后一位读者把最后一张报纸扔进了垃圾桶，从此，报纸消失了。"尽管只是一个预测，也实实在在给报媒敲响了一个警钟。

　　但同时也有学者保持着乐观的心态，认为报纸仍然保持着自身独有的生存优势。这些优势包括报纸的权威性、真实性及深度性等报纸内在的特性，也包括报纸的专业人才、社会资源及广告商等外在优势。根据世界报业协会（World Association of Newspapers and News Publishers）发表的《2011 年世界报业趋势》（World Press Trends 2011）的报告，从 2006 年以来，全球发行的收费日报种类增长了 12.3%，达到 14 853 种。2008 年全球报纸每日平均发行量达 5.4 亿份，2008 年以后减少了 3.9%，但是亚洲报纸每日的发行量在 2006 年到 2010 年却增加了 15%，最近几年更增长了 5%。全球报纸的读者仍然是互联网用户的两倍。虽然最近的经济和市场困难，但报纸仍然是赢利的行业，全球报业公司的赢利基本在 5% ~ 20% 之间。除此之外，报媒也积极适应时代改革的步伐，努力转型，设法摆脱危机，新媒体对报纸的影响固然有，但是报纸也有其生存的理由和空间。因此，只要"报人"设法摆脱危机，努力创新，报业就还是会保持自身的活力。

　　尽管对于报纸的未来说法各异，但不可否认的是很多报媒在电视、新媒体等的层层夹击下面临着生存压力，尤其是国外以商业模式运作的纸媒。凤凰网曾刊载过这样一篇文章《美国：没有一家报纸处境安全》，讲述了创刊有 137 年历史的《波士顿环球报》面临破产的危机。由于我国媒体"事业性质，企业管理"的双重属性，报纸等传统媒体尚有政府的"庇护"，但为了在竞争激烈的市场中分得一杯羹，报媒也必须在经营管理、编辑、采访、写作、拍摄等方面适应时代的步伐，努力转型。而从新闻报道写作方面来看，新闻报道写作主要呈现了以下三个方面的变化：

第一，新闻报道写作故事化；第二，新闻报道写作全媒体化；第三，新闻报道写作视觉化。所谓冰冻三尺非一日之寒，这些变化也并非是一朝一夕就促成的，其背后有其深刻的社会历史原因。

第一节　新闻报道写作的故事化及其限度

资深撰稿人威廉·E.布隆代尔在他的著作《〈华尔街日报〉是如何讲故事的》中提到："我们的注意力总是放在了读者对信息的需求上。于是，我们忽视了一个所有读者最普遍的要求：给我讲一个故事，看在老天爷的份上，让它有趣一点。"他认为新闻报道中栩栩如生、活灵活现的品质正是一个能够打动人心的故事和一个冗长乏味的故事的最大差别。

威廉认为给一篇新闻报道进行故事化写作能让新闻更加有趣。所谓新闻故事化，就是指记者在进行新闻报道写作时运用文学的表现手法，借鉴故事的写作方法，将新闻事实以叙述故事的方式展现给受众，增强新闻报道的趣味性与可看性，赋予新闻以一定审美效应的新闻表现形式。用讲故事的形式报道新闻事实，目的是为了更好地满足受众需要，唤起受众的感情，因此充满了人情味和趣味性，能有效地提升新闻的感染力。这种写作方式在近些年来俨然成为一种时尚，在新闻采写中运用得越来越多，这应是记者必须学会的新闻报道写作技巧。不仅仅是报纸和杂志，电视、广播和网络的报道也经常用故事化的方式报道新闻，如中央电视台的《今日说法》、《道德观察》、南方电视台的《拍案》、山东电视台的《新故事客栈》等。美国的新闻业由于高度的市场化，更加考虑满足受众的要求，新闻的故事化尤其突出。当我们去赏析一篇获得普利策新闻奖的作品时大多会发现，用讲故事的方式去描述一个事件是一个普遍的现象。曾获普利策新闻奖的美国记者富兰克林说："用故事化手法写新闻，就是采用对话、描写、场景设置等，细致入微地展现事件中的情节和细节，凸显事件中隐含的能够让人产生兴奋感、富有戏剧性的故事。"

而一篇报道只有生动有趣，才能瞬间吸引观众的注意力，获得第22届中国新闻奖的《吴菊萍——勇敢的妈妈　伟大的母亲》就是一个典型的例子，文章这样写道：

千钧一发的紧要关头，张开手臂接住女童的这位英勇女士叫吴菊萍。

她是嘉兴王江泾镇人，来杭州工作11年了，现在在阿里巴巴诚信通做销售客服，老公是富阳人，两口子把家安在了滨江，有一个7个月大的孩子。

吴菊萍住在滨江白金海岸 23 栋 10 楼，坠楼的女童住在 22 栋 10 楼，两户人家虽相隔两个楼道，但素未谋面。事发前，两家人不认识。

吴菊萍踢掉高跟鞋，张开双臂

昨天下午 5 点，记者在富阳市中医骨伤医院三楼病房见到了吴菊萍。

轻轻推开房门，吴菊萍正躺在病床上挂盐水。她比想象中要娇小，鹅蛋脸，1 米 60 不到的小个子，裹在一件蓝底粉色红心的棉布小洋裙里。

床头的病历卡写着"吴菊萍，1980 年出生，左尺桡骨多段粉碎性骨折。"看得出吴菊萍很疼，她右手垫在左手下，面色有些苍白，嘴唇抿得紧紧的。

邻床的病友见记者来，连声说"赶紧采访这位大英雄，她流了不少血"。

吴菊萍听了有些害羞，轻声说："哎呀，没什么，没什么。"吴菊萍说，当时没这么痛，现在人清醒了，就痛得厉害起来。

在记者一再请求下，吴菊萍回忆了事发时情形——

现在回想起来，那真是在刹那间发生的。

1：00 左右，我和老公吃好饭出家门，是我的一位同事有约，说要看我们新房子的装修。同事已经在路上了，我们出门有些着急。

家到小区门口，也就五六十米的样子，过了两三分钟，我俩还没走到小区门口，猛地听到我婆婆的叫声。

我回头看我家窗口，我婆婆激动地挥舞着手。我们没多想，拔腿就往回赶。我穿了一双四五厘米高的高跟鞋，跑得不快。老公一个箭步冲在我前头，往楼上去了。

我到楼下，已经有四五个人在下面了。保安拿着对讲机喊"10 楼……一个孩子"。耳朵还刮到几句"要掉下来了！掉下来了！"

周围一片闹哄哄的，什么也听不清。

我眯着眼睛往楼上看，阳光有些刺眼，隐约看到是隔壁家的孩子挂在窗台上，不是我家孩子。

我当时也没细想，心里很急，踢掉高跟鞋，往楼下快速靠近几步。

这时，听到楼上一声尖叫，我下意识地双手手臂一张，真是"嗖"的一下，很快很快，左手臂一阵剧痛，我整个人就倒下去。

我知道，我接住了。

我人也晕了过去。

吴菊萍老公小陈搓了一把脸说："真是很短很短的时间。"

他又补充了一些——

我比老婆跑得快。我冲回家，发现儿子躺在地上。

我妈妈脑袋探出窗口喊，声音几乎是嚎叫！我挤开她，往楼下看，我老婆竟躺在地上了，怀里好像还有个孩子。

我冲下楼时，老婆怀里的孩子已经被别人抱走了。

老婆晕晕乎乎的，手臂上还有血。

我知道发生了什么。

老婆赤脚，旁边一个大妈，脱下自己的拖鞋，套在我老婆脚上。我赶紧扶起老婆往小区外走。

我在小区门口看到坠楼的孩子，围了很多人，有人在打120。

我等不及了，开车送老婆去武警医院抢救。

我只记得在武警医院交钱拍片的时候，我看了表，1点15分不到。也就是说，除掉我开车去医院路上的时间，整个过程，顶多七八分钟。

在武警医院，老婆才有点醒过来，她问我"孩子呢，孩子呢"，我答不出来。后来，我在医院急诊室看到小区邻居，才知道那个救下的女孩，也送到武警医院来了。

……

从上面这篇跌宕起伏、充满人情味的报道中我们可以发现，故事性要求我们在架构一篇文章时应做到以下几个要求：

（1）跌宕起伏的情节。

故事是文学体裁的一种，侧重于事情过程的描述，强调情节跌宕起伏，从而阐发道理或者价值观。何纯在他的《新闻叙述学》中提到"新闻就是讲故事的，制造悬念是讲故事的艺术"。当我们聆听一个人说话时，如果他的讲话像在讲述一个故事一般生动有趣，我们便能津津有味地听下去，而相反，如果他只是像和尚念经一般，我们便很快将注意力转移到了别处或者是哈欠连天。在上文中，我们仿佛在聆听一个故事，开头便给我们制造了具有戏剧性的情节："千钧一发的紧要关头，张开手臂接住女童的这位英勇女士叫吴菊萍。"之后用讲故事的方式讲述吴菊萍是如何接住女童的。文章通过前面对吴菊萍个人的描述、婆婆的叫声、老公的箭步以及保安对着对讲机喊"10楼……一个孩子"、耳朵还刮到几句"要掉下来了！掉下来了！"等几个情节制造冲突的一面，使整个事件扣人心弦，吊足了受众想要知道吴菊萍一个柔弱的女子是如何接住女童的胃口。这样具有戏剧性的情节使读者在不知不觉中就完成了整篇文章的阅读，契合了受众想看故事的阅读心理。

（2）真实生动的细节。

一个故事是通过展现一个事件的完整过程，并在中间穿插各种具有冲突性的情节以及细节描写来构成的。细节描写是文艺作品中的最小的组成单位，它可以描绘人物性格、事件发展、自然景物、社会环境等。细节描写要求真实、生动，并与所要表达的主题相呼应，对细节进行描写一般需要准确又生动的文字。在吴菊萍这篇报道中，作者便多次用了细节描写，如对吴菊萍这个人物的描写："轻轻推开房门，吴菊萍正躺在病床上挂盐水。她比想象中要娇小，鹅蛋脸，1 米 60 不到的小个子，裹在一件蓝底粉色红心的棉布小洋裙里。"如记者在病房首见吴菊萍时，病友说吴是个大英雄，流了很多血，记者写道："吴菊萍听了有些害羞，轻声说：'哎呀，没什么，没什么。'"一个"害羞"，一个"轻声"，主人公的品性为人就跃然纸上了。又如通讯的结尾："我们让吴菊萍说说自己，她想了半天，说：'我是个农村来的孩子。我一直蛮普通的，没啥特别的。'"记者另起行续了一句："吴菊萍是中国共产党党员，2000 年入党，党龄 11 年。"戛然而止，意味深远。细节性的描写要求记者必须是一个细致入微的观察者，传神地描绘出人物的一个动作、一个眼神。文章风格平易朴实，从小处着手，但立意深远，文章善于从细节描写来展现人物性格，使"最美妈妈"显得真实、生动，同时丰富了事件内涵，深化了作品主题。

（3）具有人情味的特质。

新闻报道写作的对象可以是名家名人，也可以是市井小民，它可以不用优雅的文字但一定不能少了具有人情味的特质，只有所描述的文字与受众有贴近性，能与受众产生共鸣，才能引起受众的兴趣。试想如果满篇报道都是会议新闻，报道有关领导人的活动，笔法高端严肃，除了一些商人、高级知识分子、政府公务员等人需要去获得一些政策信息外，有几个平民百姓愿意去看呢？随着时代的变迁，不管是底层老百姓还是中高层人士，都愿意去关注"草根"话题，而且往往"草根"话题才能引起巨大的反响，尤其是在微博这个平台上。如《湖南临武城管打死瓜农》、《山西 6 岁男童被挖双眼》均在网络上形成了一个个极大的舆论场。威廉·E. 布隆代尔在他的著作中如此写道：如果记者能够深入双方的底层去挖掘信息的话，他的故事将拥有一种强烈的市井特质，这是坐在办公室的人永远无法提供的。吴菊萍只是一个普罗大众，在她张开双臂救人之前没人知道她是谁，作者用充满人情味的语言来叙述整个救人过程以及前前后后，生动地描绘了吴菊萍伸手救人当口的心理活动和情景、吴菊萍丈夫事发时的状态，突出了个人的特质。文章也通过直接引语，通过直接对话来体现人物的个性，"赶紧采访这位大英雄，她流了不少血"、"哎呀，没什么，没什么"、"孩子呢，孩子呢"这些具有人情味的描写使文章顿时增色不

少，也使人物的性格特征跃然纸上。而这些肯定少不了记者深入基层，获取第一手材料，用当事人的话语来充当最有力的证据。

在强调新闻报道写作的故事化时，我们应注意以下三个问题：

（1）新闻故事化杜绝虚构和想象。

文学中的故事可以是真实也可以是虚构的，可以采用夸张、虚构或典型化的手法，但新闻不可以，真实是新闻的生命，新闻故事化一定要避免虚构和想象。虽然受众对新闻故事化愈来愈认可和青睐，新闻故事化已经非常普遍，但有些记者因为其时效性或者为了制造戏剧性和情节性而对新闻事实恶意捏造，造成新闻失真，这是非常不可取的。如 2012 年 10 月 4 日，《南京晨报》在"南京新闻"版报道《江宁一鹿场长假每天有人排队喝鹿血》的假新闻，报道写道：十一长假期间，在南京江宁横溪鹿养殖场的会客室里，"一大早便挤满了从城里来的男男女女，有年长的也有年轻的。原来，一打听，他们是来排队喝鹿血补身子的"。最后，"有七八名排队争喝鹿血的市民，没有喝到鹿血，甚至与养殖场老板杨师傅大吵起来"。报道同时配发了记者拍的图片，一名男子站在梅花鹿群前，正拿着一只鹿角吮吸鲜血。这样的一则新闻在网络上引起舆论争议，成为"十一"长假期间最为引人注目的热点之一，"残忍"的南京人遭到指责，然而，经过央视《真相调查》栏目的深入调查，发现事实并不是如《南京晨报》所陈述的那样——只不过是有几个人想进去看看梅花鹿是什么样子。看了以后，有人拿鹿茸照了张相，但这一照，却为记者制造了噱头。在吴菊萍的这篇报道中，记者用科学的负责的态度对待新闻报道写作，通篇没有一点夸张和煽情，用平铺直叙的白描手法，让过程说话，让场景再现，使读者也好像与记者一样亲临其境，见记者之所见，闻记者之所闻，感记者之所感。

（2）新闻故事化应避免过度娱乐化。

新闻娱乐化并不意味着对新闻意义的彻底否定，而是否定当今出现的新闻娱乐化所造成的新闻庸俗、低俗和媚俗。最早对新闻娱乐化进行定义的是复旦大学的李良荣教授。他认为新闻娱乐化是指犯罪新闻、名人的风流轶事和两性纠葛。目前，学界引用的最多的是林晖博士 2001 年 2 月在《市场经济与新闻娱乐化》一文中对新闻娱乐化的定义："综合媒介新闻娱乐化的现象来看，就内容和形式可分为二部分：一方面，娱乐化最突出的表现是软新闻的潮流。即减少严肃新闻的比例，将名人趣事、日常事件及带煽情性、刺激性的犯罪新闻、暴力事件、灾害事件、体育新闻、花边新闻等软性内容作为新闻的重点……娱乐化的另一个结果就是媒介在内容和形式上都尽力使硬新闻软化。在内容上，新闻竭力从严肃的政治、经济变动中挖掘其娱乐价值……在表现技巧上，强调故事性、情节性，从最初强调硬新闻报道写

作中适度加入人情味因素，加强贴近性，衍变为一味片面追求趣味性和吸引力，强化事件的戏剧悬念或煽情、刺激的方面，走新闻故事化、新闻文学化道路。"笔者认为，新闻故事化是一种可取的叙事方式，在合适的时机合适的报道中运用故事化的方式能使报道更加吸引人，但在故事化写作中要力图避免将新闻流于庸俗或过度娱乐化。

（3）不是所有的故事都可以故事化。

在美国，新闻报道主要分为两类：信息模式和故事模式。这两种模式的主要区别表现在：信息模式的作用是告知信息，说明和陈述某一观点或事件、现象，而故事模式是讲故事的，采用展现的手法，复制一个完整的过程，具有时间的动感，有场景、有人物、有细节描写。采用新闻故事化的报道一般是时效性较差的新闻，当然也不排除记者有较高的写作功底，将文章写得生动有趣，充满人情味和戏剧性。但是大多数时候新闻的最基本的功能是提供真实的信息，让公众获得知情权，并不需将每一篇报道都写得妙笔生花，不需为了迎合受众的需要而"曲意逢迎"。从新闻报道的体裁来说，消息因为篇幅短小，而且主要以迅速及时地传播信息为目的，因此，适合故事情节闪转腾挪的空间不大。通讯因为篇幅较长，而且以详细、具体的延展性报道为追求，更适合故事化写作。一些新闻价值大、对社会生活影响显著的事件，不能因为故事性不强就被淡化或忽略不报。例如，2001年12月，武汉森林野生动物园老总怒砸奔驰车事件接连数天上了江城各大都市报的头版，从"车主不满售后服务 老牛拉奔驰'游街'"到"奔驰车真的砸了"，这一事件备受各报青睐，也的确吸引了许多读者。先不论车主是否有借此炒作其公司的嫌疑，各媒体对这一极端事件近乎狂热的追踪报道实际上是相中了它所包含的离奇故事情节，报道真正给汽车消费者带来了多大实惠还是个疑问。而更让人担忧的是，同时发生在武汉的"全球最大冰毒案在汉侦破"等影响百姓生活的重大社会事件却鲜有问津，媒体在新闻故事化倾向影响下所进行的"厚此薄彼"的关注，对社会议题的设置进行了不恰当的引导。

因此，新闻的故事化是有限度的，它受题材和新闻真实性的限制，记者决不能用文学中讲故事常用的虚构、想象和典型化的手法来讲新闻故事。

第二节　新闻报道写作的全媒体化

在2013年普利策新闻奖获奖名单中，获得"特稿写作奖（Feature Writing）"的《纽约时报》作品《雪崩》（Snow Fall：The Avalanche at Tunnel Creek）尤为引人注

目，因为它意味着一种颠覆性的新闻报道写作方式得到了主流新闻界的认可。《雪崩》是由专题记者 John Branch 撰写的系列报道，以完全自然流畅且方便易读的方式集成了现场视频、照片和气象图表并发布在纽约时报的网站上，不仅突破了传统报纸的新闻呈现方式，其新颖程度甚至令其他在线新闻网站自愧弗如。打开这篇新闻网页，呈现在眼前的首先是全屏循环播放的积雪滚落下山坡的视频；往下滑动页面，则能见到记者的文字流畅地穿插于视频、照片和信息图之间。《雪崩》运用视频、数据库和互动地图等多媒体呈现的新闻报道，虽然依旧以内容为核心，但"大数据"的优势已经充分显现：通过信息图，繁琐、枯燥、抽象的内容、关系和变化过程得以可视化、形象化，充分调动受众的兴趣。无疑，《雪崩》这篇系列报道是新闻报道写作全媒体化的一个典型例子。

随着信息技术和网络技术的高速发展，我们已经进入了全媒体时代，时至今日，全媒体已经不再是新奇的概念了，由于"全媒体"是一个不断发展的、复杂的概念，当前尚且没有一个被大家公认的、标准的定义。它可以基本解释为媒介信息传播采用文字、声音、影像、动画、网页等多种媒体表现手段，利用广播、电视、音像、电影、出版、报纸、杂志、网站等不同媒介形态，通过融合的广电网络、电信网络以及互联网络进行传播，最终实现用户以电视、电脑、手机等多种终端均可完成信息的融合接收，实现任何人在任何时间、任何地点、以任何终端获得任何想要的信息。在当前环境下，报纸必然要顺应全媒体时代潮流，加快自身的数字化转型。目前，国内外已有很多报媒进行了全媒体化的实践性探索。如英国的《每日电讯报》将独立办公室模式改为报纸和网站的编辑记者共同办公的大平台模式，时刻刷新着最受关注的网站新闻、电视新闻和照片，记者发来的稿件也会视需要出现在不同的平台上。美联社、《华尔街日报》、《纽约时报》、《华盛顿邮报》等媒体也都在打造多媒体、全媒体的传播、经营和事业发展体系。我国烟台日报传媒集团首先组建了"全媒体新闻中心"，开始了从传统报业到"全媒体"的运作方式、生产流程以及各种运营平台的探索。自烟台日报传媒集团之后，很多报社都开始建立全媒体记者队伍。全国现在已经有很多报业集团开发了这种"全媒体复合出版平台"，如解放日报报业集团、浙江日报报业集团、宁波日报报业集团、北京日报报业集团、南方日报传媒集团等。在全媒体的时代背景下，必然要求媒体在采写编播等业务层面上实现全媒体化。

环境的改变促使着新闻报道写作模式的改变，如《雪崩》这篇报道，已经不仅仅局限于文字和照片了，更多的是以视频、照片、图表等视觉化的因素来进行创作。对于全媒体新闻报道写作的解释，本文采用张从明在其《全媒体新闻采写》书中的

定义，他认为全媒体新闻报道写作指的是在全媒体传播过程中，新闻记者、编辑按照新闻报道和新闻制作的要求，把采访中搜集到的材料、信息，通过文字写作、音视频制作等手段，制作成适合不同媒体发布的新闻作品，为受众提供新闻信息服务的过程。新闻报道写作全媒体化在写作平台、模式和体裁方面呈现出自身独有的特点。

一、全媒体写作平台

随着媒介融合的迅速发展，国内已有很多家报社开始了报网互动的实践。报纸和新媒体的融合形成了全媒体新闻传播形态。全媒体平台被称为"中央厨房"，坚持的原则是：一次采集、一个平台、多个出口。记者向全媒体新闻中心提供原材料产品，不再局限于向哪家媒体供稿，而是向集团下所有的媒体供稿，集团将不同类型、性质的稿件发布到不同的平台上，使信息得到合理配置、充分利用。在关于"4·20"雅安地震的报道中，《广州日报》全媒体中心充分展现了一份主流大报的全媒体实力。地震发生后，《广州日报》全媒体中心第一时间连线身在灾区附近的该报前方记者刘晓溪和杨帆，立即在官方微博、微信、大洋网、手机报、手机客户端五大媒体平台发布地震情况，是全国率先发布震后现场报道的媒体之一。

二、数字化写作模式

在全媒体时代，随着网络技术和数字技术的发展，新闻报道写作不仅是文字脚本的写作，它已经是集文字、声音、图像、视频甚至虚拟环境为一体的全方位、多手段、立体化的数字新闻作品。在2013年3月的"两会"上，有个女记者走红网络，网络上是这样描绘那位女记者的：这姑娘头戴摄像机，颈上挎着单反照相机，手中拿着苹果手机，"全副武装"出现在"两会"现场，没估计错的话，身后的双肩包里还有电脑、无线网卡、录音笔、食物、水等全套"两会"记者装备，还要一人身兼文字记者、摄像、新媒体记者三职吧。数字化的写作模式使新闻报道写作更具丰富性和多样性，通过声音、图像、视频使新闻变得更加可视化、形象化，能更加节约受众的时间，吸引受众注意力。

三、多样化新闻体裁

李良荣在其《新闻学概论》中将报纸的新闻体裁进行了分类。他认为世界各国的报纸基本上由四大块内容构成：新闻、言论、副刊和广告。我国的报纸的文字体裁主要有三大种：新闻，包括消息和通讯；言论，包括新闻评论、时评和政论；杂交品种，包括新闻特写、新闻述评、调查报告、深度报道、杂文等。显然，他对报纸的归类是没有掺杂进全媒体时代的因素的。在全媒体时代下，新闻体裁有两个特点：其一，体裁更加多样化，出现了如微信新闻、微博新闻、短信新闻、播客新闻等新闻体裁，如报媒的微博新闻和官网新闻，一般如果有图、有声、有视频都会加上去，语言上也更加短小、活泼、精辟。如新浪发布的政务微博中名列全国第四的"@广州公安"，图文并茂，有时还加上了视频，充分利用了微博这个平台，吸引了四百多万的粉丝。其二，不同体裁的相互转换更加迅速。同一新闻题材的内容，可以写成或制成不同体裁的新闻，尤其是全媒体时代数字技术和网络技术促成了多种媒体的融合和转型，不同体裁的互相转换更加方便和迅速。消息可以扩展成深度报道、专题等，微博新闻可以做成电视新闻、微信新闻等。

新闻报道写作全媒体化使新闻更容易到达受众，而且由于音视频的应用，新闻更加形象、生动，受众完全可以根据自己的不同需求选择不一样的体裁。当然，凡事有利就有弊，任何事物都是一把双刃剑，全媒体化的新闻报道写作也不例外。目前，学界主要认为全媒体化的弊端有以下几个：第一，新闻同质化更加严重。新闻素材是一样的，虽然有不同的介质，但是万变不离其宗，对一个新闻的报道很难从多层次、多侧面进行分析与整合，全媒体化导致新闻同质化更加严重。全媒体平台强调共享机制，突出的是共性而淡化个性，强调共享而不是独占。一种胡萝卜要做成十几种菜肴，出现同质化是必然的。第二，消解了各子媒体的竞争力。在全媒体平台下，新闻内容被共享到一起，再共享到集团下的子媒体，只相当于一个媒体参与同城竞争，内在的竞争力就会面临被消解的困境。第三，对全媒体记者造成很大压力。首先是全媒体记者必须熟练操作将要用到的所有媒介工具；其次是要求全媒体记者思维的转型。文字报道要求掌握翔实材料基础上的客观公正和深度，适合展示逻辑性强的复杂内容；视频报道则画面先行，叙事要求直接生动故事化口语化；而摄影报道更是有其独特的拍摄发片规则和要求，又与视频拍摄原则异曲同工。这无疑会导致记者体力和脑力的过度透支。

总的来说，新闻报道写作的全媒体化顺应了时代潮流，有其自身的优点，但是如何趋利避害，是新闻界人士应该共同探讨并努力去解决的问题。

第三节　新闻报道写作的视觉化

面对电视、网络、手机等视频媒体的包围夹击，视觉化变革成为报媒改变其被动地位的有力手段。尤其是随着全媒体时代的到来，对图像、音频和视频等形态的

无处不在的运用，使我们惊呼人类又进入了一个视觉化时代。英国美术史学家 E. H. 贡布里在其所著的《图像与眼睛》一书中指出："我们的时代是一个视觉的时代，我们从早到晚都受到图片的侵袭。图像的唤起能力又优于语言。"广义的新闻报道写作视觉化既包括内容上新闻标题的场景化制作和新闻叙事的画面感营造，又包括形式上视觉元素的突出性运用。

一、新闻报道写作视觉化概述

所谓新闻报道写作视觉化，顾名思义，就是在新闻报道写作过程中，通过一定的方法和技巧，唤起对受众脑海中的记忆和想象，进而形成事物的立体感、画面感和活动感，从而给受众留下鲜明生动的形象，使人如临其境、如见其景、如闻其声、如见其人，达到观看视觉新闻的效果，留下深刻的印象。我国新闻报道写作视觉化由来已久，20世纪80年代以前中国新闻理论、新闻业务等方面与国外相比发展缓慢，新闻报道的主观化和概念化是当时新闻界存在的两大弊端，严重影响新闻事业的发展。当时任新华社社长的穆青经常思考如何从理论上突破。他认为，文字记者要学会写视觉新闻，所谓视觉新闻，无非是形象化、立体化，有典型细节、生动的画面，读起来有声有色，使人能够具体地形象地看到你所报道的事实的真面貌，这样便可以克服枯燥和概念化的缺陷，更好地适应电视发达的时代。时代的车轮进入21世纪，除了电视媒体外，还有强势的网络和手机视频媒体以其突出的时效性、画面性和形象性日益分割传统纸媒市场，报纸面临着严重的生存危机。在这样的形势下，纸媒如何应对挑战？视觉化是其重要变革手段。时隔穆青提出的视觉新闻30年之久，由于市场的激烈竞争及受众阅读喜好的变化，视觉新闻的提出不仅不会过时，而且应用会越来越广泛，成为新闻报道写作的一种重要叙事方式。

二、新闻报道写作视觉化原因

新闻写作视觉化主要有以下三个方面的原因：

第一，视觉化更符合读者的阅读特征。电影为什么能吸引我们？为什么我们会守在电视面前盯着屏幕一动不动？因为我们能看到屏幕上的鲜明色彩和动态化的人。美国韦伯州立大学的希乐·约瑟夫博士曾做过一项关于读者浏览报纸版面时眼球运动轨迹的实验，他的研究结果表明读者阅读报纸时最先看到的是图片，其次是标题，最后才是大篇幅文章。如今我们的记者外出采访时一般都携带拍摄器材，获取图片是比较便捷的，记者应努力拍摄到能捕获人眼球和具有深度美感的图片，而在没有图片和视频的时候，文字记者应努力将细节通过精彩的叙述描写出来。

第二，视觉文化时代的到来。米尔佐夫认为，视觉文化研究的是现代文化和后现代文化如何强调视觉表现经验，而并非短视地强调视觉而排除其他一切感觉。视觉文化不依赖图像，而是依赖对存在的图像化或视觉化这一现代趋势。视觉文化的出现与大众传媒的发展有着密切的关系，正是媒介传播的视觉化，使整个社会步入了一个视觉文化时代。视觉文化转向描述的是整个社会文化在由印刷传媒向图像传媒转变过程中所发生的"视觉文化变革"。报纸作为传播媒介，为了适应其发展趋势，不管在形式还是内容上必然也要走视觉化道路。在视觉文化时代，文本开始边缘化，文本的叙事开始视觉化，社会文化进入了一个感官消费与欲望消费的时代。

第三，现代各类媒介之间激烈的竞争。随着科技的发展及人们生活方式的改变，人们获得新闻的方式多样化，电视、互联网、各类便携式终端媒介的出现和竞争使视觉文化开出灿烂的花朵，纸质媒体在电视、网络、手机媒体等各类终端视觉媒体的重重包围下，为了获得其生存空间，迫切要求纸媒改变原来呆板、模式化的新闻报道写作模式，将新闻视觉化、形象化、生动化，在内容和形式上吸引受众的眼球。

三、新闻报道写作视觉化要求

从内容上看，一篇文字新闻，怎样才能让读者赏心悦目，感同身受，怎样才能激起读者喜怒哀乐的情绪，像磁铁一样把读者吸引到报道所描述的新闻事实中去呢？大量新闻佳作的成功经验表明，办法之一就是将文字新闻视觉化。先来看《华尔街日报》记者玛丽琳·蔡斯笔下的旧金山酒鬼公园：

酒鬼公园

旧金山——这座城市不仅容纳了不同类型的人，她还敞开怀抱欢迎他们，她把种族差异和社会差异视为骄傲。这座城市就像万花筒一样多彩。

这里有两条街都成了同性恋社区，而且还要选举产生社会的领导者。这里还有中国人、爱尔兰人、意大利人的游街活动，有日本人和萨摩亚人的节日，有一所法式的医院和一所俄式的山庄。旧金山的选票上面有好几种语言，而且市政厅还曾经讨论过是否要在加油站使用多种语言的标识。

自从在这里的沙丘上出现了巴巴里海岸区后，旧金山就在酒鬼的心中占据了一席特殊的位置。这些酒鬼不是躺在太平洋高地区的豪宅里一身酒气的人，也不是从联合街的男性酒吧中爬出来的人，而是那些被社会学家称作"公共醉酒者"的人——贫穷的酒鬼，据估计这个城市有 5 000 到 7 000 名这样的酒鬼。

一直以来，旧金山被誉为是世界上最容易喝醉和保持醉态的城市之一。她具备了必要的条件：相对便宜的酒精饮品、温和的气候，以及对于经验老到的乞丐来说，大量容易上当的游客。现在，在这些诱人的条件之外，又多了一个新条件：一座公园，专门献给酒鬼的公园……

一瓶"雷鸟"

酒鬼公园，其正式名称为第六大道公园，是由旧金山索玛区的一块空闲沙地改造而成，周围都是商务旅馆、当铺和酒铺。在这里，酒鬼们不必担心被逮捕。他们可以带着一瓶"雷鸟"或者"夜间特快"，生上一堆篝火，做一顿美餐，大睡一觉，也可以在公园闲逛，或者打一场醉醺醺的排球。一块竖立着的黄铜碑上刻着那些同样好酒的名人的名字。酒鬼们喜欢大声朗读这些名字，就像在宣读英雄的名册一样："光荣的温斯顿·丘吉尔、欧内斯特·海明威、W.C.菲尔兹、约翰·巴利摩尔、贝蒂·福特、贾尼斯·乔普林、迪伦·托马斯……"他们吟诵着……

13.5万元的改造资金，加上2万美元的政府补助，让这片空旷的沙地变成了露天的休息室和宿营地。这里有休息的长椅、卫生间，还有小树林。公园的面积相当于一个小型的商场。它的赞助者是格莱德纪念堂，一个位于市中心的教会组织，由魅力超凡、彬彬有礼而且德高望重的黑人牧师塞西尔·威廉姆斯神父领导。

威廉姆斯神父把他的教会称作"道德上的少数派"，并说那些公园里的居住者是"生活在大街上的人"。他的影响力得到了市政厅和警察局长的支持。

但是，如果说酒鬼公园有一位保护天使的话，这位天使就是佛朗西斯·皮维。皮维太太是位39岁的寡妇，一位一头金发的胖女人。她是格莱德纪念教堂的员工，做着类似律师的工作。她把公园里的长椅设计得非常宽，足够让人在上面舒服地睡觉；她耐心地给被践踏的草坪重新播种；她把那些被排球比赛毁坏的树木，还有那些被砍下来充当夜晚的临时防身武器的树木都替换掉。

信心和希望

"在这个公园建好之前，这里没有什么美好的东西，"她说，"但是我相信只要你表达出一点信心，再加上一点希望，你就能把人们心中最美好的东西呼唤出来。"

她相信她做到了这一点。皮维太太指定了一批公园里的常客作为"管理人员"，并给他们发放了制服。她每周都和他们召开员工会议，讨论有关公园的问题，比如最近出现的跳蚤横行的问题，还有计划安装淋浴设施的问题。她还赋予了这些员工维持公园环境和社会治安的责任。

"这些人都是热衷公益的市民，他们每天清晨自觉打扫公园。早上8点，他们就在那里拿着扫把，清理公园了，"皮维太太介绍说，"我们还让他们接受非暴力的训练，减少公园里行凶抢劫和毒品交易的现象。他们是这里的道德维护力量。"

她和"大酒桶"、S.Q.、米基、本、佩吉等人的关系都很好，这些人是一天到晚都住在酒鬼公园里的人。

在一个温和晴朗的下午，公园里欢聚一堂，三四十个公园里的常客聚在一起——上面提到的几个人也在其中。对于一个局外人来说，他的第一感觉会把这当作一次内陆沙滩上的疯狂聚会：干燥的土地吹起沙尘，正午的篝火飘来木头燃烧的味道，食品正在户外烹饪，收音机里放着刺耳的灵魂音乐盒福音音乐，人们用塑料杯大口大口地喝着。

S.Q.，是一个留着灰白胡子的老头，今年60岁。他岁数大，是这个公园的发言人。他在篝火旁边拥有一把固定的椅子，尽管春天天气温和，他的头上还是有一顶人造波斯羔羊皮的帽子。帽子上有个装饰纽扣，上面写着"我活着"，这正是旧金山格莱德纪念教堂的标语。"冬天很难过，"他慢慢地说道，"不过现在好了，一切都好看。"已经烂醉如泥的他独自坐在角落里。他还是这个公园的木材收集者。

本（Ben），看上去大概50岁左右。从S.Q.那里获得了领导权。他是一个强壮的黑人，头发纠缠在一起，身着一件印花的化纤衬衫，里面的背心别着一张名片牌，牌子上写着："格莱德工作人员，我的名字叫本。"他以主人的目光巡视着整个公园，并告诉我说："酒鬼们正在那片常青的草地上固执己见地和酒贩子们讨价还价。"

"我每天都到这儿来，一周七天，早上6点半就来。如果我拿起一把扫帚，其他人也会照我的做。"他一边说一边做了一个夸张的手势。

本的老婆佩吉今年34岁，一个胖乎乎、满脸雀斑、牙齿掉光、梳着马尾辫的女酒鬼。她穿着一双绒毛拖鞋和一件走形了的花格衬衫。尽管外貌平平，但她的言语中却流露出了一点中场阶级的教育背景。她向一名记者咨询股票的问题，在没有得到答案的情况下，她解释说："我的经纪人在康涅狄格，不过，我并不相信他。但是如果是我投资的话，我会购买金佰利的股票，因为莉莱卫生棉丑闻……"

米基（Mickey），36岁，是一名海员，有一位他非常钟爱却不在他身边的老婆。他正在试着为她戒酒，做一个正常人。他已经整整一天滴酒未沾了。"我很害怕自己受不了，得上颤抖症，弗兰，"他向皮维女士倾诉道，"不过目前为止，我还感觉良好。我吃好多东西，还喝了好多水。"去年冬天，一个圈外人把虱子带到了公园里，米基从附近的诊所里要来了半瓶除虱药水，然后把朋友们带到家中，挨个洗澡。

皮维女士对这种理想主义的行为大加赞赏。"如果你得了虱子，你的朋友们会给你洗澡吗？反正我的朋友不会……"

当被问及如果他一个人保持着清醒的头脑回到公园中，而其他同伴都醉醺醺的话，他是否会觉得尴尬时，米基说不会。"我已经24小时滴酒未沾了，我现在感觉很好。"他非常坚定地说。

这样的大话激怒了一旁的本，他正感到口干舌燥。"住嘴！你真行吗？那把你的酒给我吧！"他说。

脆弱的秩序

尽管有着一些社会秩序的标志，但是这样的秩序还是非常脆弱的，公园里还有大量的居住者拒绝接受管理。比如说，本认为在公园里擦皮鞋能够挣钱，于是他搭了一个擦鞋摊。但是在去年那个寒冷的冬天，有人把他的鞋摊当作取暖的柴火烧掉了。

"他们会把一切都烧了。"他垂头丧气地说。一个尝试中的垃圾循环处理计划也同样没能成功。现在公园居民制造的垃圾已经超过了城市的清理能力。

还有一些现象提醒着人们，混乱的状态可能只需要一杯酒的工夫就能发生。去年这座公园的开园仪式就是媒体眼中的一场闹剧。当时，格莱德教堂决定专门为这座公园的建成召开一个新闻发布会，他们一再劝诫公园里的那些酒鬼要行为端正。但是新闻发布会没有按时召开，酒鬼们的矜持很快烟消云散。一个电视摄像组在几个小时候赶到公园，他们毫不知情地闯入了公园，结果摄像机被打倒在地上，酒鬼们冲向那些吓坏了的记者们，试图霸占他们的设备。

尽管格莱德教堂方面强调，公园的设立是为了阻止行凶抢劫和毒品交易，但是警方提供的数据却前后矛盾。去年秋天，公园周边地区的案件发生率全线下降，但是今年的头4个月，案件发生率又狂升到原来的188%。

附近的商人们还抱怨公园让流浪成了合法合理的事情。一个商人称第六大道是"城市厕所旁边的走道"。他的老婆补充说："我们不得不把大门紧锁，否则那些酒鬼就会溜进来。"

甚至一些第六大道的正规居民，也对正在发生的事情表示不满。"像芝加哥一样乱。"一位肌肉发达，耳朵上戴着钻石饰物的男人说，他是格莱德纪念教堂免费汤发送餐厅的主厨。他悲观地摇摇头说："公园好不了的。人们会把它毁了的。"

酒鬼们知道，他们的公园并没有达到理想的境界。但是他们把这个目标放在心里，他们心中已经有了蓝图。在他们的蓝图中，这个公园就如同传说中的伊甸园一般，绿色环绕，充满活力，而他们自己，都是这个园子里的模范服务员。

"到那个时候，我们可以经常对着天空骄傲地说：这才是这里该有的样子。"一位酒鬼说。

从以上这篇文章可以看出要将新闻报道成功视觉化，并不是记者凭自己的主观想象把花哨的形容词和故弄玄虚的新名词写进新闻报道中就可以了，而是有其自身的一些要求：不夸张，不矫揉造作，实实在在，记者要深入观察、细致入微，能让读者在阅读中身临其境，甚至引起共鸣。一篇好的视觉新闻应做到以下几个方面：

（1）抢眼的视觉化标题。

新闻标题是用精练的文字来提炼内容的，它是读者获得简明信息的通道。根据中国人民大学新闻学院做过的一次读者调查表明，在被阅读的新闻里，有94%的内容是读者先读标题后看新闻的，而读者通过阅读标题对新闻的吸收率为34%。可见新闻标题的重要性。所谓视觉化的标题就是读者在看到一篇新闻报道的标题时便能勾画其场景，产生共鸣，使读者产生兴趣。而要把标题制作得抢眼，把关人应首先熟悉稿件，再经过仔细思量，把稿件中最核心的事实作为新闻的标题，并用最精准的文字描述出来。乍眼一看"酒鬼公园"这个标题，就会让人想一看究竟里面到底讲的是什么，为什么这个公园被称之为酒鬼公园？是不是里面住着很多酒鬼？如此，标题便吸引着读者往下去读的欲望。再如《广州日报》对雅安地震一系列报道《网友讲述地震惊魂时刻：墙体撕裂　就像魔鬼尖叫》，标题中一个"撕裂"、一个"魔鬼尖叫"，我们便能想象到当时地震倒塌的情景以及灾民内心的恐惧，准确形象地描述了地震恐怖之情形。

（2）生动的细节描写。

要让读者阅读一篇文章时如临其境、如见其景、如闻其声、如见其人，就必须要有大量的细节描写，让事实说话。而且在描述具体的细节时，要求记者能准确地拿捏好采访对象的每一句话、每一个眼神、每一个动作，生动地刻画出采访对象的状态才算是成功的细节性描写。有经验的记者往往能以小见大，深入事物的本质，用精彩的描写迅速吸引读者的目光，用很多生动的细节性描写，使文章显得有趣而感人。而《酒鬼公园》正是做到了生动地描写细节，其他媒体的报道都侧重于公园带来的矛盾上，蔡斯的这篇报道却通过公园里居民的具体的细节描写和平民化的口述，让整个故事变得新鲜而富有人性，也因此吸引了美国成千上万的读者。

（3）白描化的叙事语言。

西方新闻界流行一种观点：要展现，不要讲述。"白描"即以质朴的文字抓住对象的特征，通常不设喻，少修饰，不加渲染，淡淡几笔简明生动地勾画事物的形貌。在新闻叙述学中，它是经常使用的一种叙事方法，通过白描可以描绘新闻事件、表现人物。在《酒鬼公园》中，作者用简短的几句话对酒鬼们的外貌进行描述，又引用几句酒鬼们的原话使文章显得客观、朴实，感觉作者并没有某种立场或者感情

夹杂在里面，而只是客观地描述一些人一些事物。

以上是从文字新闻视觉化的要求来写的。

而在形式上视觉元素的突出性运用更是随处可见。2005 年底，《南方日报》设立视觉新闻中心，真正从制度上开始了大视觉的探索。"大视觉"包括了摄影、图片编辑、漫画绘图、图表制作和版式元素在内的视觉设计，这些不是文字报道的辅助工具，而是将新闻产品真正完成的最后一道工序。而像美国《纽约时报》、《洛杉矶时报》、《今日美国》等大型报纸的摄影部记者以前少则 50 人、多则 80 人，个别报社的摄影部在全盛时期达到了 150 多人，而现在一般都在 30 人上下。如前面一节获普利策奖的《雪崩》这篇专题报道，打开网页可以看到文字流畅地穿插于视频、照片和信息图之间，在这里，文字似乎已经不再是主体了，那些具有视觉冲击力的图片和视频才是主体。翻开我们现在的报纸，头版必定是配一张具有视觉冲击力的图像和字体很大的标题。而许多报纸如《广州日报》、《南方都市报》里面的周刊更是以杂志的封面呈现，娱乐版块的视觉化设计做得更是不遗余力，让人不想看都不行。然而图片也是可以有深度的，它可以有独立的观点和深刻的分析。观点不一定是说出来的，也可以被"看"出来。一个优秀而有思想的摄影记者，他对于画面的把握、角度的选择和瞬间情感流露的捕捉，是可以让图片成为一个复杂的信息传播媒介的。而这种传播往往带有拍摄选择性。这种选择经过了摄影记者的分析与思考，就像文字记者用恰当的语句表达观点一样，摄影记者用画面表达观点。这考验着摄影记者个人思想的深度及摄影技术。还有更多的视觉化元素如漫画、图表等，这些都需要具有视觉思维的编辑进行整体的处理，使整张报纸视觉策划与文字策划相协调，突出版面自身特色，但又不会突兀。

新闻报道写作视觉化是视觉文化时代的必然产物，是各类媒介之间日趋激烈的竞争、争夺受众注意力的必然产物，是受众品味日益提高的必然结果。报纸想要获得良好的发展，就必定要在写作方面多运用视觉化的元素吸引读者的眼球，才能获得更长足的发展。

总的来说，新闻报道写作是适应时代不断发展变化的，随着科技信息技术的改进，新闻报道写作的方式会出现更多的新的变化，新闻记者们应不断加强自身的新闻素养和技能，努力成为全能型人才，为我国的新闻事业作出自己最大的贡献。

思考与练习

1. 有人说"写新闻就是写故事"，你对此如何看待？

2. 用故事化的方法写一篇新闻。

3. 写一篇视觉新闻。

4. 进行一次全媒体新闻采写并进行传播。

延伸阅读

张从明等. 全媒体新闻采写教程. 北京：北京大学出版社，2010.

参考文献

［1］孙发友. 当代新闻写作学. 武汉：华中科技大学出版社，2002.

［2］刘明华，徐泓，张征. 新闻写作教程. 北京：中国人民大学出版社，2003.

［3］白庆祥，刘乃仲，郑保章. 新闻采访写作编辑案例教程. 北京：新华出版社，2003.

［4］［荷］托伊恩·A. 梵·迪克. 作为话语的新闻. 曾庆香译. 北京：华夏出版社，2003.

［5］林如鹏. 新闻采访学. 广州：暨南大学出版社，2004.

［6］刘海贵，尹德刚. 新闻采访与写作. 上海：复旦大学出版社，2005.

［7］方延明. 新闻写作教程. 北京：高等教育出版社，2005.

［8］薛国林. 当代新闻写作. 广州：暨南大学出版社，2005.

［9］郭光华. 新闻写作. 北京：中国传媒大学出版社，2006.

［10］何志武. 新闻采访（第2版）. 武汉：武汉大学出版社，2006.

［11］［美］威廉·E. 布隆代尔. 《华尔街日报》是如何讲故事的. 徐扬译. 北京：华夏出版社，2006.

［12］孙发友. 新闻报道写作通论. 北京：人民出版社，2007.

［13］丁柏铨. 新闻采访与写作. 北京：高等教育出版社，2009.

［14］欧阳霞. 新闻发现与表达. 北京：北京大学出版社，2009.

［15］张从明. 全媒体新闻采写教程. 北京：北京大学出版社，2010.

［16］［美］肯·梅茨勒. 创造性的采访（第3版）. 李丽颖译. 北京：中国人民大学出版社，2004.

［17］李希光. 新闻采访写作教程. 北京：清华大学出版社，2011.

［18］喻国明. 微博：一种新传播形态的考察. 北京：人民日报出版社，2011.

［19］赵毅衡. 符号学原理与推演. 南京：南京大学出版社，2011.

后 记

　　新闻采写类的教材可以说已经汗牛充栋。虽然它们各有所长，但是，我还是想撰写一本适合我校新闻传播学院相关专业使用的此类教材。试图多多少少增加一点新意是目的之一，另外主要还是为了适用——许多此类教材把新闻评论写作也放在其中，而我校的新闻评论是一门独立的课程，有独立的教材（这就是我们为什么把本书叫作《新闻报道写作》，以区别于《新闻评论写作》）。许多教材把广播电视甚至网络新闻的写作也放在一起，而我校这些内容同样有独立的或相关的课程。许多教材花很大的篇幅谈新闻的判断与发现，而在我校的课程中，这些内容在"新闻学理论"等课程中都已经讲过，再讲就重复了。因此学生买了新闻写作的相关教材，而新闻发现和判断、新闻评论写作、广播电视和网络新闻等章节，教师并不讲授，这就给学生造成了浪费。当然，还有新闻业日新月异的发展，我们也希望在课堂上有所反映，如自媒体的普及和所谓"公民记者"的大量出现对新闻采写的影响，在上课时就不能付之阙如，因此我们写了一章"微博新闻写作"。还有，在这门课成熟的体例之中，我们也想增添一点新意（是否做到，只有请读者和专家评判）。恰好广州大学新闻与传播学院副院长田秋生教授主编的"广东省特色专业系列教材"愿意将本书纳入其中，于是我们得以将这些想法付诸实践。

　　本书章节由夏德勇拟出，李宁贡献了很好的意见。各章分工如下：

　　夏德勇撰写"新闻报道写作的主体——记者"、"新闻报道写作材料的获取——新闻采访概述"、"新闻报道写作材料获取的过程——采访的步骤"、"新闻报道写作的基本要求"、"消息概述"、"消息的组成部分与写作"和"通讯"。

　　李宁撰写"新闻报道写作的叙事框架"和"深度报道写作"。

　　刘凤园撰写"微博新闻的写作"。

　　肖艳娇撰写"新闻报道写作的新变"。

　　在写作中，我们参考了许多研究者的成果，引用了多位作者的新闻作品，并且尽量注明。还有许多没有能够列在参考文献中，但我们同样向他们表示谢意。

夏德勇

2013 年 10 月于广州